Jacques-René Rabier

Fonctionnaire-militant au service d'une... certaine idée de l'Europe

P.I.E. Peter Lang

Bruxelles · Bern · Berlin · Frankfurt am Main · New York · Oxford · Wien

Michel Theys

Jacques-René Rabier

Fonctionnaire-militant au service d'une… certaine idée de l'Europe

Europe des cultures – Histoires vivantes
Vol. 15

Cet ouvrage a été publié avec le soutien de la Fondation Hippocrène (Paris) et de la Fondation Jean Monnet (Lausanne).

Illustration de couverture : Jacques René Rabier aux côtés de Jean Monnet au temps de la Haute Autorité de la Communauté Européenne du Charbon et de l'Acier. @ Photothèque de la Commission des communautés européennes.

Cette publication a fait l'objet d'une évaluation par les pairs.

© P.I.E. PETER LANG S.A.
Éditions scientifiques internationales
Bruxelles, 2017
1 avenue Maurice, B-1050 Bruxelles, Belgique
www.peterlang.com ; brussels@peterlang.com

ISSN 2031-3519
ISBN 978-2-8076-0171-0
ePDF 978-2-8076-0172-7
ePub 978-2-8076-0173-4
Mobi 978-2-8076-0174-1
DOI 10.3726/b10863
D/2017/5678/18

Information bibliographique publiée par « Die Deutsche Bibliothek »
« Die Deutsche Bibliothek » répertorie cette publication dans la « Deutsche National-bibliografie » ; les données bibliographiques détaillées sont disponibles sur le site <http://dnb.ddb.de>.

Hommage à Gaby Fragnière

Ce livre n'aurait pas vu le jour sans Gabriel Fragnière.

Philosophe né en Suisse mais résidant en Belgique depuis de très nombreuses années, Gaby vouait une passion à l'Europe telle qu'elle se construit depuis le début des années 1950. C'est à cet ancien recteur du Collège d'Europe à Bruges que l'on doit la création de l'association « Mémoires d'Europe » qui a donné naissance à une collection du même nom chez Peter Lang.

C'est lui et les autres membres de l'association qui ont établi une liste d'un certain nombre de personnes qui, peu connues ou méconnues du grand public, ont été des artisans importants de la construction européenne. Jacques-René Rabier, dont il est question dans ce livre, est l'une de ces personnes, au parcours édifiant.

C'est aussi Gaby et ses complices de « Mémoires d'Europe » qui se sont demandé quelle serait la personne idéale pour prendre en charge cette biographie. Leur choix s'est très vite et tout naturellement porté sur l'un des membres de l'association, Michel Theys : cet ancien rédacteur en chef adjoint de l'Agence Europe avait noué, par l'entremise des familles Gazzo et Riccardi, des liens solides avec Jacques-René Rabier, fidèle lecteur de ce bulletin quotidien d'information depuis le début des années 1950.

Le journaliste et l'ancien « informateur » étaient donc faits pour se retrouver dans ces pages et, auparavant, lors d'entretiens enregistrés pour l'essentiel en 2009. Pour des raisons diverses, la rédaction de la biographie a pris toutefois plus de temps qu'escompté.

Entre-temps, à l'été 2015, notre ami et complice Gaby est décédé. L'association et la collection « Mémoires d'Europe en devenir » ne lui ont pas survécu. Celle-ci a finalement été reprise dans la série « Histoires vivantes » de la collection « Europe des cultures ».

Ce livre restera toutefois comme un hommage posthume à Gaby Fragnière.

Avant-propos

Le livre de Michel Theys sur Jean-René Rabier répond totalement à l'objectif de la ligne éditoriale de la sous-série « Histoires Vivantes » de la collection « Europe des Cultures ». Cette sous-série est consacrée à des récits visant un large public en vue de contribuer à une meilleure compréhension, communication et contextualisation de l'Europe. En particulier, le témoignage vivant d'une personne qui, tout au long de sa longue vie, a pensé, agi et travaillé au service d'une Europe solidaire et personnaliste offre une contribution originale et prospective au débat actuel sur l'Europe.

Le livre présente un excellent témoignage d'une vie pleine, enracinée dans un engagement européen proactif, basé sur des valeurs mais concret, qui pourrait nous aider à gérer les défis d'aujourd'hui. Le témoignage de cette histoire vivante illustre la nécessité de s'ouvrir à la mémoire collective du processus d'intégration européenne telle qu'elle a été vécue et inspirée par des personnes convaincues, fortes et engagées dans l'intérêt d'une certaine idée européenne.

Il éveille la curiosité aussi bien qu'il illustre l'expérience vécue et engagée dans le concret d'un « fonctionnaire-militant », un « partisan », promoteur et inspirateur d'une certaine Europe au service des citoyens européens. Une lecture fascinante dans une période pleine de confusion ! Certainement une leçon passionnante pour les jeunes générations qui auront à dessiner la suite du rêve européen !

Léonce Bekemans

Dir. collection « Europe des Cultures »

Préface

Jacques-René Rabier, dont la jeunesse d'esprit reste impressionnante, est à la fois une mémoire vive et un militant infatigable de la construction européenne. Il a toujours patiemment cherché à tisser des liens entre deux choses également complexes : le projet européen et les opinions publiques. Son nom est indissociable de l'information européenne et de l'Eurobaromètre dont il fut le fondateur, parce qu'il voulait mesurer la pression atmosphérique européenne ou, en d'autres termes, ausculter régulièrement l'état de l'Union.

Cela fit de lui un bâtisseur de ponts entre les opinions publiques européennes et l'action publique européenne, entre les institutions et les citoyens, et entre chacun des peuples d'Europe. Inlassablement, Jacques-René Rabier continue à nous parler, en des termes simples qui viennent du cœur, de cette Europe dont il a appris de Jean Monnet que, pour qu'elle arrive à maturité, il faut y mettre de la patience, du courage et de la détermination.

C'est un message qui est plus que jamais d'actualité, tout comme l'est cette question qui tient tant à cœur à Jacques-René, celle de la confiance entre les peuples d'Europe. N'oublions jamais que sans confiance, rien n'est possible, rien n'est durable, car c'est sur cette confiance que se bâtit la solidarité européenne.

Jean-Claude Juncker

Table des matières

Chapitre I

Miles studiosus

Dès sa naissance, il était tourné vers la Belgique…

Jacques-René Rabier voit le jour le 16 septembre 1919, rue Francœur à Montmartre. La rue Francœur, c'est « de l'autre côté de la Butte », sur sa face nord, celle qui tourne le dos à Paris. Comme si, d'emblée, ce vrai « Titi » montmartrois entendait signifier qu'il refuserait de limiter ses horizons au seul Hexagone et à la « Ville lumière » qui s'en veut le cœur et la tête.

Ses racines sont parisiennes, mais pas uniquement. La famille Rabier a son origine dans une région située entre Orléans et Blois. Ils viennent très précisément de Josnes, une petite commune du Loir-et-Cher. Leur présence y est attestée dès 1380, lorsqu'un certain Jean Rabier donne un arpent de vignes à l'abbaye de Beaugency pour que soit célébré chaque année son anniversaire. Le 14 janvier 1457, Jacques, abbé de Beaugency, et sa communauté donnent, par une déclaration faite en chapitre, des lettres de confraternité à Mathurin Rabier et à Jeannette, sa femme. Est-ce la raison pour laquelle Mathurin devient un prénom habituel dans la famille ? En tout cas, on en retrouve un autre de 1595 à 1615 : notaire à Villemuzard, puis notaire royal à Beaugency, son nom figure, au cours de cette période, à chaque page des registres des baptêmes, lui qui s'est fait la spécialité d'être le parrain des enfants de Josnes… Vers 1600, les Rabier sont nombreux à Josnes et se traitent de « petits-cousins ». Ce n'est sans doute plus le cas aujourd'hui, mais l'annuaire du téléphone le confirme : la souche n'a pas été délaissée.

Avec cette famille, Jacques-René Rabier aura très peu de contacts. Ses cousins de Josnes avaient fait de la vigne jusqu'au phylloxera, à la fin du XIXe siècle, avant de se tourner vers les moulins à eau ou à vent. Vers ses cinq ou six ans, il visite un moulin à vent qui appartient à l'un de ses cousins dans les environs de Josnes. Peut-être est-ce alors qu'il découvre ce qui pourrait être à l'origine de son patronyme : « Ce nom très répandu vient, semble-t-il, du métier artisanal qui consistait à refaire les stries sur les meules. Dans le patois local, c'était rabier une meule. Et l'artisan qui faisait cela, c'était le rabieur. C'est ce que l'on m'a toujours dit… »[1]

Du côté maternel, la famille est parisienne d'origine par le grand-père de Jacques-René, un Marion. Sa grand-mère vient, elle, d'une famille très pauvre des Landes de Gascogne où, « à l'époque, les gens vivaient encore nu-pieds,

1 Les citations dont la source n'est pas mentionnée dans une note de bas de page résultent d'entretiens avec l'auteur.

saignaient les pins et élevaient les oies pour le foie ». La pauvreté de cette petite paysannerie était telle – et elle l'était encore et toujours lorsque, avec ses parents, il rend visite à cette branche de sa famille vers ses sept ans – que le salut, souvent, passait par la fuite : « À cette époque, les familles pauvres se dispersaient très facilement, les filles venant faire des ménages dans la région parisienne et les mâles partant en Argentine ou ailleurs quand ils avaient le courage d'affronter l'inconnu… » Au début du XXe siècle, sa grand-mère se rend à Paris, alors que plusieurs de ses frères émigrent en Argentine. Jacques-René Rabier a dû avoir des petits-cousins du côté de Buenos Aires, sans en avoir la certitude ni, *a fortiori*, les connaître.

Son père, René, est né à Orléans en 1879, dans un milieu très modeste : son propre père, boucher et marchand de bestiaux, meurt alors qu'il n'a que trois ans, et sa mère – qui se remariera ultérieurement – rame pour élever ses enfants. C'est sans doute pourquoi il n'ira pas plus loin que l'école primaire, même s'il termine premier du certificat d'études dans son canton. Même écourtée, sa scolarité lui vaut toutefois d'être remarqué par un écrivain et académicien de l'époque, Jules Lemaitre. L'affection que celui-ci lui témoigne lui donnera notamment le goût de la littérature, ce qui aura une influence non négligeable sur… son fils.

Au sortir de l'école, René Rabier travaille d'abord quelques mois avec son beau-père, dans l'Enregistrement. Très vite, à quatorze ou quinze ans, il passe le concours d'entrée au Crédit lyonnais. Il y entre comme petite main et ne sait pas encore qu'il y terminera sa carrière en 1939 comme directeur d'une des plus grosses agences parisiennes de cette banque. Il n'y gagne pas seulement un emploi et la respectabilité, mais aussi la mère de son fils. Marié une première fois, sa femme meurt de la tuberculose, tout comme la fille qu'il a eue avec elle. Sous-directeur d'une agence du Crédit lyonnais située boulevard Magenta, à Paris, il y tombe amoureux d'une modeste guichetière dont le père est lui aussi petit employé au sein de l'établissement bancaire. Il y a donc un côté « Crédit lyonnais » dans la famille Rabier, tant du côté paternel que maternel. La tradition aurait fort bien pu se perpétuer si Jacques-René l'avait voulu…

René épouse sa deuxième femme en 1918. Celle-ci a vingt-trois ans et lui donne un fils quelques mois plus tard, le 16 septembre 1919. Le trio est en place, et il n'évoluera plus : « Je suis resté, pour des raisons que j'ignore, fils unique. Je ne me suis jamais posé de question à ce sujet ». Jamais ? Pas sûr. Le petit Jacques-René souffre parfois d'être seul, de ne pas avoir de frère ni de sœur. D'ailleurs, il lui arrive même de s'imaginer, de temps à autre, une petite sœur courant derrière lui… Aujourd'hui, il en rit, mais d'un rire tout de pudeur.

Son enfance sera pourtant heureuse. Le fils unique se sent très proche de ses parents, et ceux-ci le lui rendent bien : ils l'associent à beaucoup de choses, parlent d'à peu près tous les sujets devant lui. Et puis, il y a les vacances. L'un des avantages de travailler au Crédit lyonnais en ces temps-là, c'était d'avoir cinq semaines de vacances. Très vite, les parents Rabier achètent une voiture à trois places, la petite Renault de 1925. L'été venu, le trio embarquait, et cap sur les Pyrénées ou sur la Côte d'Azur, par la route Napoléon : de cinq à dix jours pour se rendre quelque part, puisque la voiture ne dépassait pas les 70 à l'heure et que les routes étaient celles du temps, quinze jours au lieu de villégiature, de cinq à dix jours pour revenir à Paris… Autant de « souvenirs d'une jeunesse heureuse », vécue en vase clos familial nucléaire, ou presque.

Des contacts avec les autres branches de sa famille, Jacques-René en a fort peu. Il a des liens avec ses grands-parents maternels, ainsi qu'avec un frère et une sœur de sa mère. Quand ses parents sortent, cette tante vient le garder dans l'appartement de la rue Francœur. Du côté des Rabier, il a beaucoup d'admiration pour un oncle, demi-frère de son père, qui le fait rêver : exploitant colonial à Lambaréné, au Gabon, il vient passer ses permissions en France tous les deux ans et rend alors visite au trio Rabier. L'enfant l'écoute raconter son périple, entamé en pirogue. Il lui arrive aussi de parler de son « épouse morganatique » – « il avait évidemment, là-bas, sa maîtresse : il faut vivre… », s'esclaffe aujourd'hui celui qui, innocent à l'époque, avait demandé avec candeur ce que cela voulait dire. Cet oncle d'Afrique et atypique ne le fera pas rêver longtemps : il meurt tôt.

Dans le Panthéon familial figure aussi un Fernand Rabier. Jacques-René ne rencontrera jamais ce « cousin » né en 1855 et qui finira sa vie en 1933 comme sénateur-maire d'Orléans. Un temps vénérable d'une Loge maçonnique, ce personnage aura joué un rôle significatif dans l'élaboration de la loi de séparation entre les Églises et l'État français. Des contacts, le petit Jacques-René en aura par contre avec la sœur de Fernand, Mme Lecroix, qui fréquentait chez sa mère, laquelle avait un jour de réception une fois par mois. Très proche de son frère, elle était, elle, catholique et pas du tout engagée dans la politique. Au fil des ans, Jacques-René perdra totalement de vue toute cette branche de la famille.

Il y a enfin Marius. L'abbé Marius Rabier. De son arrière-grand-oncle né en 1867, Jacques-René a consigné ses « souvenirs d'enfant » dans un article publié après sa mort, dans *Les Cahiers du Tricentenaire* du diocèse : « des yeux vifs, une longue silhouette, marchant d'un pas rapide, extrêmement distrait, mais surtout la réputation à la fois respectueuse et amusée, dans ma famille, d'un prêtre très rigoriste, je dirais presque étroit d'esprit. Adolescent et jeune homme, je le croyais conservateur, voire réactionnaire, notre "cousin l'abbé"… » La vraie vie de celui qui l'avait baptisé et qui avait béni le mariage de ses parents, il n'allait la découvrir que bien plus tard, et fort différente de celle qu'il avait imaginée. Après sa mort en 1943, Jacques-René se plonge dans les archives et découvre petit à petit que Marius était l'un des « abbés démocrates » des années 1890 et du début du XXe siècle.

En 1893, ordonné prêtre depuis deux ans à peine, Marius est aumônier du Cercle catholique d'ouvriers de Blois que préside un notable local, Albert Miron de l'Espinay. Consulté par une délégation d'ouvriers, il propose de créer un Groupe chrétien d'études sociales en s'inspirant de l'expérience menée à

Reims par un patron catholique, Léon Harmel. L'idée est retenue et il devient l'animateur de ce Groupe. À partir de là, le ver est dans le fruit, d'autant que Marius se rapproche aussi de Marc Sangnier qu'il fait venir à Blois en janvier 1898, alors que ce dernier est occupé à créer le mouvement « Le Sillon », ce qui sera chose faite douze mois plus tard. Or, ce mouvement est de tendance ouvertement démocrate-chrétienne et nettement « progressiste », encore en termes d'aujourd'hui. Ainsi que l'explique Olivier Martin[2], voilà qui était, pour les conservateurs catholiques, idéologiquement intolérable : « Les groupes d'études récusaient la vision hiérarchique de la société et aspiraient à une démocratie sociale qui fut populaire. De celle-ci à la démocratie politique, il n'y avait qu'un pas. La plupart des membres du Cercle catholique n'était pas disposé à le franchir, car il impliquait l'acceptation d'un idéal égalitaire ».

Au début avril 1899, un événement de portée nationale a lieu à Blois avec la tenue du congrès de la Fédération des travailleurs chrétiens. Sa préparation est confiée à l'abbé Rabier qui sollicite la permission et la bénédiction de son évêque. Mgr Laborde accepte, le sachant bien vu à Rome, et il accepte même de partager la présidence d'honneur de la manifestation avec Léon Harmel. Albert Miron de l'Espinay n'a plus qu'à s'incliner, mais il prie les orateurs de s'abstenir de tout propos politique. Bien sûr, ni Léon Harmel ni Marc Sangnier n'en tiendront compte, ce dernier ponctuant même son intervention par un vibrant « Vive Léon XIII, vive la démocratie chrétienne ! » Toutes les pièces sont désormais réunies pour qu'éclate « l'affaire Rabier ». Une réunion extraordinaire du comité du Cercle catholique est convoquée et décide de prévenir l'évêque que, « par ses tendances manifestées spécialement par la tenue du congrès », l'aumônier du Cercle nuit à son recrutement ouvrier et est la cause d'un tarissement des dons et des cotisations. Ce à quoi Marius rétorquera : « Dans une œuvre comme celle-ci, on ne doit jamais sacrifier l'idée à l'argent ». Son sort est scellé, d'autant que le châtelain local, Albert Miron de l'Espinay, va jusqu'à jouer la carte du chantage, déclarant en substance : « C'est lui ou moi ! Je coupe les fonds s'il continue à s'occuper des syndicats ouvriers… » Le couperet tombe : par vote, l'aumônier Rabier est exclu du Cercle.

D'où cette analyse tout en nuances de Jacques-René, les yeux enfin dessillés, dans son article de 1997 :

> Marius Rabier a été un témoin et un acteur passionné et courageux des événements qui marquèrent son époque. Dans une société française traumatisée par la guerre de 1870–71, dotée d'un régime républicain encore fragile, alors que se développait un mouvement ouvrier âprement combattu par toutes les forces réactionnaires, profondément divisée entre catholiques et anticléricaux, une minorité novatrice et généreuse cherchait péniblement – et non sans confusions et maladresses – les voies d'une véritable démocratie, à la fois politique et sociale. L'appellation d'abbés démocrates, probablement lancée pour la première fois par des adversaires, est restée pour désigner ces jeunes prêtres engagés dans ces débats et ces combats.

2 Olivier Martin, *Les catholiques sociaux dans le Loir-et-Cher. De l'œuvre des Cercles ouvriers au parti démocratique, 1875–1926*, Blois, Le Clairmirouère du temps, 1984.

L'abbé Marius Rabier fut, dans le Blésois, l'un d'entre eux, l'un de ceux qui ont souffert, au sein même de l'institution à laquelle il resta, lui, fidèle malgré tout.

Jusqu'au bout, en effet, Marius Rabier restera fidèle à son Église. On le retrouve d'abord aumônier d'une communauté de religieuses et les activités d'homme d'œuvres vont bientôt l'emporter, désormais, sur celles sociopolitiques du militant de la démocratie chrétienne. Jamais, par contre, il ne suspendra ni ne réduira son action sociale, tant il la juge consubstantielle à son rôle de pasteur. Il se découvre aussi une nouvelle passion, les œuvres de jeunesse, le scoutisme en particulier. Il deviendra d'ailleurs aumônier des unions professionnelles et des mouvements de scoutisme. Nommé chanoine honoraire en 1929, il continue, infatigable, à s'investir dans l'organisation de réunions de piété et de ventes de charité. En 1941, à l'occasion de la célébration de son jubilé sacerdotal, Mgr Boulliau, vicaire général et directeur des Œuvres, salue la carrière ecclésiastique « d'un personnage à part et qui déborde les cadres », ajoutant avec une tendre malice : « N'eûtes-vous pas l'imprudence d'avoir des idées ? »

Le 7 mars 1943, Marius Rabier, sous-directeur des Œuvres du diocèse de Blois, rend son dernier souffle. Jacques-René et sa mère se rendent à ses obsèques. C'est là qu'il commence à découvrir que le défunt n'est pas tout à fait le prêtre très rigoriste, vivant le bréviaire à la main, qu'il croyait. Un prêtre l'aborde : « Ah, vous êtes le cousin de Marius. Il faut que je vous parle de lui : c'était un drôle… » À la question de savoir pourquoi, la réponse fuse : « Eh bien, un jour, alors qu'il était rédacteur en chef de *La Croix de Loir-et-Cher*, il avait été chargé de faire un reportage sur une visite épiscopale dans le diocèse. Il a fait le reportage, mais… la visite de l'évêque n'avait pas eu lieu ! » Les voies du Seigneur sont impénétrables, et Jacques-René ne savait pas encore que l'information serait, dans son parcours, l'un de ses – nombreux – points de rencontre avec Marius. Celui-ci a légué les quelques biens qu'il avait à son diocèse ou à la Maison des Œuvres. Au notaire chargé de la « succession », Jacques-René a dit qu'il aimerait avoir un vase qui avait appartenu au défunt. Le notaire y a consenti sans problème. Sur ce vase venant d'une fabrique de Blois, une inscription : « Il faut aller au bien de toute son âme »… Une phrase qu'il aime et médite toujours.

* *
*

Entre la Franc-Maçonnerie et l'Église, où se situe la famille Rabier ? Son père est un républicain libéral. Comme sa famille maternelle, sa mère est catholique. Son père l'est aussi, surtout depuis son mariage, mais sans excès : « Ce n'était pas un "cul béni" ». Jacques-René fera de même, pratiquant « sans excès, sans exhibitionnisme ». Jamais il ne sera scout ni ne militera dans des mouvements religieux.

À ses six ans, ses parents l'inscrivent à l'école primaire de la paroisse, l'école St Louis, près de la place Jules Joffrin. Ses instituteurs font la connaissance d'un élève « travailleur sans être nécessairement premier de classe », studieux et constant : il n'aura jamais à recommencer une année. Le gamin, pourtant, est espiègle : avec des condisciples, il fait des blagues à Montmartre. Aujourd'hui, vers leurs huit ou dix ans, ses petites-filles ou arrière-petites-filles l'interrogent : « Quelles bêtises tu faisais quand tu avais notre âge ? » Et il avoue alors, l'œil qu'il garde toujours espiègle et malicieux trahissant une contrition éminemment suspecte : « Par exemple, mettre une allumette dans une sonnette de concierge, cela sonne ; la concierge vient mais ne voit personne ni l'allumette, et cela continue de sonner… » Il ne se résout toujours pas, par contre, à leur confesser un autre de ses « méfaits », celui de rentrer chez une dame pipi au pied du Sacré-Cœur de Montmartre alors qu'il a un petit dix ans et de lui dire : « Madame, c'est vrai que vous vendez de la merde ? » Avec, en retour immédiat, cette réponse aussi fulgurante que venant du fond du cœur : « Petit galopin ! » Ce fait d'armes de « Titi » montmartrois, même si l'œil pétille encore un peu lorsqu'il le raconte tout en faisant promettre qu'il sera oublié tout de suite, il n'en est plus vraiment fier : « Maintenant que je sais que ce sont généralement des femmes du quart-monde qui font ce métier, je m'en repens encore… » C'est que, depuis, le « Titi » bravache a embrassé bien d'autres causes et mené des combats nettement plus nobles…

À l'école, Jacques-René est surtout attiré par les lettres, le français, les dictées et, bientôt, les dissertations. Son père n'y est pas pour rien, lui qui le suit en ces matières sans trop s'intéresser au reste. Un banquier est, par nature, un homme de chiffres, mais René Rabier est aussi un vrai homme de lettres. Sans doute la passion de la littérature l'a-t-elle gagné à l'époque où, pendant sa courte scolarité, l'académicien Jules Lemaitre l'avait pris sous sa coupe. Pendant la Grande Guerre, il est réformé pour cause de rhumatismes et, en 1915, muté « à l'arrière », à Sens, pour terminer sa guerre. Il y crée un théâtre aux armées et écrit de petits poèmes poétiques, allant jusqu'à faire orchestrer une chanson patriotique du style : « Il est minuit, on part sans bruit. À basse voix, on s'interpelle : ah quel réveil, rien de pareil… » Il composera des poèmes toute sa vie. Point d'écrits notables, mais « il était très habile dans sa pensée et sa conception poétique ». Dans le petit appartement de la rue Francœur, si sa femme, son fils ou un invité lui donnait quatre rimes, il écrivait un petit poème dans la soirée : « Ève mordit un jour dans un bonbon fondant. Ève mordit si fort qu'elle y laissa la dent. Moralité, la dent et Ève »… Rien de génial, sans doute, mais voilà qui amusait et impressionnait le gamin de huit ans.

Cet amour du français et cet intérêt pour la littérature ne quitteront pas Jacques-René lorsqu'il entame ses études secondaires au Lycée Rollin – devenu désormais le Lycée Jacques-Decour. Dans ce bon Lycée de quartier qui « n'était pas Henri IV ou Louis le Grand » et où il restera jusqu'au bac sans avoir jamais perdu d'année, il contribue ainsi à créer dès la 5e un… journal, *Le Reflet du Lycée*. Les élèves impliqués l'écrivent avec une encre dite sympathique et en tirent entre trente et cinquante exemplaires à la pâte. Pour ce titre, Jacques-René réalise des interviews de cinéastes, notamment un dénommé

Diamant-Berger qui était l'oncle de l'un de ses condisciples. La publication ne durera que le temps d'une année scolaire, mais la Bibliothèque nationale doit en conserver la mémoire, soit autant de traces du tout premier contact de Jacques-René avec le monde de l'information…

Au Lycée Rollin où il apprend le latin dès la 6ᵉ et le grec à partir de la 4ᵉ, Jacques-René gagne aussi deux surnoms. D'abord, « Miles studiosus », parce que, « pas manche à balle », l'adolescent est studieux, constant dans l'effort : « J'essayais de suivre le peloton », ni dans les premiers de classe, ni dans les derniers. Ensuite, « Rabirius pulcher », le « beau Rabier ». Avec le recul, voilà qui l'inquiète : les lycées n'étaient pas mixtes à l'époque… Sur le moment, il s'en accommode sans trop se poser de questions. Depuis la 6ᵉ, il apprend aussi l'allemand. C'est que chez les Rabier, on n'était pas particulièrement militaristes mais, chat échaudé craignant l'eau froide, on était anti-allemand. Lorsqu'il lui a fallu choisir une langue étrangère, son père lui a lancé : « Prends l'allemand, s'il y a une guerre, cela te servira mieux que l'anglais ». Il ne croyait, hélas, pas si bien dire, ni ne savait que son conseil servirait son rejeton dans sa carrière européenne que, lui, ne connaîtrait pas davantage que la nouvelle guerre qui s'annonçait.

De ses années au Lycée Rollin, Jacques-René conserve le souvenir de deux professeurs marquants – même si les rencontres qui influeront en profondeur le cours de sa vie professionnelle restent à venir. D'abord, en 1ʳᵉ, M. Baron, « un excellent prof de lettres », spécialiste de Don Quichotte qui, au passage, aura un jour un petit-fils à la Commission européenne. Ensuite, en Philo, le Pr. Aimé Forest, spécialiste thomiste et, plus particulièrement, d'un métaphysicien qui était également sous-préfet de Bergerac, Maine de Biran (1766–1824). Sous la houlette de ce professeur, il étudie à ce point cet auteur qu'il le choisit pour le bac, refusant d'entendre que, quand même, « c'était un auteur des "minores" ». Aujourd'hui, il le reconnaît et avoue avoir oublié Maine de Biran. Par contre, très marqué par sa Philo, il conserve une profonde admiration pour Blaise Pascal qu'il relit de temps en temps… Au passage, « Miles studiosus » obtient aussi un bac latin-grec.

* *
*

À l'automne 1937, Jacques-René Rabier entame des études de droit et d'économie à la Faculté de droit. En même temps, il entre à Sciences Po. La guerre qui s'annonce va lui compliquer la tâche : sa licence de droit public et le diplôme à l'École libre des Sciences politiques, il doit les décrocher en « session spéciale » de deux ans au lieu des trois qui sont normalement la règle. Mission accomplie à la fin 1939 et au début 1940. Mais une autre épreuve l'attend, autrement douloureuse.

Depuis 1930, ses parents disposaient d'un terrain acheté à Villiers-sur-Marne. Tous les week-ends, la petite famille se rendait à ce qui était la campagne à l'époque, à 20 km de Paris. Entre 1937 et 1938, son père y fait construire une petite maison, pensant y prendre sa retraite. C'est la mort qui l'y attend. Il est atteint par la maladie de Hodgkin, une sorte d'anémie mystérieuse, en tout cas à l'époque. Il la traîne deux années durant, s'affaiblissant progressivement. Il meurt en 1939. Bientôt, seule sa femme vivra dans cette maison…

Peu après le décès de son père, Jacques-René est invité par le directeur général du Crédit lyonnais à venir le rencontrer et s'entend dire à cette occasion : « M. Rabier, nous avions beaucoup d'estime pour votre père. Vous êtes en train de terminer vos études. Vous allez probablement partir faire votre service militaire. Il va de soi que les portes du Crédit lyonnais vous seront toujours ouvertes ». Sans doute le jeune homme s'est-il rappelé, à cet instant précis, des anecdotes que son père pouvait de temps à autre lui raconter lorsque, sa journée finie, il rentrait à la rue Francœur. Par exemple, celle de ce client qu'il avait lorsqu'il était sous-directeur d'une agence à Boulogne, un certain Louis Renault. Un « industriel de l'ancien temps » qui, voyant un jour l'un de ses ouvriers merdoyer sous une voiture, lui a dit « Fous le camp ! » et s'est mis lui-même à l'ouvrage sous la voiture, sortant couvert de taches de graisse. Ou des relations plus que de banquier à client, de réelle amitié, qu'il avait nouées avec des personnalités telles que Joseph Caillaux ou André Tardieu, ancien président du Conseil. Autant de récits et de personnages connus qui, « très jeune », lui avaient donné « une ouverture sur le monde qui dépassait très largement Montmartre et même le Val de Loire, d'Orléans à Blois ». À l'heure de ce premier choix professionnel, ces souvenirs ne pèseront pourtant guère : il décline l'offre en remerciant poliment. Lui, ce sera le service public ! Il ne perpétuera pas le côté « Crédit lyonnais » de la famille Rabier…

* * *

Alors qu'il bûche pour décrocher ses premiers diplômes universitaires, Jacques-René choisit de faire aussi, comme beaucoup d'étudiants de ce temps, la préparation militaire supérieure, afin de devenir officier dans la cavalerie motorisée. Deux fois par semaine, il quitte la demeure de Villiers-sur-Marne pour s'en aller prendre le train et rejoindre l'École militaire. Cette volonté de servir au mieux sa patrie va faillir lui jouer un mauvais tour. Le 1er mai 1940, il est appelé aux Armées, convoqué avec la classe d'âge de sa commune à Maison Carrée, en Algérie… où il est très vite recherché comme déserteur ! C'est qu'il a aussi été appelé par la préparation militaire à l'École de Cavalerie de Saumur où il se trouve bel et bien dès le 1er mai. Heureusement, les deux institutions correspondront…

Que la guerre fût inéluctable, il le savait. Après le décès de son père, il effectue un voyage en Alsace en compagnie de sa mère et de sa grand-mère, et en revient sans illusion : « Nous savions que l'ennemi était de l'autre côté ». Et les instructeurs en préparation militaire savaient fort bien, pour leur part, que leurs recrues couraient le risque d'avoir à se servir de ce qu'on leur apprenait. Pour tous, « la menace allemande, hitlérienne, était à l'horizon de l'histoire ».

De fait, les exercices normaux, dits « à blanc », que dispense la brigade d'instruction de cavalerie motorisée aux futurs officiers tournent à la véritable préparation au combat dès le début de l'offensive, au début juin, tant il est clair que l'École de cavalerie aura son rôle à jouer dans la guerre qui s'amorce. De fait, elle est engagée sur la Loire entre le 15 et le 20 juin. Les jeunes élèves, pas même encore aspirants, sont mis sur le terrain. Jacques-René se retrouve sur les hauteurs d'un village du nom de Gennes, entre Saumur et Tours, nanti d'un canon de 25 mm braqué vers le nord et d'une idée sommaire de la façon de s'en servir. Depuis la rive gauche, sa mission et celle de ses camarades éparpillés autour et alentour, y compris sur une île située au milieu du fleuve, est de défendre ce point de passage, alors que des ponts ont déjà sauté à Angers et à Saumur. Leurs positions, en effet, seront bombardées. Un peu en retrait avec son canon, Jacques-René y échappe, au contraire de l'un de ses camarades de la brigade qui reçoit un obus sur son casque, sans qu'il n'explose, heureusement. D'autres n'auront pas cette chance : des Cadets de Saumur, c'est connu, perdront la vie sur la Loire…

Moins de 72 heures après le début des combats, le commandant de l'École de cavalerie donne l'ordre de repli en direction du sud, et celui de sauver aussi les chevaux de l'École. Un cheval de selle et un cheval de trait sont confiés à Jacques-René qui n'avait, jusqu'alors, « jamais mis le derrière sur un cheval ». À la guerre comme à la guerre : avec ses camarades, il prend la direction du Lot-et-Garonne en fuyant les grands axes parce que les Allemands y avancent trop vite, plus vite, en tout cas, que les Français. À l'aide de cartes des PTT, ils cheminent par courtes étapes en empruntant les petits chemins. Sans embûche majeure puisqu'ils arrivent au bout de quelques jours au lieu de regroupement fixé par l'École, Villemur. Ils y resteront trois mois « à ne rien faire », mais en respirant toutefois, chacun étant « heureux d'avoir sauvé sa peau ».

À la fin septembre 1940, ce qui reste de l'École de cavalerie reçoit l'ordre de se regrouper à Tarbes où, après un passage pour le moins expéditif à l'École d'aspirants, Jacques-René et ses camarades gagnent leurs galons. Il leur est alors demandé de choisir où ils veulent être affectés comme aspirants dans l'armée d'armistice. Il choisit Mâcon, en Saône-et-Loire, pour une double raison. D'abord, parce que la ville de Mâcon est proche de la ligne de démarcation et que, ainsi, sa mère pourra venir le voir. Ce en quoi il ne se trompait pas. L'autre raison est plus pratique : « J'ai pensé que c'était une région où l'on ne crèverait pas de faim. Des amis choisissaient les régiments du sud, mais dans des régions où il était notoire que les gens n'avaient pas grand-chose à manger… » Le choix de la Saône-et-Loire présentait, sous cet angle, un attrait évident pour un jeune homme désireux d'être à l'écoute tant de son cœur que de son ventre !

À Mâcon où il arrive en octobre 1940, l'aspirant et cavalier de fraîche date qu'il est se voit d'emblée offrir le commandement d'un peloton d'instruction… à cheval. Heureusement, il peut s'appuyer sur des sous-officiers du métier. Par contre, puisque sa réputation de savoir parler et raconter l'a précédé, on lui demande de donner des conférences aux soldats, de leur expliquer l'armée, ce qu'est la cavalerie, la nature de la relation entre l'homme et son cheval… Il s'acquitte de cette tâche avec succès puisque, un beau jour, il est prié d'aller porter la bonne parole de l'armée à une trentaine de kilomètres de Mâcon, dans le Chantier de Jeunesse de Cormatin. Les Chantiers de Jeunesse étaient une création du gouvernement de Vichy pour accueillir et former à un minimum de discipline et d'activités manuelles – couper du bois, faire du charbon de bois – des jeunes qui étaient soumis à la conscription en zone sud. À Cormatin, il découvre un millier de jeunes âgés de 19 ou 20 ans qui, venant de tous les départements du sud-est, vivent une vie quasiment militaire et sont logés en baraquements. Sa mission ? Leur expliquer que « c'est beau l'armée » fut-elle « d'armistice », et qu'ils peuvent s'y engager pour terminer leur temps de service, par exemple au 5e Dragon de Mâcon, au lieu de rester dans les bois. Ses supérieurs, en l'occurrence, commettaient une double erreur. D'abord, ils ne savaient pas que la dissolution de l'armée d'armistice interviendrait dès 1942. Ensuite et surtout, ils ignoraient que leur émissaire-recruteur était las de l'armée. Il s'y ennuyait tellement qu'il se dit un jour : « Pourquoi, pour terminer mon temps de service, ne demanderais-je pas, plutôt que d'aller recruter les jeunes, à entrer moi-même dans les Chantiers de Jeunesse ? » Sa demande sera acceptée.

Les années 1941, 1942 et 1943, il les passera dans le Chantier de Jeunesse de Cormatin où, en tant qu'aspirant, on lui a tout de suite donné le grade de commissaire à l'éducation. Avec les chefs du camp, pour la plupart anciens officiers, il se considère comme formant une réserve de jeunes qui, le moment venu, pourront servir à autre chose qu'à couper du bois dans les forêts. Toutefois, des nuances existent dans l'encadrement. Un de ses camarades entre très vite dans la Résistance à Grenoble. Il y sera pris et fusillé. Jacques-René, lui, n'entrera pas dans la Résistance. Ou, plutôt, sa résistance sera différente, tournée vers l'avenir à construire. Il organise des conférences, des causeries, y invite des gens de l'École des cadres d'Uriage, ainsi qu'un de ses professeurs à la Faculté de Paris, François Perroux, un économiste, sociologue et philosophe qu'il admire – peut-être, au départ, parce qu'il a ménagé un élève pas trop matheux… Tous se donnent déjà comme tâche, à Cormatin, de « préparer intellectuellement l'après-guerre », d'imaginer des formes politiques et socio-économiques pour la France de l'après-guerre. Ils ne tarderont pas à se retrouver…

Dans le courant de 1943, Jacques-René n'est plus soumis à l'obligation militaire, et il a surtout envie de revoir sa mère, venue effectivement, ainsi qu'il le pressentait, lui rendre clandestinement visite au Chantier avec la mère d'un ami, à pied depuis Châlons-sur-Saône, en ayant été informées des heures de passage habituelles des patrouilles allemandes. Il rentre donc à Paris. À la gare de Tournus, un soldat allemand fait les cent pas sur le quai et lui lance, montrant son bagage : « Qu'est-ce que vous avez là-dedans ? » Et de répondre aussi vite : « Mes affaires de toilette ». À quoi tient une vie ? L'Allemand l'a cru. Il n'a jamais su que le sac contenait aussi le revolver d'ordonnance de l'ancien aspirant et un poste de radio…

* *
*

De retour dans la maison familiale de Villiers-sur-Marne, Jacques-René reprend ses études à la Faculté de droit de Paris où il retrouve le Pr. Perroux. Leur relation n'est pas uniquement celle d'enseignant à étudiant. Dans Paris occupé, ils poursuivent leur « résistance » avec d'autres intellectuels, réfléchissant à ce que devrait être la France de l'après-guerre. Leur démarche n'est pas sans risque. Un jour, le petit groupe doit se retrouver dans un immeuble parisien pour une réunion de travail. La Gestapo les y attend. Ils ne viendront pas au rendez-vous : une bonne âme les a avertis juste à temps… L'étudiant pourra donc aller au bout de son cursus universitaire, décrochant des diplômes d'études supérieures de droit public et d'économie. Il songe aussi, un temps, entamer un doctorat, mais la vie va en décider autrement.

Au printemps 1944, un de ses camarades très proche des Chantiers de Jeunesse, Jean Predseil, lui lance un jour, au détour d'une conversation : « Je voudrais te faire connaître une amie d'une de mes amies. Je vous invite pour un pot au café de Flore ». Jean Predseil ne se mariera pas avec son amie de l'époque, mais Jacques-René, en même temps qu'il découvre ce haut lieu de Saint-Germain-des-Prés, rencontre celle qui deviendra l'amour de sa vie, Anne-Marie :

> On s'est revu, on s'est plu, on a échangé nos projets. En se disant vous, à l'époque. Et je me suis tapé le voyage de Versailles à bicyclette pour voir ma future. Finalement, on s'est promis en juillet 44 dans les jardins du Louvre, face à la perspective Concorde et Arc de Triomphe, dos vers ce qui est maintenant la pyramide du Louvre. Ce qui est un hasard de l'histoire : on avait déjeuné par là… Ce n'était pas du tout un choix de décor consciemment posé. Je nous vois encore sur des chaises de fer… À l'époque, on se fiançait, ce qui fut fait en décembre. Ma mère a fait sa visite protocolaire à Versailles. Je l'avais précédée…

Anne-Marie Rousseau est de deux ans l'aînée de Jacques-René. Elle est née en 1917 dans une famille de la droite bourgeoise et catholique, des industriels de Sedan, dans les Ardennes françaises. Sa famille est imprégnée de valeurs morales : l'aide aux pauvres, ce qu'on appelait à l'époque la charité, le respect des pauvres y sont la règle. Anne-Marie n'y dérogera jamais, même si elle ne mettra jamais en pratique sa formation d'assistante sociale. Elle était l'aînée de sept enfants, dont six vivants. Au détour d'une de leurs conversations de fiancés, elle lui demande un jour : « Est-ce que vous souhaitez avoir des enfants ? » Sa réponse n'est pas de Normand mais de Montmartrois : « Oui, une douzaine ! » Voilà qui ne l'affolera pas : ils se marient le 21 avril 1945 au Chesnay, près de Versailles. François Perroux est l'un des témoins. Leur premier enfant naît dès l'année suivante. Cinq autres suivront. La famille comptera bientôt autant de sœurs – Marie-Hélène, Catherine, Odile – que de frères – Dominique, François, Emmanuel.

Dans un premier temps, les Rabier logent quelques semaines chez les parents d'Anne-Marie, « ce qui n'était pas très agréable pour un jeune couple ». Ils décident alors de « faire les portes », chacun de son côté, dans les beaux quartiers, XVIIe et XVIe, qui les attiraient plus que le XVIIIe car « j'y étais né et je savais ce que c'était ». Dans le Paris de l'époque, beaucoup d'appartements restaient inoccupés et pouvaient être réquisitionnés par la Préfecture. Lors de l'une de ses tournées, une concierge lui indique qu'un appartement est inoccupé rue Laugier, dans le XVIIe, sa locataire étant en Amérique latine et ne donnant aucun signe de vie. À la Préfecture, on lui signe aussitôt un bon de réquisition pour cet appartement meublé. Les trois premiers enfants du couple y verront le jour. Au début des années 1950, la propriétaire annonce qu'elle souhaite reprendre possession de son bien. Les Rabier lui promettent de libérer l'appartement au plus vite, mais la prient de leur accorder le temps de se retourner. Quelques jours après, elle leur annonce que sa belle-sœur s'apprête à partir aux États-Unis et que son appartement de la rue de Lubeck va être mis en location. Le couple Rabier saute sur l'occasion, trop heureux de pouvoir louer un appartement de manière régulière. Jacques-René s'y rend, voit les gens qui vont le quitter, lesquels lui disent de voir le gérant. Rendez-vous est pris et le gérant, officier de marine à la retraite, Légion d'honneur à la boutonnière, lui dit : « Oui, cet appartement est à louer. Le loyer est d'autant et ce sera cent mille francs pour moi… » Un petit pas de porte ! Offusqué, Jacques-René s'entend lui répondre : « Écoutez, il faut que je réfléchisse. Je suis jeune marié. Il faut que j'en parle autour de moi ». La réplique ne sera pas frontale, mais efficace.

Le lendemain matin, Jacques-René téléphone à la préfecture de police et, outré, explique l'affaire. Dans les heures qui suivent, il peut appeler le gérant et lui tenir ce langage encourageant : « J'aimerais vous voir avec mes beaux-parents qui vont m'aider dans cette opération ». Rendez-vous est pris tel jour telle heure. Le jour « J », il se retrouve dans le salon ovale de la rue de Lubeck avec sa vraie belle-mère, un faux beau-père – l'autre policier était resté de garde dans la rue –, Anne-Marie et le gérant. Il fait les présentations, suite à quoi le « beau-père » s'adresse au gérant : « Oui, cela intéresse mon gendre et ma fille. L'appartement est agréable. La location paraît raisonnable ». Et le gérant d'enchaîner aussitôt : « Oui, mais il y a cent mille francs ». Il n'a pas terminé que fuse un « Au nom de la loi, je vous arrête ! » Le « beau-père » sort sa pièce d'identité, siffle pour que son collègue le rejoigne, et ils embarquent aussi sec le gérant, la Légion d'honneur toujours à la boutonnière mais… les mains menottées dans le dos.

Qu'est-il arrivé à cet aigrefin ? Sans doute a-t-il été condamné, mais Jacques-René n'a jamais cherché à le savoir ni agi à cette fin, laissant l'action publique suivre son cours. Les propriétaires de l'appartement, une sénatrice et sa sœur, étaient-elles de mèche avec le gérant ? Il l'ignore. Son seul et unique objectif était de louer l'appartement. Quelques jours après, le conseil des propriétaires, un avocat gendre de Pierre Laval, lui téléphone et demande ce qu'il veut. « Depuis le début, je veux louer l'appartement », lui répond-il. Lors de leur rencontre, un bail était prêt, qu'il n'avait plus qu'à signer. Au milieu des années 1950, les Rabier en devenaient les propriétaires.

L'histoire de cet appartement a constitué un épisode important dans la vie des Rabier. Sur le moment, cette « aventure post-guerrière » a mis, en quelque sorte, un point d'orgue au parcours de l'aspirant Rabier. Il a surtout donné à la famille un point de chute à Paris. Bientôt, la famille Rabier quittera la « Ville Lumière » pour d'autres horizons européens. Dans un premier temps, l'appartement de la rue de Lubeck sera loué à une sœur d'Anne-Marie qui y aura quatre enfants, ce qui force Jacques-René et les siens à loger à l'hôtel lorsqu'ils viennent à Paris. Quand elle le libérera, l'appartement deviendra « le porte-avions parisien » de la famille. Jacques-René et sa femme n'y demeureront jamais de très longues périodes, mais c'était, pour leurs six enfants et leurs petits-enfants, l'ancrage parisien, et à ce titre « très important ». Pour Jacqueline Lastenouse, une collaboratrice fidèle qui le reste depuis dans l'amitié, il y a enfin, dans l'affaire de l'appartement, « quelque chose du Rabier qui ne lâche pas », ce qui est « une constante ». Beaucoup de pages qui suivent le prouveront…

* *
*

Aujourd'hui, la tribu Rabier reste unie, véritable garde rapprochée du « patriarche » qui énumère avec affection et fierté :

> Une journaliste, une professeur de religion, deux fils antiquaires qui se mangent fraternellement le nez, une fille qui s'occupe d'enfants… Et des conjoints exotiques : une belle-fille colombienne, une belle-fille singapourienne de père anglais d'origine russe et de mère chinoise, un ex-gendre argentin… Il y a même un gendre belge ! Quel exotisme…

Non, le « patriarche » – ainsi que l'a baptisé l'un de ses vieux amis, le Pr. Henri Rieben, président de la Fondation Jean Monnet de Lausanne – n'a décidément rien perdu de la faconde du « Titi » montmartrois.

Jacques-René Rabier serait-il l'homme qu'il a été et qu'il reste, gamin de plus de 90 ans, vif, espiègle, l'esprit en perpétuelle quête de nobles combats à mener ou à poursuivre, mais aussi de répliques acidulées à ciseler dans l'instant avant de libérer un rire à la fois pudique et gouailleur qu'il a communicatif, sans les deux femmes de sa vie ? Jacqueline Lastenouse ne le pense pas : « Je pense que Jacques a toujours eu un ange protecteur : sa mère et puis Anne-Marie ». Lisbonne, été 1965 : la famille Rabier au grand complet est en vacances et Jacqueline les y accueille, Mamée comprise. Elle est frappée par la relation particulière de Jacques-René avec sa maman : « Tu avais six grands enfants – les aînés avaient déjà 17 ans – mais tu étais toujours son petit garçon… » Elle s'amusait à raconter « l'esprit de gaminerie » de son fils, ses défis, son côté « Montmartre », mais la sensibilité féminine perçoit alors au-delà des apparences : « On sentait bien que tu avais remplacé pour elle, dès 1939, l'homme de la maison… » Grâce à ses deux « anges protecteurs », Jacques-René a pu rester le gamin qu'il était, éviter que celui-ci ne soit enfoui sous les années qui passent : « Cela t'a donné ce sentiment que tu étais un peu un enfant gâté, par sa maman, par sa femme, par sa famille. Un enfant aimé… Une liberté en découlait… »

La mère de Jacques-René est décédée en 1974. Anne-Marie l'a suivie le 26 décembre 1994. Depuis, ses enfants, ses filles en particulier, ont pris le relais. Pour elles, observe Jacqueline Lastenouse, « le père est sacré ! » Et du coup, ajoute-t-elle, la magie continue à opérer : « Il y a des personnes qui ont une plus grande liberté d'être parce qu'il y a au fond d'elles-mêmes un grand équilibre affectif et psychologique »…

Chapitre II

L'Aiguilleur, le Personnaliste et le Planiste

Toute vie humaine est faite de rencontres qui aiguillent.

Pour Jacques-René Rabier, elles seront au nombre de quatre, les trois premières situées à l'aube de sa vie professionnelle. La dernière, plus tardive, consacrera, en quelque sorte, la cohérence de son engagement dans la Cité humaine.

À la Libération, le jeune marié et bientôt père de famille décroche un premier emploi, un poste de rédacteur dans une officine du ministère de l'Économie nationale, le Centre national d'information économique. Placée sous la direction de Pierre Dieterlen et dépendant directement de la direction du ministère en la personne d'Hervé Gruyer, cette équipe très réduite jouit d'une certaine autonomie et a pour mission de produire une note hebdomadaire sur la conjoncture destinée aux seuls décideurs politiques. « Ce n'était pas passionnant, mais comme j'avais fait des études d'économie et que j'étais jeune marié, c'était un job qui me permettait d'entrer dans la vie active… »

En clair, Jacques-René Rabier n'a nullement l'intention de moisir très longtemps dans cette occupation à fins essentiellement alimentaires. Il n'en pâtit pas, pourtant, car ses centres d'intérêt sont ailleurs, dans la mouvance de celui qui fut son maître à la Faculté de Paris et qui est devenu très vite son ami : François Perroux. À la fois économiste, sociologue et philosophe, il n'a jamais perdu, pendant les années de guerre, le contact avec Rabier. Depuis son Chantier de jeunesse, quand Jacques-René organise des conférences, Perroux en est. Il invite aussi d'autres personnes qui gravitent autour du « pôle de pensée très actif » qu'est l'École des cadres d'Uriage, notamment Yves Urvoy qui s'y occupait des études. Un personnage, cet Urvoy que Jacques-René ne sépare jamais de Perroux dans ses « souvenirs reconnaissants » ! Ce Breton de la Coloniale et officier de carrière est un temps, sous le gouvernement de Vichy, responsable de la Légion des combattants qui, ayant succédé à l'Union nationale des anciens combattants, n'est pas à confondre avec l'organe doriotiste qu'était la Légion tout court. Mais comme François Perroux a aussi été décoré de la francisque, certains ne résistent pas toujours à la tentation des amalgames…

En réalité, François Perroux est l'un des intellectuels qui, au cours des confuses et angoissantes années 1930, recherchent une troisième voie ou, comme il l'écrit dans *Capitalisme et communauté de travail*, ouvrage qui lui assure la notoriété en 1938, une « tierce solution également différente du capitalisme libéral et du collectivisme planifié ». En clair, il fait partie de ceux que l'on appellera alors, en France, les penseurs « non conformistes » et qui, dans le marasme – politique, économique et social – de l'époque, récusent tant le « capitalisme libéral » débridé que le « collectivisme planifié » à la soviétique. D'ailleurs, il est très proche d'Emmanuel Mounier et de sa revue *Esprit* à laquelle il collabore. Le chantre de la *Révolution personnaliste et communautaire*, livre qu'il a publié en 1935, verra sa revue interdite par le régime de Vichy à l'été 1941, mais la suspicion – d'aucuns parleront plutôt d'insinuations dictées par une idéologie… – demeure chez certains. Ainsi, dans une thèse intitulée *Du corporatisme au keynésianisme* dont un extrait a été publié dans la *Revue française de science politique* en 2006[1], Antonin Cohen écrit : « s'il revient à Emmanuel Mounier d'avoir donné l'impulsion à une "révolution" qui se voulait explicitement "personnaliste" et "communautaire", c'est à François Perroux que l'on doit en revanche le contenu économique de cette révolution, pour avoir cherché à articuler le personnalisme et le communautarisme au corporatisme ». En clair, en revisitant le keynésianisme dont il a été le principal vecteur en France, Perroux – et, partant, ceux qui l'accompagnaient, dont un certain Rabier – aurait œuvré rien moins qu'à redonner des lettres de noblesse et un contenu économique à un corporatisme avili par le régime de Vichy, et bien plus encore par les fascismes et autres national-socialisme.

Bigre ! Lorsque Jacques-René Rabier contribue, aux côtés de François Perroux, d'Urvoy et de quelques autres, souvent proches d'*Esprit*, au lancement, pendant les années de guerre, du groupe de recherche « Renaître » qui deviendra « Travail » à la Libération, participe-t-il à une telle entreprise ? Non, il suit un homme qui, réfléchissant à la manière d'organiser la France de l'après-guerre du point de vue économique et social, se voudrait l'artisan d'un « travaillisme à la française ». Il suit un penseur qui lui fait comprendre « l'absurdité théorique et pratique de la séparation de "l'économique" et du "social" ». C'est la leçon majeure de François Perroux, et elle s'imprime à jamais dans l'esprit de Jacques-René : « La séparation de l'économique et du social est une idéologie ; l'économique et le social, ce sont deux faces d'une même réalité, qui ne peut se séparer que d'un point de vue idéologique ; je pense que l'économie et le social, c'est le même combat, la même réalité, la même analyse. J'ai appris cela de François Perroux… », expliquait-il encore dans une interview accordée en 2007[2]. Lors de « l'opération octante » organisée par ses enfants à l'occasion de ses 80 ans, il avait admis que cette conviction forte heurtait « des positions idéologiques très répandues et aussi des intérêts solidement établis », mais il avait ponctué son propos d'un vibrant « qu'importe ! » De fait, il n'en démord toujours pas :

– Quand une usine a besoin de se transformer parce que le marché ou la technique a évolué, elle fait un plan de restructuration économique. Et puis, après, on pense

1 *Revue française de science politique*, vol. 56, n° 4, août 2006, pp. 555–592.

2 *Nouvelle Europe*, Pauline Joris, 11 juillet 2007 – http://www.nouvelle-europe.eu.

qu'il faut faire un plan social. Mais si je sors une pièce de monnaie, il y a un avers et un revers. Ce sont deux faces d'une même réalité. Or, les syndicats sont prêts à se battre pour le social et le patronat dira toujours que, sans économie dynamique et florissante, le social ne se fera pas. Oui, mais comment avoir une économie dynamique et florissante si vous n'avez pas pris en charge les problèmes sociaux ? En réalité, les syndicats, le patronat et le politique doivent, chacun, avoir une vue socio-économique !

Qu'il y ait du Marius Rabier chez Jacques-René saute aux yeux. Et que le Rabier du groupe « Renaître » soit un jeune homme engagé, tout sauf un « économètre » à l'instar de son mentor, devient une évidence pour qui découvre qu'il publie en 1945, dans le cadre du groupe « Travail », une brochure sur la... participation ouvrière. Il y plaide pour que soit rompue la « dépendance ouvrière ». Près de soixante ans plus tard, dans sa thèse[3], Antonin Cohen instruit le dossier à charge, constatant que Jacques-René Rabier dénonce la dépendance économique « propre "au système capitaliste" qu'est la vente de sa "force de travail" par l'ouvrier et pour un salaire qui n'est qu'un "fonds de consommation" », mais aussi une dépendance politique, « celle qui, "derrière la façade mensongère de la démocratie libérale et parlementaire", s'exerçait par la "presse", la "radio" et le "cinéma", et entretenait les "luttes idéologiques" plutôt que de chercher à "promouvoir" une "communauté nationale qui déborde les dimensions d'un bloc ou d'un front" ». Sans doute certains de ces propos sont-ils datés et le reflet d'une époque fort heureusement révolue, mais la lecture qu'en fait le thésard se veut bien plus critique encore :

> Or, pour rompre la dépendance de la « classe ouvrière », qui « lance » depuis des années « un pathétique appel qui domine le bruit des machines, le fracas des armes et les bavardages des Parlements », il faut, selon (...) Rabier, instaurer une « participation » de la classe ouvrière au « produit » et à la « gestion » en attendant « un avenir » où l'entreprise capitaliste et l'économie capitaliste éclateront sous la poussée de structures nouvelles et sous l'effort créateur des hommes mus par le « mythe » d'une Communauté de travail.

Alors que le monde subit sa plus forte crise économique et financière depuis la Grande Dépression, certains éléments de ce plaidoyer vieux de soixante-cinq ans ne peuvent manquer d'interpeller, au-delà d'une phraséologie parfois surannée. Toutefois, des « positions idéologiques très répandues » – en tout cas dans les cercles où nichent les pouvoirs – et des « intérêts solidement établis » résistent et font que, aujourd'hui comme hier, certaines utopies gardent, au contraire d'autres, comme un petit goût d'inaccompli...

* *
*

Dans le parcours professionnel – et même personnel – de Jacques-René Rabier, François Perroux apparaît comme l'Aiguilleur. Par deux fois, il contri-

---

3 *Revue française de science politique*, vol. 56, n° 4, août 2006, pp. 555–592.

bue, dans la deuxième partie des années 1950, à le mettre en relation avec des personnalités qui bouleverseront sa vie et le marqueront à jamais…

La Libération est synonyme, pour *Esprit*, de résurrection. Emmanuel Mounier convoque son comité de rédaction, et François Perroux est naturellement convié à y reprendre la place qui était la sienne avant la parenthèse de l'Occupation, celle de l'économiste de service. Problème : la liberté retrouvée se traduit par une débauche d'initiatives visant à remettre la France sur pieds, et Perroux se voit chargé de créer, sous l'égide de l'École libre des sciences politiques, l'Institut de science économique appliquée. La sagesse l'incite, dès lors, à vouloir prendre quelque recul par rapport à la Revue, et il propose à… Rabier de le présenter à Mounier en vue de devenir, à sa place, l'économiste du comité directeur. Jacques-René est un peu surpris, voire décontenancé, mais il ne résiste pas… Lors de l'entrevue, Mounier ne lui pose aucune question sur ses « croyances ou opinions », pas plus d'ailleurs que sur ses compétences. Comme il a confiance en son ami Perroux, il fera confiance à l'économiste en herbe que ce dernier lui présente, et il se borne à lui adresser un « Écoutez, la prochaine réunion du comité directeur, c'est la semaine prochaine ! »

À l'époque, Mounier a 36 ans, dix de plus à peine que Jacques-René. Quel type d'homme était ce penseur qui n'avait plus que cinq années à vivre ? Poser la question à Rabier, c'est courir le risque de réveiller le Montmartrois qui sommeille toujours en lui : « Comme il m'arrive de dire, il louchait ! Il était de la même promotion que Sartre à l'École normale et il louchait aussi, mais pas dans la même direction… » Le rire fuse et, après tout, pourquoi s'épargner un bon mot quand celui-ci encanaille seulement la réalité, celle-ci étant décrite plus sobrement dans son témoignage lors de l'inauguration d'une salle « Emmanuel Mounier » au Lycée… Jean Monnet de Bruxelles, le 12 décembre 2004 : « Mounier était physiquement assez grand, un peu voûté, affligé d'un strabisme prononcé auquel on s'habituait assez vite lorsque, au-delà de la divergence des yeux, on percevait la douceur du regard. Sa vaste culture inspirait le respect à ses interlocuteurs mais son très grand respect des personnes mettait en confiance »[4].

Avant cette rencontre, Jacques-René Rabier n'était pas « personnaliste » – ou alors l'était-il, de par l'influence de Perroux, sans déjà le savoir. En tout cas, sa conversion est alors fulgurante. Très vite, il lit le *Que sais-je ?* de Mounier sur « Le Personnalisme » et découvre une philosophie qui le marque à jamais : « Auprès de Mounier, j'ai appris la valeur de la personne, de chaque personne, sujet unique et auto-créateur, par rapport à l'individu, objet arithmétique, élément dans une masse », confirmera-t-il encore lors de « l'opération octante » de 1999. Depuis cette découverte, jamais il ne cessera plus de voir en l'Homme « un être humain fait pour s'épanouir en communauté, mais qui n'est pas interchangeable avec d'autres », de considérer que « chaque personne a sa spécificité, et ne se ramène pas à l'individu au sens purement statistique du terme ».

4 *Bulletin des Amis d'Emmanuel Mounier*, décembre 2006.

Selon la définition du *Petit Robert*, « le personnalisme est une forme de philosophie morale et sociale chrétienne dont la diffusion a été largement due à la revue *Esprit* ». À 26 ans, Jacques-René se retrouve-t-il embarqué dans une entreprise à connotation religieuse ? Le croire reviendrait à céder à la double tentation des amalgames faciles et des apparences trompeuses. D'abord parce que, si l'empreinte chrétienne est profonde dans le mouvement personnaliste, si Emmanuel Mounier, Denis de Rougemont ou Alexandre Marc se réclament ouvertement de ce courant religieux, si Jacques-René Rabier ne fait pas mystère d'être catholique pratiquant, mais « sans excès, sans exhibitionnisme », encore convient-il d'admettre que la « maison du bon Dieu » est... unie dans la diversité depuis bien plus longtemps que l'Union européenne. Ainsi, explique Luis Ferreiro, président de l'Institut Emmanuel Mounier en Espagne, « si l'Église catholique partage une bonne partie des idées du personnalisme, ses secteurs les plus conservateurs ont des préventions et même des aversions à l'égard des courants personnalistes qui mettent l'accent sur l'engagement sociopolitique »[5]. Ainsi la touche chrétienne à l'évidence dominante dans le personnalisme était-elle le fait de progressistes, engagés dans la Cité, résolus à « penser avec les mains », selon la belle formule de Denis de Rougemont, en vue de bâtir un monde meilleur, plus juste, plus équitable...

Ensuite parce que le personnalisme et la revue *Esprit* n'étaient pas et n'ont jamais été l'apanage des seuls chrétiens, raison pour laquelle il conviendrait plutôt, selon Luis Ferreiro, « de parler de personnalismes au pluriel »[6]. Les hommes – et la femme – dont Jacques-René fait la connaissance au sein du comité directeur ne sont pas seulement tous plus âgés et plus (re)connus que le nouveau venu, ils sont également d'origines et de... « paroisses » pour le moins diverses. Ainsi, aux côtés d'un philosophe chrétien de la trempe de Paul Ricœur, d'un gaulliste comme le politologue François Goguel, professeur à Sciences Po, ou d'un « barrésien de gauche marqué par le gaullisme » comme Jean-Marie Domenach, il découvre aussi des personnes marquées par une lecture marxiste de l'histoire : le philosophe Jean Lacroix qu'il a connu dans son Chantier de Jeunesse comme conférencier, le psychologue Paul Fraisse, l'économiste Henri Bartoli, « un Juste au sens historique du mot » qu'il aimait situer « entre Lénine et Saint Jean de la Croix »... Lorsqu'un parti non communiste de gauche se lancera avec Sartre – dont Jacques-René juge, au passage, que « l'œuvre littéraire est bien supérieure à l'œuvre philosophique » –, certains membres d'*Esprit* se lanceront d'ailleurs dans l'aventure. Toutefois, Emmanuel Mounier – tout comme Albert Béguin qui lui succédera à son décès – veillera toujours à ce qu'aucune étiquette politique ne puisse être collée à une revue se voulant « un carrefour de pensées en profondeur ».

Mais alors, quel est l'aimant qui amenait ces hommes et cette femme, la critique littéraire Claude-Edmonde Magny, si différents les uns des autres par l'âge, mais encore par l'activité professionnelle, l'origine sociale, la sensibilité

5 *Bulletin des Amis d'Emmanuel Mounier*, n° 97, avril 2008.

6 *Bulletin des Amis d'Emmanuel Mounier*, n° 97, avril 2008.

politique, les convictions religieuses, à consacrer une soirée par semaine au comité directeur d'*Esprit* – à titre bénévole, bien entendu ? Pour Jacques-René Rabier, « le lien était évidemment la sympathie de chacun envers Mounier, dont l'autorité directoriale s'exerçait dans le plus grand respect des diversités personnelles »[7]. Mais tous partageaient aussi « une certaine conception de l'homme et de la femme en société » qui s'incarnait, dans le personnalisme, par un même refus de l'individualisme et du collectivisme, une posture intellectuelle bien résumée par Luis Ferreiro :

> dans l'individualisme, la personne se noie dans le moi ; dans le collectivisme, elle se noie dans le nous. Individualisme et collectivisme forment un mélange mortel, un cercle vicieux. (...) Face à l'individualisme, qui n'attend rien de bon des autres, et face au collectivisme, qui croit que le tout apporte des solutions pour soi-même (et c'est fréquemment le bouillon de culture du parasitisme interne ou externe au groupe), le personnalisme croit qu'il vaut mieux combiner au maximum l'esprit de responsabilité et d'initiative de chacun avec l'esprit de coopération de tous. En résumé, le mieux est encore la devise des trois mousquetaires : « Un pour tous et tous pour un »[8].

Au comité directeur d'*Esprit*, Jacques-René apprend « à apprécier la valeur de l'amitié dans une petite équipe de personnes (...) unies dans un souci commun d'ouverture aux autres, (...) de respect des autres et de rigueur intellectuelle ». Chaque semaine, les sujets à aborder dans les prochains numéros sont envisagés ; des pré-papiers circulent et sont librement, parfois longuement, discutés ; l'intelligence de chacun des membres de l'équipe et la diversité des sensibilités qui y étaient présentes « permettait d'enrichir sa propre pensée »... La décision de publier était prise par Mounier, raison pour laquelle celui-ci parlait d'*Esprit* comme d'une « amitié dirigée ». L'un des premiers « papiers » de Jacques-René porte sur un sujet à la mode dans la France libérée, les nationalisations, mais il est publié sous un pseudonyme qu'il utilisera encore même s'il ne s'incrustera pas dans sa mémoire. D'autres suivent à sa signature : *Plan Monnet et plan Marshall* en 1948, *Qu'est-ce que l'incivisme ?* en 1949, *Essai sur l'évolution quantitative du prolétariat* en 1951. Plus que jamais, la relève de Marius Rabier est en marche.

Jacques-René restera en relation d'amitié avec Emmanuel Mounier jusqu'au bout. Aujourd'hui encore, il fait partie des *Amis d'Emmanuel Mounier* qui se réunissent de temps en temps à Châtenay-Malabry où il est mort. De cette rencontre brève dans le temps, il conserve le legs d'enseignements qui allaient façonner sa vie :

– S'attacher à des valeurs, ce qui donne du prix à la vie, plutôt qu'à des idéologies, c'est-à-dire des systèmes clos supposés avoir réponse à tout (...).

7 *Bulletin des Amis d'Emmanuel Mounier*, décembre 2006.

8 *Bulletin des Amis d'Emmanuel Mounier*, n° 97, avril 2008.

- Savoir s'engager, mais sans sectarisme, sans la certitude d'avoir raison contre tous les autres : « Nous ne nous engageons jamais que dans des combats discutables ».
- Respecter les convictions des autres, fussent-elles celles de ses contradicteurs ou même de ses adversaires.
- Faire confiance, sans aveuglement, mais en considérant chaque personne comme un semblable, surtout s'il est différent et que l'on ne partage pas ses opinions, sa méthode d'analyse ou son jugement[9].

* *
*

Outre *Esprit* dont il conserve… religieusement toute la collection jusqu'à ce jour, Jacques-René Rabier lit, à l'époque, deux quotidiens : *Combat* et le tout juste né *Le Monde*. C'est dans le journal créé par Hubert Beuve-Méry, un ancien de l'École des cadres d'Uriage, qu'il découvre en décembre 1945 que va se créer, à Paris, un Commissariat général du Plan de modernisation et d'équipement. Voilà qui l'intéresse aussitôt. Il s'en ouvre à François Perroux qui redevient l'Aiguilleur : il lui donne un petit mot de recommandation pour Robert Marjolin, un élève qu'il a eu à l'École pratique des hautes études juste avant la guerre et qui, devenu lui aussi son ami, sera bientôt nommé commissaire général adjoint de l'institution créée par l'ordonnance du 3 janvier 1946. Rendez-vous est pris.

Rue de Martignac, reçu dans le bureau de Marjolin, Jacques-René Rabier défend sa cause avec conviction, explique combien la mission assignée au « Plan » – à savoir élaborer un « premier plan d'ensemble pour la modernisation et l'équipement économique de la métropole et des territoires d'outremer » – entre en résonance avec ses aspirations et motivations personnelles. Tout à coup, la porte s'ouvre : Monnet entre. Il lui apparaît comme « un homme petit, paraissant la cinquantaine, le teint rosé, l'œil malicieux : le type Français moyen ! »[10] Rabier se présente, Monnet le salue et sort après avoir échangé quelques propos avec son adjoint. Celui-ci raccompagnera le solliciteur sans lui faire de promesse : « Très bien, si on a besoin de vous, on fera appel à vous… » Il quitte la rue Martignac « à la fois content d'avoir vu ces hautes personnalités et pensant qu'il y avait quelques dizaines ou centaines de demandes de ce genre, que cet entretien n'aurait aucune suite »[11]. Il se trompe. Dans les semaines qui suivent, Monnet le fait convoquer et le reçoit en personne, lui proposant d'entrer tout de suite au Commissariat car « nous avions noté votre candidature ». D'où cette explication de Jacques-René : « Monnet avait besoin de moi et il se souvenait, certainement parmi bien d'autres candidatures, de m'avoir entr'aperçu. Il voulait que j'entre tout

9 *Bulletin des Amis d'Emmanuel Mounier*, décembre 2006.

10 *Pas de Schuman sans Monnet*, témoignage de Jacques-René Rabier du 25 juin 2004 – www.craon.it.

11 Entretien de Jacques-René Rabier avec Antoine Marès, 1er octobre 1981.

de suite – j'allais dire "à son service", mais le mot est un peu ambigu – pour travailler à une cause commune »[12].

Une cause commune ? Oui, et qui se transformera bien vite en deux causes communes, liées entre elles par une cohérence conceptuelle qui irradie la personne de l'homme qu'il vient de découvrir…

D'où vient le Plan français ? De l'esprit de Monnet ! Il est le fruit d'un contexte, d'une vie et d'expériences prodigieusement atypiques. Le contexte est, ainsi que l'écrit Rabier en 1950, celui d'un pays qui, après avoir « longtemps joué dans la vie européenne un rôle de premier plan, semblait donner, depuis une trentaine ou une quarantaine d'années, des signes d'essoufflement, de vieillissement, voire de décadence »[13]. La vie et les expériences sont celles d'un autodidacte parti « apprendre les Anglais » – et la langue des « plus anciens et (…) plus importants clients »[14] de l'entreprise familiale de Cognac… – à Londres à 16 ans, puis le monde au Canada à 18. Sur la base de la consigne paternelle – « N'emporte pas de livres. Personne ne peut réfléchir pour toi. Regarde par la fenêtre, parle aux gens. Prête attention à celui qui est à côté de toi »[15] –, il les apprendra si bien qu'il sera appelé, lors de la Première Guerre mondiale, à créer un comité allié de transport maritime afin de veiller autant que faire se peut à ce que les convois de ravitaillement envoyés par les États-Unis à destination de la France ou du Royaume-Uni ne soient plus torpillés par les Allemands. Paris se souviendra de sa connaissance du monde anglo-saxon deux ans avant 1940, quand il est dépêché à Washington pour y négocier avec le président Roosevelt la vente d'avions à la France – avions qu'il s'emploiera à « détourner » vers le Royaume-Uni après l'invasion, refusant qu'ils fussent livrés au gouvernement de Vichy…

Pour Jacques-René Rabier, Monnet « avait été profondément imprégné par l'expérience américaine de l'effort de guerre », et le Plan français en a porté incontestablement la marque : « Il nous parlait très souvent de cette expérience où des gens de différentes origines politiques, administratives, des représentants d'organisations patronales et ouvrières se rencontraient dans des commissions mixtes pour contribuer à préparer les programmes correspondant à l'effort de guerre américain »[16].

De fait, le Plan de modernisation et d'équipement que Monnet soumet au général de Gaulle, et auquel celui-ci donne sa bénédiction dix-sept jours avant de démissionner de la présidence du gouvernement, offre des similitudes évidentes avec le modèle américain, lui qui s'emploie à « associer étroitement toutes les forces vives de la nation – industriels, agriculteurs, ouvriers, tech-

[12] *Ibid.*

[13] Collection Droit social (XXXVI), Jacques-René Rabier, *Une expérience de planification souple en régime démocratique. Trois ans de réalisation du Plan Monnet*, 1950.

[14] Jean Monnet, *Mémoires*, Fayard, 1976.

[15] *Ibid.*

[16] Entretien de Jacques-René Rabier avec Antoine Marès, 1er octobre 1981.

niciens – à la définition des objectifs et à l'élaboration des programmes »[17] de redressement. En clair, le Plan a été une œuvre véritablement collective, pas « l'œuvre de fonctionnaires ou de technocrates isolés du reste de la nation », tant il est vrai que c'est au sein de quelque vingt-cinq commissions de modernisation « réunissant, pour chaque grande branche d'activité industrielle ou agricole, des membres de l'administration et des organisations patronales et ouvrières, ainsi que des techniciens indépendants, qu'ont été examinées les données des problèmes à résoudre, et proposés les éléments de solution »[18]. Et c'est encore aux représentants de ces organisations – y compris la très communiste CGT – que sera soumis, à la fin 1946, le projet mis en forme par le Commissariat général du Plan sur la base de ces travaux, avant qu'il soit finalement transmis au gouvernement qui l'adoptera.

Voilà pourquoi Rabier parle, dès 1950, d'une « planification souple en régime démocratique », aux antipodes de la « planification intégrale » qui prévaut dans le monde des démocraties dites populaires, où « le plan constitue un ensemble de commandements chiffrés, et l'autorité centrale substitue, ou tente de substituer, dans la quasi-totalité de l'économie, ses injonctions propres aux décisions des sujets économiques »[19]. Son adhésion à la « cause commune », au principe d'encadrer souplement et démocratiquement l'économie française pour assurer sa relance, s'avère, elle, totale, absolue :

> Il apparaît comme certain (...) qu'un effort de cette ampleur ne pouvait être abandonné aux manifestations spontanées d'initiatives isolées ou contradictoires, mues par la seule recherche du profit maximum. La complexité et l'importance nationale des problèmes à résoudre, l'urgence de leur solution, la nécessité où nous nous trouvions d'établir une hiérarchie et un rythme dans l'emploi des ressources limitées dont nous disposions, tout concourrait à rendre indispensable l'intégration des efforts de chacun dans une vue d'ensemble, orientant et coordonnant les principales activités économiques, tant publiques que privées, pour une assez longue période[20].

Jacques-René Rabier osera même écrire que la tâche gigantesque et ambitieuse assumée par le Commissariat général du Plan supposait que « les avantages provenant de l'effort de tous profitent effectivement à tous, notamment sous forme d'augmentation des revenus réels, et non à une caste de privilégiés, capitalistes et technocrates »[21]. Pire, elle exigeait même carrément « une certaine transformation de notions et d'habitudes politiques qui se rattachent plus à une conception pervertie de la démocratie qu'à la démocratie véri-

---

17 Collection Droit social (XXXVI), Jacques-René Rabier, *Une expérience de planification souple en régime démocratique. Trois ans de réalisation du Plan Monnet*, 1950.

18 *Ibid.*

19 *Ibid.*

20 *Ibid.*

21 *Ibid.*

table »[22]. Dame ! Il y avait décidément du Marius Rabier chez cet homme, et c'est peu de dire que la pensée de François Perroux n'était pas tombée en terre stérile. Ce dernier ne sera jamais appelé au Plan, le courant ne passant pas entre lui et Monnet. Il en sera « très amer », au point d'en vouloir à son protégé. Leurs chemins se séparent et, pris par ses occupations, Jacques-René s'en accommode, même si, confesse-t-il, « je le regrette encore parce que je lui dois beaucoup intellectuellement ». Présent au Plan, Perroux le sera pourtant par personnes interposées, Rabier bien sûr, mais beaucoup d'autres encore, tel Pierre Uri…

* *
*

Dans son bureau au deuxième étage de la rue Martignac, le « chargé de mission » Jacques-René Rabier est affecté, en qualité de rédacteur, à la division économique du Plan que dirige Jean Vergeot, autre complice de Perroux et ancien d'Uriage. Sa mission est, a priori, obscure : il lui revient d'analyser et de mettre en forme les rapports techniques qui sont élaborés par chacune des commissions de modernisation et qui, in fine, composeront le premier Plan. Afin de rendre le tout cohérent, il joue donc beaucoup « des ciseaux et du pot de colle ». Toutefois, il lui est aussi demandé de rédiger une page de synthèse. Pourquoi ? Parce que Jean Monnet « ne voulait lâcher un document au Parlement, au gouvernement et dans le public que lorsqu'il était certain qu'en un point quelconque du document, on pouvait trouver, sous une forme simple, l'essentiel de la signification dudit document »[23]. C'est sa chance !

Un « beau » jour, à l'approche des élections législatives de l'automne 1946, Monnet le convoque à 18 h. Rabier se dit que cet homme qu'il voit de temps en temps passer la tête dans son obscur bureau pour y prendre la température – Monnet « était un homme qui aimait voir la personne qui était en charge d'un travail, et il ne se fiait pas uniquement à la hiérarchie – d'ailleurs très courte au Plan – pour savoir ce que les gens pensaient de leur travail, les questions qu'ils pouvaient soulever et les critiques qu'ils avaient à formuler », ce qui le situait on ne peut plus clairement « aux antipodes de ce que peut être le comportement habituel dans une administration centralisée où les dossiers circulent depuis le rédacteur jusqu'au directeur général ou au ministre, puis en sens inverse »[24] – veut lui parler du rapport général. Il se trompe : Monnet lui annonce que son directeur de cabinet, Félix Gaillard, se présente aux élections en Charente et que, puisqu'il « sera élu », il a besoin de le remplacer, ponctuant ces information et prédiction d'un claquant : « Je vous prends ! » Un Jacques-René abasourdi s'entend répondre : « Mais Monsieur, croyez-vous que je ferai l'affaire ? » La réplique de Monnet est sans appel : « Si je vous le

22 *Ibid.*
23 Entretien de Jacques-René Rabier avec Antoine Marès, 1er octobre 1981.
24 Entretien de Jacques-René Rabier avec Antoine Marès, 1er octobre 1981.

demande, c'est que je pense que vous ferez l'affaire. Et si vous ne faites pas l'affaire, je vous le dirai, mais vous commencez demain ! »

Cet épisode, littéralement décisif pour la carrière et la vie de Jacques-René Rabier, montre, rétrospectivement, que Monnet avait doublement raison. D'abord, Félix Gaillard sera effectivement élu, et il deviendra même, ensuite, ministre puis président du Conseil d'un gouvernement de la IVe République, avant de disparaître tragiquement en mer. Ensuite, il n'a jamais eu à dire à sa recrue qu'elle ne faisait pas l'affaire… Toutefois, une question demeure : pourquoi Jean Monnet a-t-il porté son choix sur ce jeune et obscur chargé de mission pour occuper une place privilégiée à ses côtés, alors qu'il le connaissait à peine ? Pour Jacques-René, la raison réside dans la… « page 33 » du premier Rapport de modernisation, cette synthèse générale « pondue » par le jeune Rabier que Monnet a dû juger bien écrite et dont il a sans doute demandé qui en était l'auteur : « Si je dois quelque chose à mon père, c'est d'avoir appris à écrire, ce qui m'a beaucoup servi, et me sert encore… », glisse-t-il, toujours reconnaissant, et même quelque peu ému. Mais n'y a-t-il pas aussi que Jean Monnet « a ses têtes » ? Cela, il sera désormais aux toutes premières loges pour le vérifier, mais il ne fait toujours pas le lien entre ce qui deviendra constat et ce moment clé de sa vie…

Écrire pour Monnet, il le fera encore, beaucoup. Mais en attendant, le lendemain, c'est un nouvel univers qu'il découvre. Avec, tout d'abord, un nouveau bureau qui, jouxtant celui de son « patron », a pour table de travail un meuble ayant appartenu à… Marie-Antoinette, prêté au Plan par le Mobilier national. Ensuite, il reçoit pour consigne de voir « tout ce qui entre, tout ce qui sort, le courrier, les personnes, les dossiers », d'entrer dans le bureau du commissaire général quand il le souhaite – « là encore, si je ne veux pas vous voir, je vous le dirai »[25], lui a indiqué Monnet. Du jour au lendemain, Jacques-René Rabier passe donc de l'ombre à la lumière, se retrouve investi de responsabilités – et d'une confiance… – auxquelles rien ne l'avait vraiment préparé. Très vite, il est rejoint par François Fontaine, un Charentais de deux ans plus âgé que lui et qui a été engagé parce que Gaillard a dit à Monnet, qui « n'était pas l'homme des recommandations », qu'il « pouvait lui faire confiance ». Tout de suite amis, ces deux-là ne savent pas encore qu'ils ne se perdront plus jamais de vue. Pour l'heure, François Fontaine prend en charge le fonctionnement administratif du Cabinet, tandis que le jeune Rabier exerce la direction « politique » de celui-ci, ce qui lui vaut de multiplier les contacts avec les membres des commissions de modernisation et des services du Commissariat général, ainsi qu'avec les Cabinets des ministres concernés. Jean Monnet le charge aussi, à l'occasion, d'aller prendre langue avec l'un ou l'autre parlementaire ou commission de l'Assemblée parlementaire, par exemple lorsque le budget du Plan est en discussion. C'est ainsi qu'il voit un jour « Edgar Faure arriver pour défendre le budget du Plan alors qu'il n'en avait pas lu une ligne », ce qui ne l'empêchera pas – « c'était Edgar Faure… » – de le défendre très « brillamment ». Une autre

25 *Nouvelle Europe*, Pauline Joris, 11 juillet 2007 – www.nouvelle-europe.eu.

fois, il accompagne son « patron » qui, devant la commission des Finances du Sénat, se fait accrocher par le sénateur Pellenc, rapporteur général, sur le déficit des Chemins de fer. Monnet s'indigne : « Mais, Monsieur le Président, Messieurs, les chemins de fer, en France, sont en déficit depuis Philippe le Bel ! » Hilarité dans la salle et, à la sortie, l'autodidacte – qui a confondu Philippe le Bel et Louis-Philippe – s'en étonne auprès de son jeune collaborateur, lequel avouera longtemps après : « Peut-être était-ce un humour très subtil, mais je n'en suis pas encore sûr »[26] …

Surtout, il découvre alors, quotidiennement, les têtes pensantes d'une « petite équipe passionnante et passionnée ». Aux côtés de Monnet et de Robert Marjolin, il fréquente ainsi Paul Delouvrier, un inspecteur des Finances, major de sa promotion, que Jean Monnet est parvenu à attirer au Plan alors que le poste de directeur adjoint du Trésor lui était promis après avoir dirigé le Cabinet de René Pleven, ministre des Finances jusqu'à la chute du gouvernement présidé par le général de Gaulle depuis la Libération. « Il est rare d'avoir dans la vie un choix aussi clair. Monnet, c'était l'aventure, le Trésor, c'était la voie royale, mais la voie classique. Et mon tempérament est ainsi fait que je préfère l'aventure »[27], expliquera plus tard ce haut fonctionnaire qui, jusqu'au bout, réussira la prouesse rare d'afficher une égale « loyauté à l'égard du Général et de l'Inspirateur »[28]. Il y a aussi « l'homme extrêmement attachant » qu'était Étienne Hirsch, petit-fils d'un juif allemand arrivé en France à la fin du XIXe siècle et sorti ingénieur de l'École des mines, compagnon de Monnet à Londres et au sein du Comité français de libération nationale présidé par de Gaulle à Alger pendant la guerre. Il y a encore Pierre Uri, philosophe bouillonnant d'idées qui, après avoir succédé à Jean-Paul Sartre comme professeur de philosophie à Laon et au Lycée de Reims ensuite, a été rattrapé par ses origines juives. Révoqué par le régime de Vichy, il a décidé alors de retourner aux études en vue d'obtenir un diplôme de droit public, ce qui lui vaut de croiser à son tour la route d'un certain François Perroux et de même carrément devenir l'un de ses plus proches et brillants collaborateurs, lui qui lit « dans le texte » la *Théorie générale* de Keynes et nourrit la réflexion économique des personnalistes muselés par des contributions signées d'un nom d'emprunt, Rémy Prieur. Pour Rabier, rien d'étonnant que Monnet ait pu être séduit par cette « intelligence à la fois philosophique, économique et juive ».

Un jour, Jean Monnet lance à son directeur de cabinet : « Rabier, il faut toujours avoir un juif dans son équipe ». De fait, il en a deux, à tout le moins : Uri et Hirsch. Deux personnages très différents, et d'ailleurs « souvent en dé-

---

26 Entretien de Jacques-René Rabier avec Antoine Marès, 1er octobre 1981.

27 Entretien accordé par Paul Delouvrier à Anne Rasmussen, Paris, Comité pour l'histoire économique et financière de France.

28 « Jean Monnet et Paul Delouvrier : histoire d'une collaboration », article reprenant une conférence de M. Giacone à la Maison de Jean Monnet (9 octobre 2002), publié par l'Association Jean Monnet et l'Institut Paul Delouvrier en mai 2003.

saccord car Uri était un homme extrêmement brillant qui inventait des complications pour résoudre les problèmes, alors que Hirsch, plein de bon sens, arrivait toujours avec l'approximation à 5 % près de n'importe quel chiffre, de n'importe quoi… » Dès lors, les tensions entre deux amis aux intelligences fort différentes ne sont pas rares, au plus grand ravissement de Jean Monnet qui « faisait son miel de ces différences, voire de ces contradictions », lui qui « savait jouer – le verbe n'est pas péjoratif – de l'un et de l'autre ». C'est, pour Rabier, l'un des ingrédients de la « méthode Monnet » :

> – Monnet était un homme qui pensait beaucoup seul. Mais il ne pouvait rendre ses pensées définitives, opérationnelles, transformer ses intentions en prises de position, en décisions, qu'après les avoir fait passer au banc d'essai d'une discussion avec ses collaborateurs les plus immédiats. Non pas un « gueuloir » au sens de Flaubert, où finalement le locuteur écoute le son de sa voix et ajuste son discours en fonction de ce qu'il perçoit, mais vraiment parce que Monnet était parfaitement conscient que ses collaborateurs pouvaient avoir sur tel ou tel point des vues techniques ou politiques différentes des siennes, qu'il pensait en faire son profit, et aussi qu'il savait que, ses interlocuteurs n'étant souvent pas d'accord les uns avec les autres – ce qui était parfaitement normal pour des gens d'origine, d'opinion et de formation diverses –, ils pouvaient apporter dans une discussion des éléments qui, à première vue, n'étaient pas apparus à Jean Monnet et qui, immanquablement, surgiraient dans une discussion publique, soit au niveau du gouvernement, soit au niveau des commissions parlementaires, soit dans la presse[29].

Une telle écoute impliquait, dans le chef de Monnet, une confiance en son proche entourage. Et la jeunesse d'un collaborateur, qu'il s'agisse de Rabier ou de Fontaine, ne constituait pas, à ses yeux, une raison pour l'écouter moins que les ténors de sa garde rapprochée, puisque – un peu comme Mounier – il lui avait accordé la même confiance qu'à ces derniers. Mais la confiance ne se décrète pas, elle s'accorde. D'où venait donc l'intuition qui décidait Monnet, cet homme « prudent, voire méfiant, jaugeant et jugeant ses interlocuteurs, ses collègues et ses collaborateurs »[30], à l'accorder – ou à la refuser ? S'il estimait qu'il pouvait entrer en résonance avec un possible collaborateur par rapport à ce qu'il en attendait, c'est à son « nez de natif de Cognac » que l'élu le devait : « Il jugeait les gens comme d'autres jugent un verre d'alcool. On ne fait pas confiance à un verre de cognac sans l'avoir senti ! », observe Jacques-René Rabier, tout en précisant aussitôt que, « derrière le nez », il y avait aussi, « probablement, une certaine conception des rapports humains ».

En clair, Monnet avait « ses têtes » – et, partant, des têtes qu'il n'aimait pas ou, du moins, des comportements qui ne trouvèrent jamais grâce à ses yeux, sans que personne ne sache très bien pourquoi. Mais les têtes qui lui reve-

---

29 Entretien de Jacques-René Rabier avec Antoine Marès, 1er octobre 1981.

30 Témoignage de Jacques-René Rabier lors du colloque organisé par le Comité économique et social européen à l'occasion de la venue à échéance du traité instituant la première Communauté européenne, 23 juillet 2002.

naient, il fallait qu'elles reviennent souvent, même le plus souvent possible ! Monnet était un « tyran séducteur », et faire partie de sa garde rapprochée n'était pas une sinécure :

> (…) en même temps qu'il faisait une extrême confiance à ses collaborateurs, il était très exigeant quant aux horaires. Il fallait être là, bien sûr, avant qu'il n'arrive le matin parce qu'il téléphonait de sa campagne à Houjarray. Il fallait être là à l'heure du déjeuner parce qu'il avait généralement quelqu'un à voir et qu'il avait besoin de vous. Et il fallait être là le soir, non seulement jusqu'à ce qu'il s'en aille – et c'était parfois à huit ou neuf heures –, mais ensuite pour préparer la journée du lendemain puisqu'il allait téléphoner vers neuf heures ou neuf heures trente[31]…

En clair, une fois la confiance accordée, le collaborateur était « associé à toute la vie de la maison »[32] et, par conséquent, corvéable à merci au nom de l'intérêt supérieur de la cause et quel qu'en soit le prix pour la vie des membres de la garde rapprochée :

> Il leur fallait être disponibles à temps complet, et même un peu plus… Non qu'il ignorât la situation de famille des uns ou des autres, qui eût pu légitimer des horaires de travail à peu près conformes aux habitudes des administrations publiques, mais parce que toute autre préoccupation que celle de l'objectif à atteindre à un moment donné, si modeste qu'il pût paraître, passait au second rang, pour lui-même et pour tous ceux qui travaillaient directement avec lui[33].

Et le directeur de Cabinet de l'époque d'expliquer que les « élus » de Monnet l'acceptaient sans rechigner, sans doute parce que, « quand il faisait confiance à quelqu'un, cela se sentait et se voyait, et le comportement de l'autre ne pouvait pas ne pas en être transformé »[34].

Un vendredi soir, Monnet donne rendez-vous à ses collaborateurs pour le lendemain matin – en général, ils ne réussissaient à sauver que le dimanche, mais « pas toujours ». Cette fois, Paul Delouvrier se résout à réagir : « Monsieur, je ne peux pas venir demain ». Réplique immédiate : « Pourquoi, Delouvrier, vous ne pouvez pas venir demain ? » Réponse : « Monsieur, je me marie ». Ce à quoi Rabier se souvient avoir entendu le commissaire général du Plan répondre : « Bon, je suppose qu'elle est belle. Mais alors, vous venez lundi ! » Paul Delouvrier a-t-il eu droit à un voyage de noces d'une semaine, comme croit s'en souvenir Rabier ? Ce n'est pas l'avis du premier intéressé pour qui cet épisode n'a pas eu lieu la veille du mariage, mais un peu avant, et qui racontera

---

31 Entretien de Jacques-René Rabier avec Antoine Marès, 1er octobre 1981.

32 *Ibid.*

33 Jacques-René Rabier, *Jean Monnet ou la stratégie de la confiance*, Fondation Jean Monnet pour l'Europe, 9 novembre 1989.

34 « Le *secret* de Jean Monnet », témoignage de Jacques-René Rabier au colloque sur « Les Pères de l'Europe » organisé par la Fondation Paul-Henri Spaak, 19–20 mai 2000.

plus tard que Monnet… convoqua sa promise à un « examen de passage »[35], suite à quoi il lui déclara : « Je viens de faire la connaissance de votre femme. Je tiens à vous dire que j'irai, ce que je ne fais jamais, à votre mariage »[36].

Certains pourraient se demander, dès lors, si le « tyran séducteur » ne relevait pas de la catégorie des tortionnaires monomaniaques. Rabier le dément avec force et conviction, lui qui conserve le souvenir d'un « sensible peu expansif » :

> Il n'y avait pas de communication fréquente et apparente entre la vie privée que chacun de nous avions, lui compris, et nos engagements professionnels. Mais lorsque l'occasion s'en présentait, lorsqu'un événement faisait apparaître quelque chose de la vie personnelle de l'un ou de l'autre, on sentait à ce moment-là, dans ces ruptures de continuité, que Monnet était finalement très sensible, extrêmement attentif à la personne d'autrui, même s'il n'éprouvait pas le besoin de l'exprimer dans la vie quotidienne[37].

Un jour, la fille aînée de Jacques-René tombe gravement malade alors qu'il est en vacances à l'île de Ré. Il prévient le Commissariat du Plan qu'il lui est impossible de revenir à la date prévue. Averti, Monnet le fait immédiatement rappeler avec le message suivant : « Si vous voulez rentrer à Paris, je vous envoie ma voiture et mon chauffeur ! » Voilà qui prouve une profonde sensibilité humaine seulement « dissimulée par la pression des choses, l'occupation de son temps, mais aussi par une certaine pudeur face à la personne d'autrui, peut-être même de la timidité en face des autres »[38].

À la timidité, Monnet ajoutait-il une forme d'angoisse ? Peut-être. À l'historien Yves Conrad, Jacques-René Rabier expliquera ainsi que Jean Monnet appliquait cette maxime prêtée à Napoléon : « Prévoir loin, commander court », c'est-à-dire qu'il « faisait une liaison constante entre la vue des objectifs, disons la stratégie, et la tactique », ce qui veut dire qu'il était extrêmement soucieux des détails :

> (…) combien de fois je l'ai entendu dire : « Est-ce que j'ai signé cette lettre ? » « Oui, Monsieur, vous l'avez signée ». « Est-ce qu'elle est partie ? » « Oui, Monsieur, elle est partie ». En général, les lettres, cela part au moins une fois par jour dans les pays civilisés. « Est-ce qu'elle est arrivée ? » « Monsieur, je pense ». « Téléphonez, renseignez-vous pour savoir si elle est arrivée. Ensuite, vous viendrez me dire s'il l'a lue »[39].

---

35 « Jean Monnet et Paul Delouvrier : histoire d'une collaboration », article reprenant une conférence de M. Giacone à la Maison de Jean Monnet (9 octobre 2002), publié par l'Association Jean Monnet et l'Institut Paul Delouvrier en mai 2003.

36 Entretien accordé par Paul Delouvrier à Anne Rasmussen, Paris, Comité pour l'histoire économique et financière de France.

37 Entretien de Jacques-René Rabier avec Antoine Marès, 1er octobre 1981.

38 *Ibid.*

39 *Conshist.Com*, « Histoire interne de la Commission européenne 1958–1973 », entretien accordé par Jacques-René Rabier à Yves Conrad et Julie Cailleau, Bruxelles, 8 janvier 2004.

Sans compter qu'il fallait encore, auparavant, réussir à lui faire signer la lettre :

> ce (...) n'était pas toujours très facile, car plus une lettre était importante, plus il hésitait à la signer. Il hésitait, non pas qu'il fût indécis sur un projet ou une responsabilité à prendre, mais longtemps insatisfait des formes que cette décision – fût-ce une lettre – pouvait revêtir. De sorte qu'il pouvait revenir très souvent sur un même texte[40].

La timidité pourrait aussi expliquer la profonde aversion de Monnet pour les dîners officiels, réceptions, galas et autres mondanités. En sa qualité de commissaire au Plan, il était naturellement acculé à devoir assurer un minimum de représentation. Il s'en acquittait « par devoir », à contrecœur : « Il n'aimait pas perdre son temps dans les futilités du spectacle. Ce n'était pas un homme de spectacle politique. On a dit qu'il était un homme de "coulisses". Oui, dans la mesure où le metteur en scène est aussi un homme de coulisses, aux yeux du grand public »[41]. Un jour de la fin des années 1940, Monnet est invité à participer, en sa qualité de commissaire général et d'enfant du pays, à l'inauguration du bac qui va relier l'île d'Oléron et le continent. Il donne son accord de principe au sénateur du Département, mais... :

> Et puis, comme je commençais à le prévoir, le vendredi, veille de l'inauguration, il envoie un télégramme : « Impossible de venir, suis retenu... Vous envoie mon chef de Cabinet ». Et Rabier est envoyé inaugurer ce bac sous des banderoles « Jean Monnet, enfant du pays » et des remarques du genre : « Ce qu'il est jeune le commissaire au Plan ». Une autre personnalité politique aurait sauté sur l'occasion pour se mettre en valeur. Cela n'intéressait pas Monnet. Il a répété dans ses Mémoires ce qu'il nous disait souvent : « Il faut choisir entre paraître et être ». C'était très profond chez lui. Il a essayé d'être et de faire. Il n'a jamais cherché à paraître[42].

En réalité, l'homme politique Jean Monnet, s'il était « en relation avec une grande partie – pour ne pas dire la totalité – du personnel de la Quatrième République », n'a jamais été intéressé par le jeu politicien :

> Monnet a toujours été l'homme d'une idée à la fois et de la continuité dans cette idée. C'est un homme qui n'a jamais été soumis à réélection. Il n'a donc jamais été porté à faire de compromis dans une perspective purement électoraliste. Il savait bien que dans un système démocratique – auquel il était très attaché –, ces jeux étaient nécessaires. Mais lui, personnellement, restait extérieur à cela (...)[43].

---

40 Entretien de Jacques-René Rabier avec Antoine Marès, 1er octobre 1981.

41 *Ibid.*

42 *Ibid.*

43 *Ibid.*

Dans le monde politique de la IVe République, Monnet trouve des personnes pour lesquelles il éprouve de la sympathie – Pleven, René Mayer, Guy Mollet, Antoine Pinay, Laniel – et beaucoup d'autres avec lesquelles il gardait une prudente distance, mais sans vraies inimitiés. En réalité, peu lui importent les étiquettes politiques, seule compte la capacité des hommes politiques à servir la cause qu'il s'est assignée, quelle que soit leur affiliation partisane. C'est pourquoi il collaborera en bonne intelligence avec quelques dirigeants du Parti communiste et de la Confédération générale du travail, tant il est vrai que, pour lui, le problème n'était pas « qu'un syndicaliste ou un ministre soit communiste ou non », mais « beaucoup plus de savoir si un homme faisait bien son métier et s'il prenait part au développement de l'économie française »[44].

Par contre, pour s'assurer que rien ne viendra contrecarrer la réussite de sa cause, il est prêt à tout, ou presque. À la fin 1946, Léon Blum compose un gouvernement socialiste homogène et charge un ministre d'État, Félix Gouin, de prendre en charge le Commissariat du Plan, jusqu'alors directement rattaché à la Présidence du Conseil. Monnet s'en inquiète et s'en va trouver Félix Gouin, qu'il ne connaît pas plus que cela, pour « lui proposer un collaborateur sûr, entendez par là un collaborateur en qui Monnet puisse avoir la plus entière confiance »[45]. À son retour rue Martignac, il lance à son directeur de Cabinet avec son « amicale brusquerie » habituelle : « Dites-moi Rabier, j'ai besoin que quelqu'un prenne la direction du Cabinet de Gouin. Je lui ai proposé votre nom et il est d'accord ». Stupéfait, Jacques-René ne trouve à dire qu'un « Mais, Monsieur, je n'ai pas la carte de la SFIO ». La réponse de Monnet fuse, sans réplique permise : « Cela n'a aucune importance. D'ailleurs, en France, tout le monde, aujourd'hui, est plus ou moins socialiste ! »

De fibre socialiste, Monnet l'était-il ? Rabier le pense : « (...) il était plutôt démocrate au sens américain, c'est-à-dire social-démocrate au sens français. Il votait socialiste à l'époque, m'avait-il dit »[46], mais il « n'avait certainement pas, lui non plus, la carte du parti, et ne s'est jamais soucié de savoir comment je votais moi-même »[47]. Mais au fait, comment votait-il, le jeune Rabier, où se situait-il sur l'échiquier politique au retour de la démocratie en France ? Autant qu'il s'en souvienne, « ni gaulliste ni communiste », sans doute socialiste ou MRP « selon les personnes » qui étaient candidates, mais assurément pas sur la base d'un « engagement partisan » ni, *a fortiori*, d'une affiliation partisane : « Je dis souvent que j'ai fait trop de sciences politiques pour adhérer à un parti. On ne me fera jamais dire que ceci est blanc, noir ou rose parce que le parti l'a décidé. J'ai beaucoup de respect pour ceux de mes amis qui ont des engagements partisans, j'ai mes convictions, mais je n'ai jamais été encarté, comme Monnet ne l'a jamais été »...

44 Entretien de Jacques-René Rabier avec Antoine Marès, 1er octobre 1981.

45 *Ibid.*

46 *Nouvelle Europe*, Pauline Joris, 11 juillet 2007 – www.nouvelle-europe.eu.

47 Entretien de Jacques-René Rabier avec Antoine Marès, 1er octobre 1981.

Depuis lors, Jacques-René Rabier pose son choix de scrutin en scrutin, ne votant pas nécessairement de la même façon à la présidentielle, aux législatives, aux européennes ou aux municipales. Par contre, ce qui n'a jamais changé depuis 1946, du moins jusqu'à ce que le droit de vote aux élections communales fût accordé en Belgique aux citoyens européens, c'est qu'il votait toujours à Villiers-sur-Marne, où sa mère avait sa résidence, ayant refusé de s'inscrire dans le XVIe arrondissement de Paris où « la droite est majoritaire depuis longtemps ». Voici quelques années, un employé municipal de Villiers-sur-Marne lui a demandé : « Vous avez un domicile ici ? » Sa réponse a été : « Oui, la tombe de mes parents, j'en suis propriétaire… »

* *
*

L'épisode du Cabinet Gouin ne sera qu'une brève parenthèse, tant il était déjà captif d'un « personnage dont on ne peut pas parler sans une certaine émotion » :

> – Des gens comme Monnet, on en rencontre peu dans une vie d'homme. On rencontre des maîtres intellectuels, on voit passer des étoiles à des firmaments divers. On rencontre des gens qui peuvent vous subjuguer par leurs performances intellectuelles ou leur éloquence, mais quelqu'un dont on a le sentiment, jeune homme et jeune fonctionnaire, qu'il est attaché à une grande œuvre, qu'il vous y associe pleinement, qu'il vous fait la plus extrême confiance, qui vous demande toujours un peu plus que ce que vous croyez pouvoir lui donner et qui vous apprend tellement de choses sur les hommes, les institutions, les méthodes de travail, qui vous apprend notamment qu'il ne suffit pas de donner un ordre ou une instruction, mais qu'il faut savoir si cela a été compris et exécuté, c'était vraiment une expérience extraordinaire pour un jeune universitaire, c'était aussi une très grande leçon de réalisme et de simplicité[48].

Lorsqu'il « retrouve » Jean Monnet après l'épisode Gouin, Jacques-René Rabier ignore une chose seulement : c'est que sa « grande œuvre » va devenir plus grande encore, beaucoup plus grande…

---

48 Entretien de Jacques-René Rabier avec Antoine Marès, 1er octobre 1981.

Chapitre III

L'Inspirateur

« Parce que Monnet ! »

Le 9 mai 1950, à 18 h, Jacques-René Rabier est « évidemment » au Salon de l'Horloge du Quai d'Orsay pour écouter la déclaration de Robert Schuman. Si vous osez un « pourquoi évidemment ? », le cri du cœur – ou, plutôt, de la fidélité – fuse, implacable : « Parce que Monnet ! » Parce que c'était Monnet…

Et pourtant, pourquoi ?

Jacques-René Rabier aime à dire et répéter que Monnet était homme à ne se consacrer qu'à une seule idée à la fois, écartant de son esprit tout ce qui pourrait l'en divertir et entraver sa concrétisation. Pourquoi le commissaire général du Plan, tout affairé à favoriser le redressement économique de la France, se laisse-t-il gagner, à la fin des années 1940, par une autre idée ? Pour Rabier, tout simplement parce que c'est… la même ou, à tout le moins, le prolongement de la première : « Monnet était arrivé vers 1948–1949 à la conviction que le champ hexagonal était trop limité pour un développement de l'économie française dont le Plan qui porte son nom avait jeté les bases »[1].

Devant ce constat, Monnet se laisse inspirer, dans un premier temps, par ses sympathies et accointances anglo-saxonnes. Pas même dix ans plus tôt, en juin 1940 à Londres, il avait proposé au général de Gaulle et à Winston Churchill que la France et le Royaume-Uni unissent leurs destinées, avec « un seul Parlement, une seule armée »[2]. La défaite de la France condamne ce projet grandiose aux oubliettes de l'Histoire. Au début de 1949, Monnet se décide à remettre le couvert, et sous une forme à peine moins ambitieuse : à son homologue britannique, sir – et bientôt lord – Edwin Plowden, il suggère que le Royaume-Uni et la France jettent progressivement les bases d'une fusion de leurs marchés et, à terme, de leurs économies. Ce projet de « nouvelle union franco-anglaise, première étape de la fédération européenne »[3], fera long feu du fait de l'attachement des autorités de Londres à la souveraineté nationale – mais, tient à préciser Rabier, « il n'est pas certain que, si les Britanniques avaient été d'accord, le gouvernement français n'eût pas fait de réserves »[4]…

---

1 Entretien de Jacques-René Rabier avec Antoine Marès, 1er octobre 1981.
2 Jean Monnet, *Mémoires*, Fayard, 1976.
3 Jean Monnet, *Mémoires*, Fayard, 1976.
4 Entretien de Jacques-René Rabier avec Antoine Marès, 1er octobre 1981.

Devant ce nouvel échec, beaucoup se résigneraient. Jean Monnet pas. Trois éléments vont se conjuguer pour que sa persévérance, certains parleraient même plutôt d'obstination, finisse par payer. Un homme, un contexte et une opportunité vont alors se cumuler pour servir les desseins de ce « visionnaire raisonnable », à mille lieues et plus encore du pragmatisme à la mode aujourd'hui, lequel n'est que « le cache-sexe du manque d'imagination »[5].

D'abord, il y a le contexte politico-économique, lequel se fait de plus en plus lourd de menaces dans les années 1940 finissantes :

> Monnet était préoccupé par les incertitudes pouvant résulter pour l'Europe de l'Allemagne renaissante, par l'attitude des Américains à l'égard de cette Allemagne et par le rôle que pouvait jouer, à la fois sur le plan économique et sur le plan politique, une reconstitution de la Ruhr et du cartel de l'acier d'avant-guerre[6].

L'opportunité, c'est que sera bientôt convoquée à Londres, le 10 mai 1940, une réunion avec les Anglais et les Français au cours de laquelle, à n'en pas douter en cette période de premières tensions américano-soviétiques dont le continent sera l'enjeu et le théâtre, les Américains ne manqueront pas de poser des exigences sur la levée des contrôles alliés sur l'Allemagne, la Ruhr en tête. Voilà qui fait frémir les Français, d'autant que l'attitude des Britanniques est imprévisible – ou par trop prévisible, ce qui est pire encore vu de Paris…

Et puis, il y a l'homme : Robert Schuman, devenu ministre français des Affaires étrangères après avoir été, un temps, président du Conseil et, aussi, ministre des Finances. Le commissaire du Plan le rencontre pour la première fois en cette qualité au cours de l'été 1946, l'ayant invité à déjeuner à la rue Martignac. Cette prise de contact, racontée par le menu par Paul Delouvrier, est carrément épique. Il fait chaud ce jour-là, et Monnet décide de prendre une douche. Quand Schuman – « veste noire, gilet noir, pantalon noir, cravate grise, col dur »[7] – arrive, Monnet le reçoit… en peignoir et l'invite à se mettre à l'aise en retirant sa veste. Schuman refuse d'abord car Marie, sa gouvernante, le force à porter des bretelles. Il cède finalement, et la garde rapprochée d'un Monnet parti se rhabiller verra « apparaître de magnifiques et larges bretelles rouges »[8].

La scène serait seulement amusante si elle ne se prolongeait pas par un échange de propos qui a, lui, peut-être contribué à changer la face de l'Europe :

> Monnet arrive enfin, col ouvert, sans perdre une seconde (c'était sa pratique constante), il s'adresse à son hôte assis en face de lui : « Je vous félicite d'avoir

---

5 « Le *secret* de Jean Monnet », intervention de Jacques-René Rabier au colloque organisé par la Fondation Paul-Henri Spaak, 19–20 mai 2000.

6 Entretien de Jacques-René Rabier avec Antoine Marès, 1er octobre 1981.

7 Paul Delouvrier, « Quelques souvenirs sur Jean Monnet et le premier Plan de modernisation et d'équipement », dans *Témoignages en l'honneur de Jean Monnet*, Fondation Jean Monnet pour l'Europe, 1989.

8 *Ibid.*

accepté la rue de Rivoli[9]. Vous aurez de grandes difficultés, mais nous sommes heureux que vous soyez là. Monsieur Schuman, avant de parler de programme de gouvernement, permettez-moi une réflexion qui vous concerne. Je dis à l'homme Robert Schuman quelque chose de très important ». « Je n'en doute pas, M. Monnet, mais qu'est-ce donc ? » « Je vous assure, M. Schuman, que c'est important, c'est même capital ». « Mais vous m'inquiétez, M. Monnet, dites-moi donc de quoi il s'agit ». « Eh bien, voilà, M. Schuman, vous avez l'air honnête ». Robert Schuman en souriant : « L'air seulement, M. Monnet ? » « Mais non, mais non, je veux dire que tous ceux qui vous connaissent savent que vous êtes honnête. Mais avoir l'air honnête, c'est plus encore ; tous ceux qui ne vous connaissent pas vous croiront et, pour un homme politique, être cru, c'est un capital extraordinaire ». « Ah oui ? » « Oui, parfaitement. Croyez-moi, vous serez cru. Là-dessus je ne peux pas me tromper, je suis un paysan de la vigne, un paysan de la Charente et je connais le peuple. Monsieur Schuman, vous serez cru et, comme vous aurez des choses difficiles à faire, vous parviendrez à les faire accepter ». (...) Prédiction étonnante quand on se souvient que quatre ans plus tard, Robert Schuman se ralliait avec une étonnante rapidité aux propositions de Monnet sur la Communauté européenne du charbon et de l'acier, en les faisant adopter par le Parlement et par l'opinion[10]...

* *
*

Pour Jacques-René Rabier, Jean Monnet et Robert Schuman « venaient de leur terroir, de leur culture », mais « ils ont dépassé leurs traditions »[11]. Lorsqu'ils se rencontrent pour la première fois à la rue Martignac, ils partagent, mais sans déjà le savoir, une conviction. En 1942, alors qu'il est interné en Allemagne, Robert Schuman explique que, « après la guerre, il faudrait penser à faire l'Europe ». D'où ce commentaire de Rabier : « Il avait, si on peut dire, des aspirations, et Monnet a apporté l'inspiration »[12]...

L'inspiration, Jean Monnet la trouve dans ses expériences de vie, entre autres le poste de secrétaire général adjoint de la Société des Nations qu'il occupa à la fin de la Première Guerre mondiale et dans les années 1920. De l'échec de cette grande ambition intergouvernementale, il allait tirer, au fil d'années de réflexions, la conviction que seul un projet de nature supranationale et bâti autour de réalisations concrètes serait de nature, un jour, à réconcilier l'Europe avec elle-même, à travers tous les États qui la composent.

Cette conviction longuement mûrie, il la couche une première fois sur le papier dans une communication qu'il adresse au général de Gaulle, à Alger,

---

9 Siège, à l'époque et jusqu'à récemment, du ministère français des Finances.

10 Paul Delouvrier, « Quelques souvenirs sur Jean Monnet et le premier Plan de modernisation et d'équipement », dans *Témoignages en l'honneur de Jean Monnet*, Fondation Jean Monnet pour l'Europe, 1989.

11 *Pas de Schuman sans Monnet*, témoignage de Jacques-René Rabier du 25 juin 2004 – www.craon.it.

12 *Ibid.*

le 5 août 1943. S'occupant de l'Armement et du Ravitaillement au sein du Comité français de libération nationale, il propose au chef de la France résistante de penser à la paix – qui viendra un jour, tous en sont déjà conscients – en termes résolument nouveaux et différents par rapport au passé : « Il n'y aura pas de paix en Europe si les États se reconstituent sur une base de souveraineté nationale avec ce que cela entraîne de politique de prestige et de protection économique », observe-t-il avant d'asséner : « Leur prospérité et les développements sociaux indispensables sont impossibles, à moins que les États d'Europe ne se forment en une Fédération ou une "entité européenne" qui en fasse une unité économique commune ». Ce n'est pas tout : dès 1943, l'ancien secrétaire général adjoint de la Société des Nations invite de manière pressante, angoissée même, à « ne pas recommencer, après la victoire des Alliés, les erreurs du Traité de Versailles de 1919, de ne pas faire peser sur les vaincus, outre le poids de la défaite, celui de l'humiliation »[13]. En clair, l'Allemagne vaincue doit retrouver toute sa place dans la famille européenne une fois la paix venue, au sein d'une « entité économique à vocation politique »[14] qui est à inventer de toute urgence. L'invitation est révolutionnaire, trop en tout cas aux yeux du général de Gaulle qui s'empresse de l'oublier… Monnet pas : Jacques-René Rabier retrouvera, plus tard, « un article sous forme de conversation avec John Davenport, paru dans Fortune en 1944, où il parlait déjà du charbon et de l'acier »[15]…

En clair, lorsque le contexte politico-économique, l'occasion qui fait le larron et l'homme « honnête » se trouvent réunis au printemps 1950, le « moraliste d'action » qui dirige le Plan français de modernisation n'a plus qu'à peaufiner les idées qu'il cogite depuis plusieurs années déjà afin de répondre à « la nécessité historique de "faire l'Europe", c'est-à-dire de passer du rêve, des motions enthousiastes de fin de colloques, à la réalisation d'une Europe organisée, institutionnalisée et – tendanciellement – gouvernée ».

Au début avril 1950, Jean Monnet s'en va à la quête du ministre qui acceptera de porter sa « nouvelle » idée : un projet de réconciliation de la France et de l'Allemagne – ainsi que des autres pays européens qui le voudront – qui permettra de lever les contrôles sur la Ruhr, mais en assujettissant le charbon et l'acier européens à des règles communes, sous le contrôle d'institutions communes et, pour l'une d'entre elles à tout le moins, supranationales, à savoir une Haute Autorité exécutive qui échapperait aux diktats croisés des capitales concernées.

La note qui ébauche cette idée – et qui est le fruit du travail préalable de collaborateurs de Monnet au Plan – est soumise à Georges Bidault, président

---

13 Témoignage de Jacques-René Rabier lors du colloque organisé par le Comité économique et social européen à l'occasion de la venue à échéance du traité instituant la première Communauté européenne, 23 juillet 2002.

14 *Nouvelle Europe*, Pauline Joris, 11 juillet 2007 – www.nouvelle-europe.eu.

15 Entretien avec Jacques-René Rabier pour la revue électronique du Centre d'histoire de Sciences Po, 16 décembre 2008.

du Conseil, qui oublie peut-être de la lire et, en tout cas, de « s'en souvenir » – et qui reprochera ensuite à Monnet de ne lui en avoir pas parlé... Heureusement, le commissaire général du Plan en a aussi parlé à un ami, Bernard Clappier, directeur de Cabinet du ministre des Affaires étrangères, pensant que Schuman était « l'homme qui avait le pouvoir et aurait le courage de l'exercer pour provoquer par surprise un si grand changement »[16]. Il ne se trompe pas : la « note à Bidault » est remise à Robert Schuman qui passe sa fin de semaine dans sa propriété de Scy-Chazelle et en revient le lundi, lâchant à Clappier à même le quai de la gare : « J'ai lu le projet, je marche ». C'était, enfin, le tournant !

Dans ses *Mémoires*, Monnet note avec acidité : « Le fait est qu'il n'y a pas eu de plan Bidault, mais un plan Schuman ». Plus sérieusement, il constate que la petite phrase du ministre allait permettre que change le cours de l'histoire :

> Ces quelques mots suffirent à nouer les choses : l'idée était tout d'un coup passée dans le domaine politique, elle devenait l'affaire du pouvoir et sa dangereuse responsabilité. C'est le privilège des hommes de gouvernement que de décider de l'intérêt général. Puisque je n'avais pas ce privilège en propre, il me fallait bien contribuer à l'exercer par personne interposée[17].

Pour Jacques-René Rabier, toute l'intelligence du « courtier en idées neuves » qu'était Jean Monnet réside dans cette abnégation ou, plutôt, son aptitude à ne pas vouloir « accaparer à son profit personnel l'idée novatrice, la solution du problème », mais à « l'inspirer à ceux qui ont le pouvoir et la responsabilité de décider, en prenant soin de leur laisser le mérite de la décision devant l'opinion publique »[18]. Cette disposition d'esprit et de conduite, cette « ambitieuse modestie »[19] qui le caractérisait, l'Inspirateur l'a lui-même expliquée sans fausse honte, la revendiquant envers et contre tout :

> S'il faut beaucoup de temps pour arriver au pouvoir, il en faut peu pour expliquer à ceux qui y sont le moyen de sortir des difficultés présentes : c'est un langage qu'ils écoutent volontiers au moment critique. À cet instant où les idées manquent, ils acceptent les vôtres avec reconnaissance, à condition que vous leur en laissiez la paternité. Puisqu'ils ont les risques, ils ont besoin des lauriers[20].

* *
*

16 Jean Monnet, *Mémoires*, Fayard, 1976.

17 *Ibid.*

18 « Le *secret* de Jean Monnet », intervention de Jacques-René Rabier au colloque organisé par la Fondation Paul-Henri Spaak, 19–20 mai 2000.

19 Témoignage de Jacques-René Rabier lors du colloque organisé par le Comité économique et social européen à l'occasion de la venue à échéance du traité instituant la première Communauté européenne, 23 juillet 2002.

20 Jean Monnet, *Clefs pour l'action*, Association Jean Monnet, 1988.

Lorsque Robert Schuman recueille ses lauriers en lisant sa déclaration au Salon de l'Horloge du Quai d'Orsay le 9 mai 1950 à 18 h, Jacques-René Rabier est « évidemment » présent. Pourtant, il n'appartient pas à la petite équipe du Plan qui, au cours des mois précédents, a préparé et peaufiné la Déclaration Schuman. Au Commissariat général, une division du travail s'est opérée entre ceux qui mettent en forme le projet européen de Monnet – Hirsch, Uri, Van Helmont, Ripert… – et ceux qui continuent à se consacrer au Plan de modernisation, aux « affaires intérieures ». En ces semaines et ces mois de gestation révolutionnaire, Rabier reste avant tout centré sur la France…

Le seul apport du directeur de cabinet de Jean Monnet à la Déclaration Schuman sera indirect, par personne interposée. Un jour, son patron lui indique qu'il cherche un juriste qui soit capable de « débrouiller les problèmes de cartels et de concentrations ». Aussitôt, il lui répond qu'il en connaît un pour lequel il a « la plus grande confiance » : c'est Paul Reuter, professeur à l'Université d'Aix-en-Provence… qu'il n'a jamais rencontré, mais qu'il a découvert dans des publications d'Uriage. Pour Monnet, « la plus grande confiance » est le sésame : le juriste est invité à rejoindre Paris « par le premier train », et engagé derechef. Il continuera à enseigner à Aix-en-Provence, mais comme il est également conseiller juridique au Quai d'Orsay, « ce qui facilitait les relations avec le cabinet Schuman » dans l'esprit de Monnet, c'est dorénavant le grand œuvre européen qui l'accaparera.

Pendant toute cette période, Jacques-René Rabier occupe, en réalité, une position d'observateur privilégié. La garde rapprochée de Monnet est suffisamment réduite pour qu'il sache de manière très précise ce que font et où en sont ses collègues absorbés, « de jour et même de nuit »[21], par la préparation de ce qui deviendra bientôt la Déclaration Schuman. Il est aux premières loges pour voir comment s'élabore le Plan Schuman, ce qui lui permet de souvent répéter depuis : « Sans Monnet, pas de Plan Schuman le 9 mai, mais sans Schuman, un document Monnet qui serait peut-être encore dans les archives mortes du Quai d'Orsay ».

C'est sans doute au cours du mois d'avril et dans les premiers jours de mai 1950 que Jean Monnet gagne sa réputation d'être « un homme du secret ». En réalité, Schuman l'était alors tout autant. S'il a accepté « la proposition de mission » que lui a transmise Monnet, le politique qu'il est sait fort bien que le canevas sur lequel travaille son complice a tout pour hérisser son ministère. Du coup, seules les équipes restreintes entourant les deux hommes savent précisément ce qui se trame, et « le Quai d'Orsay, en tant que tel, n'était pas informé ». En clair, il fallait alors veiller à ce que les diplomaties, à commencer par la française, ne mettent pas des bâtons dans les roues en inventant des obstacles : « Les diplomates n'aiment pas ce qui est nouveau. Ce sont des porteurs de traditions, ce qui est une grande qualité. Mais pour faire l'histoire, il ne faut pas seulement des traditions, il faut de l'invention… »

21 Entretien de Jacques-René Rabier avec Antoine Marès, 1er octobre 1981.

Même le gouvernement sera tenu longtemps dans l'ignorance. Bidault n'ayant pas lu la note de Monnet mise à profit par Schuman, seuls les ministres René Pleven et René Mayer sont alors informés. Ayant été le collègue de Monnet dans le Comité français de libération nationale à Alger, René Mayer, ministre de la Justice après avoir été président du Conseil, sera d'ailleurs celui qui, le samedi 6 mai, apportera une toute dernière modification à la version marquée « Déf. », la sixième ou la septième, du projet de Déclaration que Monnet lui soumet en même temps qu'à Schuman : il obtint l'ajout d'une phrase relative à l'outre-mer.

À partir de là, la stratégie du secret atteint son paroxysme, et celle de la confiance tout autant. Deux personnes encore vont être informées.

D'abord, le dimanche 7 mai, quelqu'un qui a fréquenté la maison de Monnet à Washington et s'y montrait « grand amateur de la cuisine française d'Amélie »[22], le secrétaire d'État américain Dean Acheson, fait escale à Paris avant de gagner Londres pour la fameuse conférence du 10 mai qui doit régler le sort de l'Allemagne. Impossible, pour Schuman comme pour Monnet, de ne pas le mettre dans la confidence. Est-ce de là qu'est née la rumeur selon laquelle Monnet était « l'homme des Américains » ? Cet épisode n'a pu, en tout cas, que l'alimenter un peu plus encore. Et pourtant, juge Jacques-René Rabier, si Monnet comptait beaucoup d'amis aux États-Unis, surtout dans les rangs des démocrates, et s'il disposait de sources privilégiées d'information sur ce qui s'y passait, il n'était en rien « l'homme des Américains » :

> (...) il était extrêmement soucieux que l'Europe se fasse à la fois dans l'amitié, dans l'autonomie et dans la dignité à l'égard des Américains. Je dirais qu'il était suffisamment proche d'eux pour ne pas avoir des attitudes de serviteur à maître. C'était des amis auxquels il parlait d'égal à égal[23].

Cette « amitié sans inféodation » est-elle critiquable, alors que l'homme « était très soucieux de présenter l'Europe en train de se former comme un interlocuteur capable de parler en aspirations d'égal à égal et, en tout cas, certainement pas de client à maître, encore moins d'esclave à maître »[24] ? À l'en croire, ce n'est, en tout cas, certainement pas lui qui, « en face de Bush » lors du déclenchement de la guerre en Irak, se serait comporté comme certains chefs d'État et de gouvernement, « britannique par exemple »[25], des Vingt-sept...

Ensuite, dans l'esprit de Monnet comme de Schuman, rien ne pourra se faire sans l'acceptation préalable de... l'ennemi d'hier, l'Allemagne. Le lundi 8 mai, à l'insu du Quai d'Orsay et, même, de l'ambassadeur de France à Bonn, André François-Poncet, Robert Schuman dépêche à Bonn l'un de ses collaborateurs alsaciens, le magistrat Michlich, alors que le gouvernement

---

22 Jean Monnet, *Mémoires*, Fayard, 1976.

23 Entretien de Jacques-René Rabier avec Antoine Marès, 1er octobre 1981.

24 *Nouvelle Europe*, Pauline Joris, 11 juillet 2007 – www.nouvelle-europe.eu.

25 *Ibid.*

Adenauer se réunit le lendemain matin – tout comme, d'ailleurs, le gouvernement français. Il est porteur d'une copie du projet de déclaration, ainsi que d'un message personnel, sans doute rédigé en allemand, qu'adresse le ministre français au chancelier, « deux amis démocrates chrétiens connaissant la même langue ». Ces documents lui sont remis en pleine réunion du cabinet fédéral, laquelle est interrompue, le temps que Konrad Adenauer les lise. D'après les mémoires de ce dernier, c'est la lettre personnelle de Robert Schuman – dans laquelle il « indiquait que le but de sa proposition n'était pas économique, mais éminemment politique »[26] – qui emporta la décision : « Je répondis sans délai à Schuman que j'approuvais de tout cœur sa proposition »[27].

Au même moment, à Paris, la réunion du gouvernement français se termine à l'Élysée, et Schuman n'a toujours pas ouvert la bouche. Dans une des salles attenantes, le directeur de cabinet de Schuman, Bernard Clappier, reçoit enfin le message libérateur de Michlich : « Adenauer est d'accord ! » La réunion ministérielle reprend et le gouvernement avalise le projet… franco-allemand que Robert Schuman présentera le lendemain à la conférence de Londres.

C'est pourquoi le mardi 9 mai en fin d'après-midi, au lendemain de cette journée un peu folle et, en tout cas, déterminante pour le destin de l'Europe, Jacques-René Rabier se retrouve au Salon de l'Horloge pour y écouter ce qui restera à jamais comme la « Déclaration Schuman » :

> Monnet ne pouvait pas imaginer qu'une telle déclaration, appelant à l'adhésion des autres pays d'Europe qui voudraient se joindre au projet, soit faite par le gouvernement français avec l'accord des Allemands sans qu'elle soit immédiatement rendue publique. On ne pouvait même pas imaginer que ce soit Schuman dans son bureau : il fallait qu'il y ait quelque chose de solennel.

Il convenait aussi, à n'en pas douter, de baliser le terrain : au Quai d'Orsay comme dans le monde politique français, ce projet iconoclaste pour la conception traditionnelle de la souveraineté n'aurait pas, à l'évidence, que des amis…

Sachez pourtant que le souci de solennité fut imparfait sur un point au moins. Jacques-René Rabier le confirme : il n'y avait pas de caméra au Salon de l'Horloge le 9 mai à 18 h. Les images de Schuman lisant sa déclaration ont été filmées a posteriori, sans doute à son retour de la conférence de Londres…

* * *

Au Salon de l'Horloge, Jacques-René Rabier « a l'impression de vivre un moment d'histoire ». D'emblée, et sans réserve : « C'était tellement nouveau ! Et nous étions seulement six ans après Oradour-sur-Glane. C'est extraordinaire ! Il y avait un peu d'euphorie »… Il voit alors s'ouvrir, sous ses yeux, « une page nouvelle, avec un saut dans l'inconnu, comme disait le "Père

[26] Jean Monnet, *Mémoires*, Fayard, 1976.

[27] *Ibid.*

Schuman" à un journaliste, mais aussi avec une lueur d'espoir : les Allemands et les Français avec, tout de suite, l'accord des trois pays du Benelux et de l'Italie, c'est l'Europe qui se mettait en marche vers une voie nouvelle ! »

Rabier est-il alors déjà acquis à la cause européenne, à défaut d'avoir été impliqué, au Plan, dans la gestation de la « Déclaration Schuman » ? À l'évidence, oui, mais sans militantisme, lui qui n'a « jamais tressauté en criant "Europe, Europe"... Pour le Plan Briand, j'étais trop jeune, quant au discours de Victor Hugo, je n'étais pas né ! »[28] En réalité, il n'est membre d'aucun mouvement européen ou fédéraliste. En 1948, il suit de loin, dans la presse, le Congrès de La Haye qui va bientôt déboucher sur la création, à Strasbourg, du Conseil de l'Europe. Mais à cette époque, son intérêt pour l'Europe n'est qu'intellectuel, lui qui, « après l'expérience de la guerre », réfléchit « un petit peu à l'absurdité de ces guerres civiles intra-européennes »[29].

Au sein de l'équipe rédactionnelle d'*Esprit*, il fréquente des militants du franco-allemand, par exemple un Joseph Rovan qui, avec Emmanuel Mounier, a été « à l'origine des comités franco-allemands » et, bientôt rejoint par Alfred Grosser, juif allemand de naissance devenu français, ne cesse d'œuvrer à « la réconciliation des Allemands et des Français, réconciliation en profondeur sur des projets politiques et sociaux »[30]. Même s'il avait « fait de l'allemand au Lycée », Jacques-René ne s'implique guère dans ce combat, mais il s'ouvre l'esprit aux idées qui invitent à « ne pas recommencer Versailles ».

Au sein même d'*Esprit*, la question européenne divise. Très vite après son entrée au Comité directeur, Jacques-René y adopte des « positions pro-européennes sincèrement prudentes, mais engagées », qui résultent d'une réflexion « politique, au sens large », tout le contraire d'un « point de vue idéologique »[31]. Vers la fin des années 1940, la revue met très régulièrement la « question européenne » en discussion, et il n'est pas le dernier à s'en préoccuper, lui qui organisera notamment chez lui, à Paris, une réunion « avec des amis d'*Esprit* qui avaient des hésitations sur le plan Marshall », réunion à laquelle il convie Robert Marjolin et d'autres collègues du Plan. C'est que son inclinaison européenne est le fruit de la réflexion d'un intellectuel qui voit « que la réconciliation de l'Allemagne et de la France était une nécessité (...) et que l'avenir de la France et des autres nations auxquelles le Plan, en ce qui concerne la France, s'était attaché ne trouverait sa suite, son épanouissement, qu'au plan européen »[32]. Il va de soi que, déjà, Monnet n'est pas loin, et que

---

28 Entretien avec Jacques-René Rabier pour la revue électronique du Centre d'histoire de Sciences Po, 16 décembre 2008.

29 Entretien de Jacques-René Rabier avec le Pr. Georges Bossuat, *Jean Monnet Oral Project, Chaires Jean Monnet d'histoire – Histoire des débuts de la construction européenne – Interview des décideurs de l'unité européenne – Programme français*, juin 1998.

30 *Conshist.Com*, « Histoire interne de la Commission européenne 1958–1973 », entretien accordé par Jacques-René Rabier à Yves Conrad et Julie Cailleau, Bruxelles, 8 janvier 2004.

31 *Ibid.*

32 *Ibid.*

les idées révolutionnaires qui fleuriront dans la « Déclaration Schuman » trouveront, chez Rabier, un esprit pleinement disposé à être conquis…

Au sein d'*Esprit*, ce n'est pas le cas de tout le monde. C'est qu'il y avait des courants à *Esprit* et, entre autres, « un courant, disons, j'allais dire marxien, pour ne pas dire marxiste, qui n'était pas très favorable à cette unification de l'Europe »[33]. Il y avait un Jean-Marie Domenach que son ami Rabier traitait de « barrésien gaulliste de gauche » et pour qui « l'Europe des Six était trop étriquée ». En clair, les Rabier, Ripert et autres Rovan étaient tout sauf représentatifs d'un courant majoritaire au sein d'*Esprit*, même si Emmanuel Mounier veillait à ce que toutes les sensibilités puissent s'y exprimer. De cette « tension dialectique » dont le souverainisme ambiant n'est, aujourd'hui, que le pâle et pauvre ersatz intellectuel, Jacques-René ne veut retenir que cet aveu que lui a fait Domenach au début du XXIe siècle : « Rabier, sur l'Europe, c'est toi qui avais raison ». Ce qui, glisse-t-il avec émotion, « montre l'honnêteté intellectuelle du personnage »…

Au-delà du rôle engagé mais mineur de Rabier à cette époque, une question se doit d'être posée : la Déclaration Schuman a-t-elle été le fruit d'un complot intellectuel autour des idées dont les personnalistes et François Perroux ont été les vecteurs en France ? Les Rabier, Uri, Ripert, Marjolin, Vergeot, d'autres encore, ont tous appartenu, de près ou de loin, à cette double mouvance qui, en certaines personnes, se confondait. C'est si vrai que Jean Monnet lui-même écrira d'ailleurs, au soir de sa vie : « Finalement, je ne sais pas si le lecteur s'étonnera de voir passer tant de visages divers dans ce livre, ou au contraire de retrouver si souvent les mêmes près de moi »[34]…

Monnet était-il personnaliste ? Rabier ne le pense pas, même s'il était difficile de percer le voile de pudeur dont s'entourait le Monnet privé. Il y avait, dans ses racines familiales, « une tradition radicale, laïque et républicaine, aussi ancienne que la Troisième République et, en même temps, une tradition catholique »[35], celle-ci étant patente dans le chef de sa mère et, plus encore, de sa sœur, Marie-Louise, engagée « dans l'action catholique avec le même type de tempérament que son frère, la même opiniâtreté, le même souci de créer des réseaux de confiance entre les personnes »[36], la différence étant toutefois que « l'un avait choisi l'Europe et le Monde comme terrain et l'autre le Ciel… »[37]. De fait, pour avoir été à l'origine de l'Action catholique des milieux indépendants, Marie-Louise sera « l'une des rares femmes invitées au Concile Vatican II »[38]. Il arrivait à Monnet de parler de « ma sœur et son chanoine »,

33 *Ibid.*

34 Jean Monnet, *Mémoires*, Fayard, 1976.

35 Entretien de Jacques-René Rabier avec Antoine Marès, 1er octobre 1981.

36 *Ibid.*

37 Entretien avec Jacques-René Rabier pour la revue électronique du Centre d'histoire de Sciences Po, 16 décembre 2008.

38 *Pas de Schuman sans Monnet*, témoignage de Jacques-René Rabier du 25 juin 2004 – www.craon.it.

aumônier du mouvement. Il ne savait pas que celui-ci deviendrait évêque de Tarbes et que Mgr Donze le marierait un jour religieusement à Sylvia, la femme de sa vie enlevée à un autre et qu'il n'avait pu épouser civilement qu'en se rendant à Moscou…

En réalité, même si la sœur et le frère étaient très proches, Jean était « plutôt un agnostique éclairé »[39]. Et s'il lui arrivait d'écrire des notes sur Saint Paul[40], la fréquentation des églises et autres chapelles n'était pas sa prédilection, ainsi qu'en témoigne cette remarque lancée au sortir du mariage des Delouvrier : « L'Église catholique, quelle mise en scène ! »[41] Donc, Monnet n'avait rien du personnaliste, du moins du personnaliste chrétien. À la connaissance de Jacques-René Rabier, il n'avait pas de liens avec Mounier et son entourage, « mais… Monnet était un humaniste » qui, « même si le mot personnaliste n'entrait pas dans son vocabulaire, (…) avait un très grand souci des personnes », un « très grand respect » de celles-ci et de leurs convictions aussi[42]. En clair, « il ne l'exprimait pas en termes philosophiques comme Emmanuel Mounier, mais c'était certainement le fond de sa pensée »[43].

En tout cas, la pensée socio-économique des personnalistes influencés par François Perroux se retrouve, à l'évidence, dans le cheminement de celui qui va bientôt présider la Haute Autorité de la Communauté du Charbon et de l'Acier, à savoir une certaine « conception du marché, de la planification » :

> Monnet ne l'a jamais articulé ainsi, mais c'était bien cela sa pensée : pas de marché sans des institutions ! Pas de marché sans une législation sociale, sans des dispositions sur la concurrence. Et sur le plan de la production et de la distribution des richesses, en vue de satisfaire les besoins économiques et sociaux, tout le marché, mais avec des règles de prévision, de contrôle, de stimulation. C'est une vue évidemment personnaliste : personne-communauté, personne dans la Communauté, communauté composée de personnes…

Pour Monnet, le marché ne pouvait être un ouragan, seulement un instrument. Ce combat, Rabier ne cesse de le partager, et de le poursuivre envers et contre tout. À l'arrivée de l'un des derniers présidents de la Commission européenne, Romano Prodi, il lui a adressé un petit mot disant : « Vous devriez fusionner la Direction générale des Affaires économiques et la Direction géné-

---

39 Entretien avec Jacques-René Rabier pour la revue électronique du Centre d'histoire de Sciences Po, 16 décembre 2008.

40 *À l'écoute de Jean Monnet*, Fondation Jean Monnet pour l'Europe, 2004.

41 « Jean Monnet et Paul Delouvrier : histoire d'une collaboration », article reprenant une conférence de M. Giacone à la Maison de Jean Monnet (9 octobre 2002), publié par l'Association Jean Monnet et l'Institut Paul Delouvrier en mai 2003 – Témoignage de Mme Delouvrier à l'auteur, le 17 juin 2002.

42 *Conshist.Com*, « Histoire interne de la Commission européenne 1958–1973 », entretien accordé par Jacques-René Rabier à Yves Conrad et Julie Cailleau, Bruxelles, 8 janvier 2004.

43 *Ibid.*

rale des Affaires sociales ». Une note qui, grince-t-il, est restée sans réponse et, même, « n'a pas dû franchir les limites de la poubelle »…

Pourquoi s'en étonner ? Aujourd'hui, l'Europe telle qu'elle se construit ne s'appelle plus « Communauté », mais « Union ». Peut-être le concept de « Communauté », sans doute introduit par les proches de Perroux qu'étaient Pierre Uri et Paul Reuter, était-il trop connoté politiquement et philosophiquement. Et puis, comme dans la vie des femmes et des hommes, une « Union » n'a-t-elle pas pour immense avantage, pour des États à nouveau très soucieux de leur souveraine liberté, de pouvoir être pensée et conçue comme… « libre », avec la promesse d'accrocs et dérogations aux règles communes ?

* * *

Dans les heures et les jours qui suivent la « Déclaration Schuman », les diplomates du Quai d'Orsay prennent la main. Avec enthousiasme ? Peut-être pas tous, notamment l'ambassadeur Massigli qui, à Londres, n'est « pas enchanté ». L'air ambiant, sans doute… Une dizaine de jours plus tard, Monnet se rend dans la capitale britannique et lance à ses interlocuteurs : « Alors, vous venez ? Vous êtes les bienvenus ! » Ils lui répondent en substance qu'ils sont « prêts à entrer en négociation ». La réplique de Monnet fuse, à en croire Rabier : « Je ne vous demande pas si vous êtes prêts à entrer en négociation, mais si vous acceptez les objectifs. Si vous ne les acceptez pas, c'est inutile de négocier car il n'y a plus rien à négocier ». Ce dialogue a-t-il existé ? On n'en trouve pas trace dans les *Mémoires* de Monnet, mais il résume parfaitement les tractations que mènent les autorités françaises et britanniques dans les jours qui précèdent le 20 juin 1950, lorsque les représentants des six pays qui ont répondu positivement à l'appel du Salon de l'Horloge abordent leur première conférence de travail.

Pour obtenir l'adhésion des trois pays du Benelux, puis de l'Italie, la machine du Quai d'Orsay s'est donc mise en branle. Rien que de très normal puisque, après tout, « Schuman était le patron ». Après le 9 mai, il prend les affaires en main et il donne le « la » à ses collaborateurs : « À partir du moment où le ministre a parlé, les diplomates s'inclinent, quoi qu'ils en aient pensé avant… » D'autant que « le "Père Schuman" savait faire preuve d'autorité ». En outre, il a l'appui sans réserve du chancelier Adenauer que Jean Monnet s'en va charmer et qu'il conforte dans sa volonté d'appuyer une initiative qu'il attend depuis vingt-cinq ans : « J'envisage comme vous cette entreprise sous son aspect le plus élevé – elle appartient à l'ordre de la morale. C'est la responsabilité morale que nous avons à l'égard de nos peuples (…) que nous devons mettre en œuvre pour réaliser un si vaste espoir »[44]. Entre ces deux hommes qui ne s'étaient jamais rencontrés, le courant passe d'emblée si bien que Mon-

[44] Jean Monnet, *Mémoires*, Fayard, 1976.

net, désigné pour présider la délégation française lors des négociations qui déboucheront sur le Traité de Paris, parvient à le faire fléchir sur un point :

> Il y a eu un petit problème entre Monnet et Adenauer pour désigner le président de la délégation allemande. Les Allemands pensaient mettre un sidérurgiste, et Monnet avait quelques objections. Finalement, Adenauer a proposé Hallstein qui était alors secrétaire d'État et qui était précédé de son aura de professeur. On savait qu'il avait la pleine confiance d'Adenauer, ce qui était important pour Monnet. Et il ne représentait pas une industrie, ce qui était très important aussi.

Ainsi, le « premier de cordée » parvenait-il à imposer, sans le savoir, le personnage qui, un jour pas bien lointain, serait appelé à prolonger son œuvre dans une autre « Communauté »...

Au cours des mois qui suivent, par la force des choses, Monnet n'est plus très présent à la rue Martignac. Il ne le sera plus jamais. Même s'il conserve formellement la charge du commissaire au Plan, c'est Étienne Hirsch qui dirige désormais le Commissariat général. Le 18 avril 1951, le Traité de Paris qui donne naissance à la Communauté européenne du charbon et de l'acier est signé. Au cours du processus de ratification, Jean Monnet est nommé président de la Haute Autorité appelée à se mettre en place à Luxembourg le 10 août 1952. Il quitte Paris à la fin juillet, tout en ayant pris le soin d'inviter auparavant les membres de sa « garde rapprochée » à l'accompagner. Qui m'aime me suive, en quelque sorte, dans le chef d'un homme pour qui la confiance accordée est le plus beau des passeports...

Plusieurs personnes, en particulier parmi celles qui ont été associées à la rédaction de la « Déclaration Schuman », ne résistent pas à son appel. Rabier bien : il se trouve bien au Plan, continue à se passionner pour la modernisation et l'équipement de la France. Il s'entend bien, aussi, avec Hirsch, nommé successeur de Monnet et qui récompense aussitôt sa fidélité en le nommant secrétaire général adjoint du Commissariat. En clair, le « Français » décide « de rester Parisien » et de s'occuper de sa petite famille qui compte quatre enfants déjà, de son appartement, de son pays. « Les amis qui partaient là-bas avaient toute ma sympathie, mon admiration pour Monnet ne changeait pas, mais mon option, c'était de rester au Plan »[45], confirme-t-il des décennies plus tard. Pourtant...

[45] *Nouvelle Europe*, Pauline Joris, 11 juillet 2007 – www.nouvelle-europe.eu.

Chapitre IV

Les éclaireurs et défricheurs

Le jour de la Toussaint 1952, Jean Monnet était au travail.

Les derniers jours d'octobre, le Commissariat général du Plan envoie Jacques-René Rabier en mission en Moselle, afin qu'il y rencontre les préfets et les responsables des chambres de commerce. Pour une fois, sa femme l'accompagne. La veille de la Toussaint, il lui glisse à Metz : « Nous sommes à côté de Luxembourg. Et si nous allions, demain, dire bonjour aux amis ? » Elle accepte. Pourquoi, en effet, ne pas s'en aller retrouver leur ami François Fontaine et, peut-être, d'autres collègues de son mari ayant quitté le Plan pour suivre Monnet ?

Ce qu'Anne-Marie ne savait pas, c'est que, le jour de la Toussaint, Jean Monnet « travaillait comme si de rien n'était place de Metz », dans l'ancien bâtiment des chemins de fer qui, depuis l'été, avait été mis à la disposition de la Haute Autorité par le gouvernement luxembourgeois. Jacques-René retrouve son ancien patron qui, bille en tête, lui lance : « J'ai besoin de vous ici ! Vous ne pouvez pas rester ? » Surpris, Jacques-René consulte sa femme d'un regard, puis lâche : « Monsieur, oui… Oui, je peux accepter, mais je ne peux pas rester ». À raison : ses enfants sont restés à Paris où, en outre, l'attend son travail de secrétaire général adjoint du Commissariat général. Et d'argumenter qu'il ne peut vraiment pas quitter Étienne Hirsch d'une manière aussi cavalière. La réplique fuse : « Oh, je vais lui téléphoner à Hirsch, venez le plus tôt possible ! » Le plus tôt possible, ce sera le 1er janvier 1953, jour où Jacques-René Rabier devient officiellement chargé de mission à la Haute Autorité de la Communauté européenne du charbon et de l'acier…

* *
*

Dans quel état d'esprit le Montmartrois débarque-t-il à Luxembourg ? Son nouveau port d'attache a tout pour donner le spleen à un jeune né dans la Ville Lumière et qui se voyait promis à une belle carrière dans l'administration française. Oui, mais voilà, « il y avait Monnet » et « on partait à la Haute Autorité, pas à Luxembourg ». Le charisme de Jean Monnet opère donc toujours, envers et contre tout, même contre un « grand village de province » que traverse encore, à l'époque, « un petit chemin de fer à vapeur » et que les mauvaises langues définissent alors « par deux mots, deux mots seulement : chlorophylle et chloroforme ».

S'il affectionne les saillies acidulées, Jacques-René Rabier n'est pas de ces mauvaises langues : il découvre bien vite qu'il y a aussi, dans la capitale grand-ducale, une vie culturelle qui, d'ailleurs, ira crescendo avec l'européanisation de la ville. Il n'empêche, n'aurait-il pas préféré se retrouver ailleurs, comme à Versailles « où, paraît-il, les écuries de Louis XIV étaient disponibles » ? N'eut-il pas été plus plaisant d'avoir à s'installer à Turin – jugé finalement « un peu loin, surtout pour les Allemands » – ou en Belgique – piste délaissée parce que « les Belges avaient eu une hésitation entre Bruxelles et Liège » ? Il aurait pu rester en terre française encore puisque les autorités allemandes avaient, un temps, privilégié Sarrebruck pour des raisons de proximité, mais offrir le siège de la Communauté à l'un des deux « grands » États membres de l'époque n'avait pas manqué de susciter des réticences dans les autres…

Les Six étaient donc divisés. Lors du Conseil des ministres décisif, le Luxembourgeois assiste aux plaidoyers et contre arguments des uns et des autres les yeux mi-clos, comme indifférent, lorsque, vers 2 h ou 2 h 30 du matin, il se réveille subitement et lâche de manière innocente un « Mais pourquoi pas Luxembourg ? » La cause est vite entendue : la capitale du plus petit État membre de la Communauté naissante, voilà qui « ne faisait peur à personne » !

En définitive, ce choix surprise et par défaut a été, pour Jacques-René, « un excellent choix, au moins pour commencer… » Pourquoi ? Parce que, « pour installer une institution nouvelle », la Haute Autorité, le caractère villageois et provincial de Luxembourg offrait « un excellent climat », quasiment idéal même… « puisqu'il y avait peu de loisirs en dehors du travail ». En clair, l'équipe de Jean Monnet – une centaine de chargés de mission au départ, pas même cent cinquante lorsque les Rabier s'installent le 1er janvier 1953 – peut pleinement se consacrer à sa tâche, faire l'Europe ! Et au départ, c'est vrai, le travail ne manque pas puisque le traité de Paris a fixé des dates pour l'établissement des marchés communs du charbon et de l'acier. Dès lors, « les lumières de la maison de la place de Metz restaient allumées une bonne partie de la nuit »[1], au point d'amener les Luxembourgeois à considérer, selon un autre interlocuteur du Pr. Bossuat, « que Monnet dirigeait la maison des "fous" »[2]. Jacques-René Rabier relativise : « Vous savez, quand on avance en avant-garde, on fait toujours un petit peu fou pour les gens trop sérieux »[3].

Sans doute, mais la « maison des fous » est aussi l'expression d'un choc éminemment culturel. Ainsi, les Luxembourgeois « étaient très fiers d'avoir la Haute Autorité, d'être alors la capitale de l'Europe »[4], mais ils étaient aussi – et restent – des personnes ayant des horaires très précis et les respectant. Du

---

1 Entretien de Jacques-René Rabier avec le Pr. Gérard Bossuat, *Jean Monnet Oral Project, Chaires Jean Monnet d'histoire – Histoire des débuts de la construction européenne – Interview des décideurs de l'unité européenne – Programme français,* juin 1998.

2 *Ibid.*

3 *Ibid.*

4 *Ibid.*

coup, il n'était pas rare que, lors d'un cocktail donné dans une ambassade ou par une autorité du lieu de 18 à 20 h, « les Français arrivaient vers 7 h 45, alors que les Luxembourgeois étaient déjà partis »[5]. Et, dans la même veine, Jacques-René Rabier se souvient fort bien de la domestique qui, l'ayant vu rentrer à 2 ou 3 h du matin, au terme d'une réunion au forcing de la Haute Autorité, avait levé des yeux apitoyés vers sa femme le lendemain matin, lui lançant un message du style : « Ma pauvre Madame, et vous croyez vraiment que c'est pour le travail qu'il est rentré si tard… » – tant il est vrai que, « à Luxembourg, c'était vraiment incorrect de rentrer chez soi après 18 ou 19 h ».

Une autre anecdote vient encore savoureusement confirmer le petit côté « provincial » de la première capitale de l'Europe, montrant bien que, en ce temps où la télévision restait balbutiante, on pouvait être une personnalité connue et reconnue à Paris, et un parfait inconnu pas très loin de là :

> – Un jour, une personne d'un certain âge vient demander si M. Jean Monnet est visible. Elle s'adresse au concierge de l'immeuble de la place de Metz. L'huissier lui répond : « Oh, il est très occupé et d'ailleurs, on ne recrute plus actuellement ». C'était Robert Schuman ! Il venait gentiment, très modestement, rendre visite à Monnet…

Sans doute cette anecdote a-t-elle égayé quelques soirées chez les Rabier, dans la sorte de manoir « un peu décrépi » que leur a trouvé un parent du Premier ministre luxembourgeois de l'époque, « pour un prix très abordable », cuisinière et jardinier en prime, dans la campagne environnante. Les quatre premières semaines de leur séjour grand-ducal, ils les avaient passées à l'hôtel, au contraire de ceux qui les avaient précédés à la Haute Autorité. Pour accueillir les Européens arrivés aux alentours du 10 août 1952, les autorités luxembourgeoises avaient eu l'excellente idée d'ouvrir une « Maison des hôtes » afin de les y loger. La tenancière avait eu l'idée d'y installer les gens d'après leur nom, ce qui était une erreur : le Français Van Helmont s'était retrouvé avec les ressortissants néerlandais ; avec son patronyme alsacien, le Français Ottenheimer s'était retrouvé avec les Allemands ; tel ou tel Allemand ou Néerlandais d'origine huguenote était renvoyé à son passé français… Mais était-ce, en réalité, une erreur coupable ? Après tout, le hasard fait parfois bien les choses : « Ce fut peut-être, par erreur, un premier facteur d'intégration culturelle »[6], cette « fausse manœuvre » ayant alors « servi à rapprocher des gens qui venaient de différentes origines »…

D'origines différentes, que celles-ci soient culturelles, linguistiques ou, tout simplement, nationales, ces pionniers de l'aventure européenne l'étaient, en effet, au plus haut point, à une époque où le souvenir de dialogues et de brassages entre les peuples se résumait le plus souvent à celui, et tout frais

---

5 *Ibid.*

6 Témoignage de Jacques-René Rabier lors du colloque organisé par le Comité économique et social européen à l'occasion de la venue à échéance du traité instituant la première Communauté européenne, 23 juillet 2002.

encore, de funestes rencontres sur des champs de bataille… À nouveau proche collaborateur de Jean Monnet, Rabier est d'emblée amené à traiter quotidiennement avec un collègue de son âge qui exerce les mêmes fonctions auprès du vice-président Etzel, ce qui lui vaut de conserver le souvenir ému d'avoir éprouvé une « émotion sympathique » dans les premiers moments :

> – En se présentant, en bavardant un petit peu avec ce jeune Allemand, Wilfried Behr, j'ai appris qu'il avait été à Stalingrad, ce qui était déjà une épreuve, qu'il était à l'état-major de von Paulus et qu'il avait été chargé par ce dernier de porter au Führer la nouvelle de la reddition de l'armée allemande à Stalingrad. Pour moi qui avais fait le cavalier avec l'École de Saumur sur la Loire pour empêcher les Allemands de passer au moins pendant deux jours, voilà qui m'a impressionné ! J'ai compris à ce moment-là que l'Europe était en marche !

Elle l'était, et si Jacques-René Rabier ne savait pas encore à quel point sa carrière épouserait – et contribuerait à – cette aventure, jamais il n'a cessé de méditer depuis les motivations profondément humanistes qui ont permis cette réconciliation, dès le creuset luxembourgeois. Bien plus tard, à la fin des années 1990, il se retrouve, lors d'un dîner organisé par la Fondation Jean Monnet pour l'Europe à Lausanne, aux côtés d'un Allemand d'à peu près son âge. Au terme de la soirée, les deux hommes échangent leurs cartes, et il comprend alors qu'il était assis à côté du « fils de l'officier allemand qui avait fomenté l'attentat contre Hitler, le poseur de bombe, von Stauffenberg »… À cinquante années de distance, la même « émotion sympathique », et la même conviction : cette rencontre, ce moment « impressionnant », charriant l'Histoire noire et sanglante du continent tout en la balayant, « c'est l'Europe » qui l'a permis !

La formule de Monnet selon laquelle « nous ne coalisons pas des États, nous unissons des hommes », Jacques-René Rabier et ses complices de la première heure l'ont vécue dans leur être le plus profond. Dans les bureaux de la place de Metz, ils ont été les éclaireurs résolus, en petit comité, d'une improbable réconciliation. En étaient-ils conscients ? Peut-être pas tous au départ, mais la magie n'a pas tardé à opérer… À cette époque, personne dans l'équipe modeste de la Haute Autorité ne tardera à succomber à la passion et à l'enthousiasme aussi constructifs que contagieux qui émanent de Jean Monnet, cet « homme aux vues lointaines » qui « joue le réel contre le fictif et laisse à d'autres le soin d'épiloguer »[7]. Le tableau est-il trop laudateur ? Il n'est pas, en tout cas, le cri du cœur forcément suspect d'un individu isolé qui serait tombé sous le charme : un jour, par distraction, Monnet demande tour à tour à deux de ses proches collaborateurs, Jacques-René Rabier et Georges Berthoin, de rédiger un article pour la revue *Synthèses* ; les deux hommes s'en rendent compte, se concertent et conviennent de le cosigner sous l'anagramme « J.B. Berbier-Rathoin ». Ce qui double le crédit à accorder à leur

[7] J.B. Berbier-Rathoin, « Vues sur la Communauté européenne du Charbon et de l'Acier », dans la revue mensuelle internationale *Synthèses*, novembre 1953, n° 90.

appréciation du personnage qui est leur patron : un homme qui « aborde les problèmes de l'édification de l'Europe en ayant sans cesse le souci de le faire par des réalisations concrètes, par une action réelle en un point limité »[8]. Et les deux compères de préciser : « Parce que les faits ont une valeur en eux-mêmes et une puissance invincible de persuasion, il agit, si l'on peut dire, en créant des faits. Et ces faits modifient peu à peu les perspectives que les hommes prennent de leur avenir »[9].

En réalité, la petite équipe de pionniers agit d'emblée tel un état-major en campagne, avec pour seule boussole la Déclaration Schuman et le Traité de Paris qui étaient, « en quelque sorte, notre objectif et notre constitution »[10]. En clair, tous sont convaincus qu'il ne leur incombe pas seulement de mettre en œuvre à rythme soutenu les dispositions technico-économiques du Traité, mais bien de creuser les fondations d'une ambition politique plus ample conduisant à terme à une « union institutionnalisée des peuples de l'Europe ». Près de soixante ans plus tard, Jacques-René le confirme sans réserve :

> Jean Monnet présidait un Collège et, en même temps, il animait un système de valeurs qui était explicite dans la Déclaration du 9 mai 1950 : la paix ! Mettre fin aux rivalités séculaires ayant opposé pendant tant d'années ou de siècles l'Allemagne, la France et d'autres pays ! La construction de l'Europe était une valeur, et nous étions fidèles à ce message…

Le temps, dit-on, lisse les convictions et effiloche les illusions. Rien de tel chez Rabier qui ne renie absolument rien de ce qu'il cosignait en novembre 1953 avec Georges Berthoin :

> L'esprit qui anime la Haute Autorité anime également ses fonctionnaires. Chacun a fermement compris qu'il n'était pas question de devenir des bureaucrates ayant pour but, la retraite, et pour cadre, la routine, mais qu'il fallait être des sortes de militants décidés à réussir, avec pour but, la Fédération européenne et pour cadre, le traité. Même si cela n'est pas conscient chez certains, il y a chez tous le goût de relever le défi lancé par les tentatives infructueuses d'unité européenne. Puis, par-delà les blessures des guerres qui ont ruiné l'Europe, chacun a le désir, quelle que soit sa tâche, de démontrer aux autres et à lui-même l'absurdité des conflits de naguère et d'apporter la preuve qu'il est possible et intelligent de mettre en commun ce que l'on a mis tant d'années et tant de génie à opposer. La conscience d'appartenir à une équipe devenue homogène, chargée de mettre en œuvre un ensemble qui réalise lentement et dans la paix, la plus extraordinaire et la plus silencieuse des révolutions, la conscience d'accomplir une œuvre logique, sont

---

[8] *Ibid.*

[9] *Ibid.*

[10] Entretien de Jacques-René Rabier avec le Pr. Gérard Bossuat, *Jean Monnet Oral Project, Chaires Jean Monnet d'histoire – Histoire des débuts de la construction européenne – Interview des décideurs de l'unité européenne – Programme français*, juin 1998.

les stimulants puissants et permanents que chacun trouve et met dans son action quotidienne[11].

À leur manière, les membres de la Haute Autorité, des commissaires aux simples « chargés de mission », se voulaient donc les estafettes d'un monde nouveau ou, à tout le moins, d'une Europe différente, pacifiée et se bâtissant un avenir commun. Ils se voulaient – et se voyaient comme – les prophètes et les premiers artisans d'une rupture radicale avec un passé immémorial de compétitions et de luttes guerrières. Ils étaient, du coup, sous l'emprise d'un sentiment de responsabilité qui débordait, et de loin, les missions administratives et techniques qui les occupaient au jour le jour, ainsi qu'en témoigne ce témoignage « à chaud » : « (…) il n'est pas un Membre ou un fonctionnaire de la Haute Autorité qui ne soit intensément persuadé que le sort des réalisations futures plus vastes et plus profondes dépend de leur succès ou de leur insuccès »[12].

Faut-il, dès lors, en déduire que l'immeuble de la place de Metz était, à l'époque, un nid de militants ? Oui et non. Oui dans la mesure où, au-delà de leurs tâches et des échéances prévues par le Traité de Paris pour l'ouverture des marchés communs du charbon, puis de l'acier, ces hommes – et quelques rares femmes… – ressentaient au plus profond d'eux-mêmes l'évidence de s'être engagés dans un véritable marathon dont ils ne parcouraient que les premiers mètres, d'être mobilisés, au sens militaire du terme, au service d'une « construction d'attente dont la justification principale » était « d'ouvrir avec des méthodes nouvelles une voie vers la Fédération européenne »[13]. Dès lors, militants d'une cause, oui, ils l'étaient assurément, tous étant convaincus d'œuvrer, par la « mise en commun des productions de charbon et d'acier » des Six, à « l'établissement de bases communes de développement économique, première étape de la Fédération européenne »[14].

En même temps, il s'agissait quand même de militants très particuliers : « Nous n'étions pas des "militants fédéralistes" comme ceux que nous connaissions dans des mouvements politiques. Nous pouvions avoir de la sympathie pour ces militants, mais nous-mêmes nous étions engagés dans des tâches technico-économiques à vocation politique »[15]. En clair, la passion européenne de Jacques-René s'est nourrie de son parcours d'intellectuel sans jamais déborder dans le militantisme idéologique ou politique, « et le fait de travailler concrètement à la construction de l'Europe, à Luxembourg, dans la première Communauté (…), cela correspondait tout à fait à mes conceptions, à mes

11 J.B. Berbier-Rathoin, « Vues sur la Communauté européenne du Charbon et de l'Acier », dans la revue mensuelle internationale *Synthèses*, novembre 1953, n° 90.

12 *Ibid.*

13 *Ibid.*

14 Robert Schuman, Déclaration faite au nom du Gouvernement français le 9 mai 1950.

15 Entretien de Jacques-René Rabier avec le Pr. Gérard Bossuat, *Jean Monnet Oral Project, Chaires Jean Monnet d'histoire – Histoire des débuts de la construction européenne – Interview des décideurs de l'unité européenne – Programme français*, juin 1998.

idées, et les renforçaient en même temps »[16]. Il avait autour de lui des gens qui, « mobilisés par l'Europe et pour l'Europe », n'étaient nullement « des idéologues criant chaque matin "Europe, Europe !, en sautant comme des cabris" »[17], des hommes de six pays hier étrangers auxquels le destin avait permis de pouvoir éviter « d'errer dans des rêves sur l'Europe » – car, « d'ailleurs, avec Monnet, on n'errait pas souvent dans les rêves, pas longtemps en tout cas »[18] – et de prendre clairement conscience, du moins pour la plupart, que « l'Europe que nous voulions laisser en héritage à nos enfants commençait d'être une réalité vivante »[19].

La première Haute Autorité, c'était donc, et avant tout, un état d'esprit, une passion sage et constructive insufflée par un « patron » visionnaire et meneur d'hommes :

> À l'époque, la Haute Autorité était une jeune institution, une nébuleuse en fusion. Les fonctions de chacun n'étaient pas définies comme dans un organigramme classique. Monnet brassait perpétuellement les hommes et les idées. Il était parfois le seul à pouvoir s'y retrouver. De notre part, il y avait un dévouement tellement grand à l'égard de sa personne qu'on acceptait de faire tout et n'importe quoi[20].

Monnet n'a jamais été un homme d'organigramme, seul lui importait de faire « fonctionner la machine » au service de ses idées. L'animation de la petite équipe que Rabier rejoint aux premiers jours de 1953, pas plus d'une centaine de personnes à ses débuts, relève essentiellement de la responsabilité de l'Inspirateur et de son vice-président allemand, Franz Etzel – deux hommes qui « s'entendaient très bien », même s'ils ne pouvaient converser qu'en... anglais ou par le biais d'une interprète. Ils s'accordaient, en tout cas, sur la « culture d'entreprise » à implanter. « Quelles que soient les tensions qui pouvaient exister parfois entre Coppé et Spierenburg sur des problèmes techniques, ce qui n'est pas nouveau entre Néerlandais et Belges », le premier Collège a constitué une vraie « équipe » que Monnet présidait moins qu'il ne l'a animée, lui qui « a ignoré les nationalités, les titres, les âges, pour s'adresser aux hommes eux-mêmes, avec leur caractère, leurs qualités, leurs défauts, leurs expériences personnelles de ministre ou d'ouvrier, d'homme d'affaires ou de

---

16 *Ibid.*

17 Témoignage de Jacques-René Rabier lors du colloque organisé par le Comité économique et social européen à l'occasion de la venue à échéance du traité instituant la première Communauté européenne, 23 juillet 2002.

18 Entretien de Jacques-René Rabier avec le Pr. Gérard Bossuat, *Jean Monnet Oral Project, Chaires Jean Monnet d'histoire – Histoire des débuts de la construction européenne – Interview des décideurs de l'unité européenne – Programme français*, juin 1998.

19 Jean Monnet, discours lors de la première session de l'Assemblée commune à Strasbourg le 11 septembre 1952, in *Les États-Unis d'Europe ont commencé*, Paris, Robert Laffont, 1955.

20 « Jean Monnet et Paul Delouvrier : histoire d'une collaboration », article reprenant une conférence de M. Giacone à la Maison de Jean Monnet (9 octobre 2002), publié par l'Association Jean Monnet et l'Institut Paul Delouvrier en mai 2003 – Témoignage de Georges Berthoin à l'auteur, le 3 juillet 2002.

professeur »[21]. Certes, le Traité permettait que des décisions soient prises par un vote majoritaire, mais Monnet cherchera toujours à obtenir, « comme la cause naturelle du travail en commun » effectué par l'équipe, « un accord d'homme à homme », de telle sorte qu'il puisse être « considéré comme une décision réellement collégiale où les pensées et les arrière-pensées se sont suffisamment mêlées pour être toutes représentées et solidaires »[22].

La même culture d'entreprise, quintessence d'un esprit supranational en gestation, prévaut à tous les étages du quartier général européen de la place de Metz. Les structures administratives y sont balbutiantes : point de directions générales et de directeurs généraux, des divisions et de simples directeurs font parfaitement l'affaire sous l'ère Monnet. Même le « patron » de l'administration naissante, le Néerlandais Max Kohnstamm, n'a pas encore gagné – et ne gagnera d'ailleurs jamais, lui qui suivra bientôt Monnet dans son exil du Comité pour les États-Unis d'Europe – le titre de secrétaire « général » dont hériteront un jour ses successeurs. Et la Fonction européenne n'en est pas encore vraiment une, ou alors est-elle faite de bric et de broc : hormis le secrétaire et les directeurs de division, tous les agents sont « chargés de mission » ou catalogués « personnel d'exécution ». Sans compter que les appelés de la première heure, « recrutés suivant des procédures assez arbitraires »[23] à l'instar de Rabier lui-même, ne sont « pas très bien payés ». Peu importe, « il y avait Monnet », et le sentiment de participer à une œuvre de « pionniers, avec le goût de l'aventure que cela comporte »[24]. En tout cas, la sauce prend si bien que Jacques-René Rabier conserve de ces « premières années "européennes" », outre quelques « solides amitiés » (même si, précise-t-il, l'époque réclamait « une certaine retenue » qui voulait que, même « entre fonctionnaires, on ne s'appelait pas tout de suite par son prénom »), une conviction forte :

> C'est à cette époque que j'ai compris qu'il y a dans toute administration, nationale, européenne ou autre, deux catégories de fonctionnaires : ceux qui se penchent sur un dossier – et il en faut aussi – et ceux qui se dressent sur un problème. Ces derniers sont plus rares ; cela ne s'apprend guère dans les écoles ou les universités, et c'est difficile à repérer dans les concours[25]…

La pique est évidente, même dans la bouche d'un homme qui se refuse toujours à porter un jugement sur le travail de ses successeurs. Elle devient

---

21 J.B. Berbier-Rathoin, « Vues sur la Communauté européenne du Charbon et de l'Acier », dans la revue mensuelle internationale *Synthèses*, novembre 1953, n° 90.

22 *Ibid.*

23 Témoignage de Jacques-René Rabier lors du colloque organisé par le Comité économique et social européen à l'occasion de la venue à échéance du traité instituant la première Communauté européenne, 23 juillet 2002.

24 Entretien de Jacques-René Rabier avec le Pr. Gérard Bossuat, *Jean Monnet Oral Project, Chaires Jean Monnet d'histoire – Histoire des débuts de la construction européenne – Interview des décideurs de l'unité européenne – Programme français*, juin 1998.

25 Témoignage de Jacques-René Rabier lors du colloque organisé par le Comité économique et social européen à l'occasion de la venue à échéance du traité instituant la première Communauté européenne, 23 juillet 2002.

éclatante lorsque, mise en résonance avec l'aveu confondant d'un commissaire de n'avoir pas lu un Traité sur lequel des citoyens d'Europe, ses concitoyens en l'occurrence, étaient appelés à se prononcer par référendum, se médite ce propos : « Pour qu'un tel dynamisme soit maintenu, il faut que les objectifs soient clairement formulés, et surtout que l'exemple vienne d'en haut. C'était le cas à Luxembourg, en 1952–53 »[26]...

L'esprit européen que fait alors souffler Jean Monnet à tous les étages de l'ancien bâtiment des chemins de fer luxembourgeois se traduit, en tout cas, par des innovations supranationales radicales, inimaginables auparavant. D'abord, les fonctionnaires ne peuplent pas les différentes divisions – économie générale, finances, production, problèmes du travail, juridique, investissements, transports, relations extérieures, marché – au gré de leur nationalité, mais de leurs compétences : il n'y a point de quota de nationalité, mais bien « amalgame de différentes nationalités qui se réalise selon le bon sens, les capacités personnelles ou les affinités »[27]. Et chaque équipe organise « son travail selon les tempéraments de ceux qui », ainsi, la « composent ou les exigences du problème qu'ils traitent »[28]. Mais le souci de la supranationalité est poussé beaucoup plus loin encore par Monnet. À la tête de plusieurs divisions de la Haute Autorité, il n'est pas rare, bien au contraire, que deux, voire trois personnes, de nationalités évidemment différentes, se partagent, sur un pied de stricte égalité, le pouvoir, et « les impulsions étaient données par ces personnes en concertation ». Ainsi, le Service juridique est dirigé par le Français Michel Gaudet, par un Allemand et par un Néerlandais ; la division « Industrie charbonnière » est conduite par un Belge et un Allemand ; *idem* à la division des Transports où un Allemand et un Français sont appelés à faire fi de leur passé pour gérer, entre autres, les tarifs ferroviaires : « L'un, le Français avait lutté pendant toute sa vie à la SNCF, pour créer des tarifs différentiels avantageant son pays, et l'Allemand, de son côté, en avait fait autant. Et maintenant ils avaient la tâche tous les deux de dénouer ce qu'ils avaient noué du temps où ils travaillaient dans des services publics nationaux »[29]...

Cette volonté d'ancrer la supranationalité dans la réalité quotidienne de la Haute Autorité, de créer un esprit de collégialité transcendant les cultures nationales qui ne soit pas l'apanage des membres du Collège, a été, à l'évidence, très saine et opportune à l'heure des éclaireurs et défricheurs. Depuis,

> dans une institution qui s'est développée, il est évidemment normal qu'il y ait à la tête de chacune de ce qu'on appelle désormais les Directions générales quelqu'un qui a ses qualités et son expérience dans une nationalité, mais encore faut-il que,

---

26 *Ibid.*

27 J.B. Berbier-Rathoin, « Vues sur la Communauté européenne du Charbon et de l'Acier », dans la revue mensuelle internationale *Synthèses*, novembre 1953, n° 90.

28 *Ibid.*

29 Entretien de Jacques-René Rabier avec le Pr. Gérard Bossuat, *Jean Monnet Oral Project, Chaires Jean Monnet d'histoire – Histoire des débuts de la construction européenne – Interview des décideurs de l'unité européenne – Programme français*, juin 1998.

dès le début, il sache qu'il n'est pas là pour défendre les intérêts de sa nationalité, mais pour gérer les intérêts de son institution.

Parfois, la voix des Anciens peut se faire aussi dérangeante que celle des Prophètes…

* *
*

À Luxembourg, Rabier redevient le proche collaborateur de Monnet qu'il avait été à Paris. Il a droit, en tout et pour tout, à une secrétaire et doit composer avec un *alter ego*, Georges Berthoin, tant les domaines de compétences spécifiques restent flous dans l'entourage d'un homme chez qui la confiance accordée seule importe. Aux « élus » de ne pas le décevoir, pour le reste… Les deux hommes et les autres membres de la « garde rapprochée » y veillent, conjuguant créativité et disponibilité maximales. À tel point que les engagements autres que professionnels deviennent vite problématiques. Pour Jacques-René, la géographie n'y est pas étrangère non plus : puisqu'il est à Luxembourg, il ne peut plus participer aux réunions du comité de rédaction d'*Esprit* ; il cesse, dès lors, sa collaboration active et bénévole à la revue dont il ne restera plus, désormais, qu'un abonné fidèle. Sa fibre personnaliste et sociale demeure pourtant intacte, et active. Comme pendant ses derniers mois à Paris, il fréquente avec sa femme, dans la capitale grand-ducale, un mouvement d'éducation d'adultes, « La Vie Nouvelle » :

> C'était un mouvement qui se voulait non confessionnel, bien qu'il ait été créé par des catholiques. Mais il y avait des gens de toutes les paroisses et même des gens sans paroisse, inspirés par la philosophie de Mounier et essayant de se donner, en tant qu'adultes, une formation aussi complète que possible, aussi honnête et complète que possible dans le domaine économico-social, politique, culturel, etc.[30]

Sur le plan de ses engagements, le citoyen Rabier garde donc le cap, ce qui lui vaut, à Paris, de croiser notamment le jeune Jacques Delors – mais les voies du Seigneur étant décidément impénétrables, jamais l'heure de leurs « retrouvailles » ne sonnera à Bruxelles quelques décennies plus tard…

À Bruxelles, Jacques-René Rabier ne connaîtra jamais non plus, en tant que fonctionnaire européen, le temps où l'anglais devient langue officielle de l'Europe communautaire et, chaque année un peu plus, la *lingua franca* de ses institutions. À Luxembourg, les langues de travail sont le français et l'allemand : « C'était une forte recommandation de maîtriser les deux » – et sans doute bénit-il alors son père de l'avoir fait opter pour la langue de Goethe lors de ses études, même si c'était pour de navrantes – mais pertinentes… – raisons d'opportunisme. Quoi de plus normal, après tout, que les deux idiomes les

---

[30] *Conshist.Com*, « Histoire interne de la Commission européenne 1958–1973 », entretien accordé par Jacques-René Rabier à Yves Conrad et Julie Cailleau, Bruxelles, 8 janvier 2004.

plus parlés dans la Communauté des Six soient ainsi privilégiés ? D'emblée, pourtant, la question linguistique chatouille les sensibilités. En tant que flamand et que Belge, Albert Coppé – le seul à avoir été ministre national dans le premier Collège et qui, outre l'allemand et l'anglais, s'exprime dans un français que peuvent légitimement lui envier un certain nombre de ses concitoyens francophones – mène bataille, de manière courtoise mais résolue, pour que l'italien et le néerlandais soient aussi reconnus comme langues officielles de la Communauté naissante. Cette bataille qu'il entame en rédigeant en néerlandais la première note qu'il adresse à Monnet, il la remporte, et l'Union lui doit, aujourd'hui, de compter vingt-trois langues officielles. Mais certaines victoires ont, parfois, un goût amer sur le moment : « Je me souviens d'un discours d'Albert Coppé en néerlandais et de Nederhorst, un parlementaire de nationalité néerlandaise, sortant ses écouteurs ostensiblement ! », se pâme encore Rabier, même si ce n'est, après tout, qu'une confirmation européenne – ou, en tout cas, belgo-néerlandaise… – de la justesse de l'incantation forgée au feu de la sagesse populaire qu'est le « Dieu ! protège-moi de mes amis, mes ennemis, je m'en charge »…

Pour rendre pleinement justice à Albert Coppé, il convient aussi de se souvenir que ce personnage flamboyant a engagé, à Luxembourg, un rude bras de fer avec Monnet, et qu'il l'a gagné. Les réunions de travail que celui-ci a avec son vice-président allemand, Etzel, pour organiser les rendez-vous du Collège du lendemain ne sont pas du goût du Belge qui, à tort peut-être, craint une mainmise franco-allemande sur la toute jeune institution. En représailles… préventives, il convoque aussitôt des réunions des commissaires bénéluxiens et italien, « de sorte qu'au vu et au su de tout le monde, il y avait une double réunion la veille du jour où la Haute Autorité devait siéger »[31]. Voilà qui fait mauvais genre, et qui appelait à une paix des braves : « Monnet m'a dit un jour : "Coppé, je voudrais que vous mettiez fin à vos réunions". Et je lui ai répondu : "D'accord, si vous mettez fin aux vôtres". Et ce fut fini »[32]. À travers cette passe d'armes, c'est le sort de la collégialité qui s'est joué, l'anecdote prouvant que, à l'occasion, « l'inspirateur » pouvait se laisser inspirer, fût-ce contraint et forcé, par aussi obstiné que lui.

En attendant, la question des langues se pose, elle, sur d'autres terrains aussi dans la première capitale européenne : celui, entre autres, de la scolarité des enfants des expatriés, que ceux-ci soient commissaires ou simples chargés de mission. La plupart d'entre eux, en tout cas les plus jeunes, avaient de jeunes enfants. Où les mettre à l'école, sachant que les établissements scolaires de la capitale grand-ducale dispensent leur enseignement en luxembourgeois et, ensuite seulement, en allemand et en français, « ce qui, pour un Italien du sud et même un Montmartrois, posait quelques problèmes » ? De « bons

---

31 J. C. Ricquier, « Où Albert Coppé donne libre audience à ses souvenirs », IV – Vingt et un ans de Commission européenne, juin 1987, in *Revue générale* – Cité dans *Albert Coppé*, Léo Tindemans et Daniel Cardon de Lichtbuer (sous la dir. de), Garant.

32 *Ibid.*

apôtres » font valoir que, après tout, Thionville, Arlon ou Trèves, voire même, un peu plus loin, Aix-la-Chapelle ou Metz comptent des écoles renommées. C'est compter sans la fatigue supplémentaire qui serait ainsi infligée aux enfants par les voyages de début et de fin de journée, à moins de se résoudre à les placer en pensionnat. Aucun n'y songe, pas même les Italiens qui, eux, n'ont pourtant pas de solution de rechange. Rabier décide de soumettre le problème à Jean Monnet dont la réaction est immédiate : « Il faut faire une école européenne à Luxembourg. Il faut en parler aux Luxembourgeois qui seront certainement d'accord ».

En clair, c'est un blanc-seing de Monnet qui, tout à la construction d'un Marché commun du charbon et de l'acier qu'il juge naturellement plus importante qu'une école, fut-elle européenne, entend seulement couvrir ses collaborateurs dans leurs démarches – « Débrouillez-vous. Ne m'en parlez pas. Si vous avez un problème, venez m'en parler »[33], leur glisse-t-il pour tout viatique. Or, à l'évidence, ces démarches seront tout sauf simples : vouloir créer une école européenne ex nihilo, c'est devoir sensibiliser et convertir à l'idée les gouvernements des six États fondateurs, obtenir ensuite des professeurs détachés de chacun d'eux et élaborer un programme scolaire qui soit agréé dans les six capitales… La partie n'est pas gagnée !

Au sein du cabinet Monnet, l'affaire est confiée à un autre Français, le germaniste Marcel Decombis, qui a l'avantage de connaître le domaine de l'enseignement, lui a qui « a dirigé un Institut français en Autriche »[34]. Des contacts sont pris avec le Belge Albert Van Houtte, de son état greffier de la Cour de justice et, à ce titre, une notabilité dans la capitale européenne de l'époque. Il devient « l'homme des négociations avec les gouvernements » avec, au bout du parcours, la victoire : à la rentrée 1954, les enfants Rabier peuvent commencer à fréquenter la première École européenne qui s'installe aux Champs de foire. Par la suite, certains d'entre eux connaîtront bientôt la première à voir le jour à Bruxelles, dans la commune d'Uccle. Le mouvement est lancé : les Écoles européennes essaimeront peu à peu partout où s'installent les familles de membres de la Fonction publique européenne, ce qui « est l'une des réussites dont on parle peu, mais qui est à mettre à l'actif d'une intégration, si le mot peut encore être employé, de nos peuples si longtemps divisés ». Aux yeux du Rabier « européen », sans doute ces écoles ont-elles « leur lourdeur » et sont-elles coupables « de ne pas trop se soucier de l'Europe, même dans les cours d'éducation dite civique et morale »[35], elles qui ne dispensent même pas un « cours sur la construction européenne »[36] digne de ce nom, ce qui est le paradoxe absolu. En fait-il parfois grief à sa deuxième fille, Catherine, qui n'est sortie de l'École européenne d'Uccle que pour en devenir l'une des

33 *Conshist.Com*, « Histoire interne de la Commission européenne 1958–1973 », entretien accordé par Jacques-René Rabier à Yves Conrad et Julie Cailleau, Bruxelles, 8 janvier 2004.

34 *Ibid.*

35 *Ibid.*

36 *Ibid.*

enseignantes ? Pas sûr, car le Jacques-René Rabier « familial » préfère retenir les vertus du « lieu de brassage » que constituent ces écoles. Un jour, son fils François, douze ou treize ans à l'époque, revient du lycée lillois où ses parents ont été contraints de l'inscrire suite à un parcours scolaire plus chaotique que les autres, et il lui lance : « "Tu sais, (…) on a attaqué les Belges et je les ai défendus". J'ai pensé que l'école européenne avait laissé des traces »[37]…

* *
*

Pour le reste, en raison de ses fonctions auprès de Monnet, Jacques-René n'a, en ces temps-là, que peu de contacts avec la Cour de justice. La Haute Autorité n'en a pas davantage puisque, au moment où le Traité de Paris commence à peine à produire ses effets, « il n'y avait pas encore de recours, de contentieux ». Rabier en a, par contre, nettement plus avec les autres institutions et organes de la Communauté naissante, lui qui campe systématiquement dans l'ombre de son patron. Il lui arrive ainsi de passer des soirées prolongées dans la salle qu'occupe le Conseil des ministres à Luxembourg, lorsque les six États membres sont appelés à donner un avis conforme à l'une ou l'autre décision de la Haute Autorité. Il est aussi de tous les contacts de celle-ci avec le Comité consultatif qui, lui aussi basé à Luxembourg, est le cénacle où se côtoient les partenaires sociaux représentatifs des secteurs des charbonnages et de la sidérurgie – organe qui deviendra le Comité économique et social lorsque l'aire des compétences dévolues aux Communautés débordera ces secteurs d'activités. Il est encore de tous les voyages vers Strasbourg où, depuis septembre 1952, se réunit chaque mois ce qu'on n'appelle pas encore le Parlement européen, mais l'Assemblée commune. Il est enfin – et surtout ! – présent à toutes les réunions du Collège, et peu de rencontres de travail organisées en interne au niveau des différents services de la Haute Autorité feront l'économie d'un Rabier aux aguets.

Est-ce bien là la responsabilité incombant normalement au membre d'un cabinet, fut-il celui du président ? Peut-être pas, même si, une fois encore, la petite « armée » européenne se réduit à une poignée à peine de fantassins et que, partant, les rôles et les missions ont des contours pour le moins flous, le talent spécifique créant souvent le larron. Or, dans le chef de Rabier, un élément se révèle déterminant : Monnet se souvient que Rabier sait écrire ! À ce titre, il en a doublement besoin.

D'abord, la Haute Autorité est tenue, par le Traité de Paris, de publier chaque année un rapport destiné aux États membres. Ce n'est pas assez aux yeux de Monnet : s'il charge Rabier de le rédiger, il lui demande aussi d'établir un rapport… mensuel. Voilà qui, d'emblée, expliquera la présence de ce dernier même aux réunions les plus confidentielles de la Haute Autorité et qui, sans que Jacques-René puisse en prendre alors conscience, changera bientôt le reste sinon de sa vie, en tout cas de son parcours professionnel.

---

37 *Ibid.*

Ensuite, Monnet a besoin d'une « plume » pour rédiger ses discours et autres interventions publiques. Cet homme, en effet, est « extrêmement présent dans la préparation des événements et extrêmement timide envers les gens »[38]. S'il est doté d'un pouvoir de persuasion inégalé dans les réunions en tête-à-tête ou en très petit comité, il se révèle « mal à l'aise dès que le cercle dépassait le cadre d'une conversation intime, dès qu'il fallait s'exprimer devant une assemblée »[39]. Or, les propos publics, le président de la Haute Autorité est obligé de les multiplier, et il ne trouve d'autre solution, pour affronter « l'épreuve », que d'avoir toujours un « papier » sous les yeux comme filet de sécurité : « Il savait, bien sûr, être convaincant, mais toujours avec l'aide de son support écrit dont il s'évadait parfois avec une éloquence contenue »[40], lui qui « se méfiait des improvisations et ne se sentait en sécurité que lorsqu'il avait un texte dans lequel la précision de sa pensée, affinée par les multiples contacts qu'il avait eus avec ses collaborateurs, était vraiment enregistrée »[41].

Le problème ne s'arrête pas là : si Monnet n'appartient pas à la caste des orateurs, il ne compte pas davantage parmi les talents littéraires. Il sait ce qu'il veut dire, mais pas souvent comment le dire, raison pour laquelle il ne rédige pas : « Il gribouillait beaucoup, il notait beaucoup de pensées, mais il ne rédigeait pas parce que, peut-être, sa pensée était trop rapide ou parce que la timidité dans l'expression de sa pensée était trop grande pour qu'il veuille lui-même en donner les formes définitives avant d'en discuter avec ses collègues »[42]. Cette retenue lui vaut d'enrichir la « méthode Monnet » d'un volant littéraire : « La méthode de Monnet consistait à apporter ses idées, plus ou moins maladroitement inscrites le matin sur des petits papiers roses, à en discuter très longuement, et à demander à plusieurs d'entre nous de rédiger quelque chose, en nous mettant généralement en parallèle, sans d'ailleurs nous le cacher – et parfois nous nous montrions nos "copies" »[43]. La rédaction se révèle, par conséquent, œuvre collective, Monnet retenant des idées et des approches chez l'un et chez l'autre, invitant ses proches à remettre maintes fois leur ouvrage sur le métier à la lumière des commentaires émis. Un discours à prononcer devant l'Assemblée commune de la Haute Autorité fait, un soir, l'objet d'une vingtaine de versions, sans encore obtenir l'adhésion pleine et entière du « patron ». Il est alors rappelé à ses devoirs : « Écoutez, il est minuit. Il faut que les interprètes aient le discours pour demain à 7 h… » Après un bref silence, la sentence tombe : « Eh bien, Rabier, vous prenez les différentes versions et vous faites un texte final ».

Pourquoi Rabier ? Parce que Monnet sait que celui-ci a été à bonne école, la meilleure qui soit même à ses yeux puisque c'est… la sienne : « Sans me

38 Entretien de Jacques-René Rabier avec Antoine Marès, 1er octobre 1981.

39 *Ibid.*

40 *Ibid.*

41 *Ibid.*

42 *Ibid.*

43 *Ibid.*

mettre à dos les rédacteurs antérieurs, j'essayais de faire un texte qui puisse convenir à Monnet, qui exprime ce que je savais que Monnet voulait dire, qui soit compréhensible par les parlementaires et que Monnet aurait, auparavant, pu montrer à son chauffeur et à sa femme… » La phrase n'est sibylline qu'en apparence. Lors des débuts de Rabier au Commissariat général du Plan, Monnet l'a un jour tancé en ces termes : « Ce que vous avez écrit hier, je l'ai lu à Silvia et à mon chauffeur en rentrant. Silvia m'a dit : "Ça ne tient pas ton affaire !" Et le chauffeur : "Moi, je n'y comprends rien !" Mon petit Rabier, si mon chauffeur n'y comprend rien, il y a probablement des parlementaires qui ne comprendront pas. Il faut revoir ça ! »[44] À la même époque, le jeune tout droit sorti de l'université glisse une échelle logarithmique – dont il était « très fier » – lorsqu'il parle, dans l'un de « ses » premiers rapports, de la consommation d'électricité appelée à doubler en dix ans en France puisqu'elle devrait y augmenter, selon le Plan, de 7 % par an. Elle lui vaut cet échange cinglant, marqué à jamais dans sa mémoire, avec Monnet :

> – Qu'avez-vous mis là ?
>
> – C'est une échelle logarithmique, pour ne pas sortir de la page…
>
> – Moi, je ne comprends rien à cette affaire-là. Et quand je ne comprends pas, je crois qu'on veut me tromper. Il y a certainement des parlementaires qui penseront comme moi[45].

L'expérience a été cuisante, et il n'est pas sûr qu'elle ait été, de prime abord, appréciée par celui qui, bien plus tard, glissera que la leçon lui avait été donnée par un homme qui, « évidemment (…) n'avait qu'une première partie de bac et elle était lointaine »[46]. Point de rancœur, cependant, car c'est auprès de cet homme, qui « vivait simplement, et aimait que l'on s'exprime devant lui en termes simples », qu'il sait avoir « appris à écrire un français qui n'était plus celui de sciences-po, un français qui pouvait être compris par des parlementaires ou des journalistes, des citoyens »[47]. C'est là où l'étudiant qui avait « un peu tendance à être prisonnier d'un style "Sciences Po" » et qui se faisait « un peu plaisir en écrivant »[48], cédant parfois à « une certaine pédanterie, volontaire ou involontaire, dans l'exposé des idées et des faits »[49], s'est plié à la volonté formatrice d'un Monnet « beaucoup plus soucieux que l'on

---

44 *Ibid.*

45 *Ibid.*

46 *Conshist.Com*, « Histoire interne de la Commission européenne 1958–1973 », entretien accordé par Jacques-René Rabier à Yves Conrad et Julie Cailleau, Bruxelles, 8 janvier 2004.

47 Entretien de Jacques-René Rabier avec le Pr. Gérard Bossuat, *Jean Monnet Oral Project, Chaires Jean Monnet d'histoire – Histoire des débuts de la construction européenne – Interview des décideurs de l'unité européenne – Programme français*, juin 1998.

48 Entretien de Jacques-René Rabier avec Antoine Marès, 1er octobre 1981.

49 *Ibid.*

soit compris, et qu'il soit compris par votre intermédiaire, que de savoir que son texte serait commenté dans les gazettes de la Rive gauche »[50]…

Une leçon qui, en l'occurrence, ne cessera plus de lui être profitable, même si elle ne lui permet encore, en apparence, que de franchir les portes des lieux où se réunissent les initiés européens qui décident.

* *
*

Aux premières loges dans l'ombre de son patron, Jacques-René Rabier ne l'est toutefois que dans le périmètre luxembourgeois et, le temps des sessions parlementaires, à Strasbourg. Fidèle à lui-même, Monnet reste une « tête chercheuse » au service de la cause européenne, et il se garde bien d'impliquer activement ses « soldats » de la place de Metz si les démarches qu'il multiplie ne sont pas directement liées à la mission directe de la Haute Autorité.

Ainsi, si Monnet s'active auprès de son ancien complice – à Varsovie, à Londres, à Alger – René Pleven afin que mûrisse ce qui deviendra le projet de Communauté européenne de défense, Rabier n'est pas mêlé à ses contacts parisiens. Tout au plus est-il « au courant », comme toutes les chevilles ouvrières de la Haute Autorité, des grandes lignes de ce projet qui est le prolongement naturel du grand-œuvre entrepris, que ce soit sur le plan politique – « il apparaît tout naturel que des Pays qui sont sur le point de s'unir ne disposent plus d'armées séparées »[51], écrit-il avec son complice Berthoin en novembre 1953 – ou sur le plan, bien moins polémique encore, de l'économie puisque « charbon, minerai, acier et fabrications militaires représentent environ 35 % de la production globale des six pays de la Communauté »[52].

Une fois encore, Monnet prouve, par son action dans la genèse de la Communauté européenne de défense, qu'il excelle dans l'art de profiter des opportunités que l'histoire lui présente. Jusqu'alors, il ne s'était pas ouvertement préoccupé de la partition de l'Europe en deux blocs et, même s'il était « très affecté par les événements d'Europe centrale »[53] où s'abattait le joug soviétique, cet homme qui « se donnait une tâche à la fois, à poursuivre avec opiniâtreté, (…) écartait, sinon de son champ de perception et de réflexion (…), du moins des discussions courantes avec ses collaborateurs, tout ce qui était en dehors de l'axe de ses pensées et de ses occupations du moment »[54]. Mais voilà, les problèmes Est-Ouest font alors « une irruption violente dans l'horizon politique de l'Europe »[55] avec, entre autres, une demande américaine pressante que soit recréée une armée allemande, ce qui ne manque pas de

---

50 *Ibid.*

51 J.B. Berbier-Rathoin, « Vues sur la Communauté européenne du Charbon et de l'Acier », dans la revue mensuelle internationale *Synthèses*, novembre 1953, n° 90.

52 *Ibid.*

53 Entretien de Jacques-René Rabier avec Antoine Marès, 1er octobre 1981.

54 *Ibid.*

55 *Ibid.*

susciter des objections en France. Monnet s'engouffre aussitôt dans la brèche et, dans l'ombre, manie à nouveau avec succès « l'art de présenter le bon projet à l'homme ou à l'équipe en position de décider ce qu'il considérait à un moment donné comme un bon projet, un projet permettant d'avancer vers ses objectifs »[56]. Le projet de traité de René Pleven est approuvé par les six pays fondateurs, assorti – à la demande de l'Italie chaudement appuyée par Monnet – d'un projet de Communauté politique européenne.

Seulement, « il est parfois dangereux d'avoir raison trop tôt ». Si la ratification ne pose pas trop de problèmes chez les cinq partenaires de la France, il n'en va pas de même à Paris où le petit monde politique se déchire. À la toute fin de l'après-midi du 30 août 1954, au moment où l'Assemblée nationale doit procéder au vote de ratification, Rabier est avec quelques amis à attendre aux côtés de Monnet dans l'appartement que celui-ci occupe avenue Foch. Lorsque le téléphone sonne, c'est la douche froide : par 319 voix contre 264, le projet de traité vient d'être rejeté ! Les figures se décomposent…

La déconvenue est douloureuse, mais la surprise n'est pas totale. Après tout, les proches de Monnet savaient que plusieurs facteurs politiques se conjuguaient pour faire le lit d'une première crise majeure dans le cadre de l'Europe communautaire balbutiante. Sans même parler du contexte international avec des Britanniques réticents, des Américains dubitatifs et des Russes résolument hostiles, la classe politique était à l'évidence, en France, taraudée par le doute au mieux, la défiance le plus souvent, l'aversion étant même la règle chez certains. Ainsi, rien n'était, bien sûr, à attendre des communistes qui regardaient Moscou avec les yeux d'une Marianne énamourée. Et que fallait-il attendre des gaullistes dont le mentor s'était gaussé avec sarcasme, quelques mois plus tôt à peine, du « "méli-mélo" de charbon et d'acier » qu'était, à ses yeux, la Communauté pionnière ? En réalité, tout dépendait de Pierre Mendès France : que le président du Conseil engage la responsabilité de son gouvernement, et les perspectives d'un « oui » victorieux eussent grandi. Il ne le fit pas. Pourquoi ? Parce que la débâcle en Indochine et les tensions qui enflent en Tunisie et en Algérie lui paraissent alors prioritaires. En outre, son « rapport avec Monnet était assez complexe » et « on ne peut pas dire que c'était un Européen à la Monnet ». Tous les éléments de la dérobade sont ainsi réunis, ainsi que le confirmera avec délicatesse Jean Monnet par la suite : « L'homme qui apparut alors comme celui du destin n'était pas prêt à affronter et régler plusieurs problèmes à la fois. Dans la priorité qu'il choisit, ou que les événements lui imposèrent, l'Europe ne figurait pas »[57]. D'autres, par la suite, auront la rancune nettement plus acerbe, comme en témoigne cette anecdote contée avec délice par Jacques-René Rabier : « Un jour, René Mayer, devenu le successeur de Jean Monnet, me raconte une petite histoire juive : "Au début,

---

56 Entretien de Jacques-René Rabier avec le Pr. Gérard Bossuat, *Jean Monnet Oral Project, Chaires Jean Monnet d'histoire – Histoire des débuts de la construction européenne – Interview des décideurs de l'unité européenne – Programme français*, juin 1998.

57 Jean Monnet, *Mémoires*, Fayard, 1976.

il y avait Yahvé. Puis, loin derrière, il y avait Rothschild" – il avait travaillé chez Rothschild. "Puis, loin derrière, il y avait René Mayer. Et puis, looooin derrière, il y avait ce sale petit juif de Mendès France" »…

Le soir du 30 août 1954, dans l'appartement de l'avenue Foch, Monnet ressent le refus de la CED « comme un échec personnel » et se montre « très affecté » devant son carré de fidèles :

> Il a été affecté, non pas parce que c'était une initiative personnelle, mais parce que le rejet de la CED lui apparaissait comme un danger pour l'Europe et donc pour la France. Pour lui, la recréation d'une armée allemande non intégrée à un ensemble militaire et politique lui paraissait être une menace pour l'équilibre des forces en Europe. À la fois vis-à-vis de l'Est et des États-Unis. Car pour lui – qui n'a jamais été neutraliste – (…) une CED (…) était le passage forcé pour rendre à l'Europe une autonomie et une dignité entre le bloc de l'Est, considéré comme menaçant, et les États-Unis (…), compte tenu de leur puissance dans les affaires mondiales[58].

Jean Monnet est-il abattu, défait, pour autant ? Non, « contrarié, certes, mais pas abattu »[59]. En substance, se souvient Rabier, il lance à ses compagnons : « Bien oui, c'est triste. Nous avons été trop vite trop loin. Il faudra faire autre chose ». Un souvenir corroboré par Delouvrier qui déjeune le lendemain avec « l'Inspirateur » :

> J'arrive fatigué et triste. Monnet s'en rend compte et me dit : « C'est l'échec de la CED qui vous rend ainsi ? Vous avez tort. La CED était une mauvaise affaire ». Je bondis : « Monsieur, comment pouvez-vous dire cela, vous qui avez fait travailler tant de gens et embarqué tant d'hommes politiques pour faire voter la CED ? » Monnet me répond tranquillement : « La CED était une mauvaise affaire : la preuve, c'est qu'elle a échoué »[60].

D'emblée, la Communauté européenne de défense tuée dans l'œuf ne s'apparente plus, pour Monnet, qu'à « un échec qui préparait une étape suivante ». Sur le plan personnel, cette déconvenue si vite maîtrisée va toutefois l'amener à bouleverser sa trajectoire de manière radicale. À ses yeux, « la Haute Autorité était sur les rails et il était impossible de remettre en cause la Communauté », mais bien de « remettre en cause le processus dans la mesure où celle-ci prétendait être une avant-garde ». Or, son souci reste alors plus que jamais, « d'aller au-delà » :

---

58 Entretien de Jacques-René Rabier avec Antoine Marès, 1er octobre 1981.

59 Entretien de Jacques-René Rabier avec le Pr. Gérard Bossuat, *Jean Monnet Oral Project, Chaires Jean Monnet d'histoire – Histoire des débuts de la construction européenne – Interview des décideurs de l'unité européenne – Programme français*, juin 1998.

60 Paul Delouvrier, « Jean Monnet, l'homme, sa méthode », dans *Le Rotarien*, septembre 1989, cité dans « Jean Monnet et Paul Delouvrier : histoire d'une collaboration », article reprenant une conférence de M. Giacone à la Maison de Jean Monnet (9 octobre 2002), publié par l'Association Jean Monnet et l'Institut Paul Delouvrier en mai 2004.

Son idée depuis 1943, c'était tout de même, quel que soit le sens qu'il pouvait donner à ces mots, une fédération européenne. Monnet n'était pas un juriste, moins encore un politologue. Lorsqu'il prononçait le mot « fédération », il pensait aux États-Unis, à la Suisse, au Canada, mais il n'avait pas un plan en poche, seulement cette idée qu'il fallait partir du charbon et de l'acier et faire en sorte que nos six États et ceux qui voudraient s'y joindre – il pensait notamment aux Britanniques – aillent beaucoup plus loin et créent des institutions communes qui puissent mener l'Europe comme les États-Unis sont menés, les pays ayant à renoncer non pas à leur culture, bien entendu, mais à une partie de leur souveraineté…

La présidence de la Haute Autorité est-elle la position idéale pour mener ce combat fédéraliste, pour poursuivre cette quête fédéraliste aux contours juridique et institutionnel aussi flous dans son esprit qu'elle y est chevillée ? La question le déchire. En novembre, il décide de ne pas demander le renouvellement de son mandat qui arrive à échéance le 10 février 1955. Le Service juridique de la Haute Autorité lui ayant rappelé, en la personne de Michel Gaudet, que le traité lui interdisait de quitter son poste avant que son successeur ne soit connu, il hésite à nouveau, se ravise en mai lorsqu'il indique qu'il serait prêt à accepter un nouveau mandat… Confuse, chaotique même, la période plonge ses troupes dans un abîme de perplexité difficile à supporter :

> (…) il y a eu une série de rendez-vous entre nous et Monnet, entre Strasbourg et Luxembourg, où Monnet nous disait tantôt qu'il partait pour donner sa démission, tantôt qu'il venait pour la reprendre. Cela a été douloureux ; comme il mêlait nécessairement sa femme à toutes ses décisions importantes, il y avait aussi un peu de passion italienne qui s'y mêlait. Et elle hésitait aussi ; elle n'était pas contre l'idée qu'il démissionne, mais elle était agacée qu'on puisse mettre en question la position de son mari. S'il partait, c'était de lui-même, et pas sous la pression gouvernementale française. Et puis, comme toujours chez Monnet – nous étions énervés par toutes ces hésitations –, il cherchait le moyen de continuer l'Europe et se posait la question : est-ce que je n'y contribuerais pas plus si je quittais le poste de président de la Haute Autorité et si je bâtissais quelque chose ?[61]

Finalement, le gouvernement français que préside Edgar Faure perce l'abcès : Monnet ne sera pas son candidat. En juin, il quitte la place de Metz définitivement, laissant sa place à René Mayer qu'il avait connu à Alger au sein du Comité français de libération nationale. Une page se tourne : la Haute Autorité en revient à « sa fonction essentielle, gérer le charbon et l'acier », et « la tête chercheuse de Monnet s'en va poursuivre ailleurs son combat européen puisqu'il crée alors le Comité d'action pour les États-Unis d'Europe », organisme pleinement privé qui, réunissant des politiques et syndicalistes, sur lequel il prend appui « pour faire avancer la machine » en pesant autant que

61 Entretien accordé par Paul Delouvrier à Antoine Marès, FJM, Fonds d'histoire orale, cité dans « Jean Monnet et Paul Delouvrier : histoire d'une collaboration », article reprenant une conférence de M. Giacone à la Maison de Jean Monnet (9 octobre 2002), publié par l'Association Jean Monnet et l'Institut Paul Delouvrier en mai 2004.

faire se peut sur les gouvernements. Les prochains traités de Rome porteront encore un peu la marque « Monnet », de manière directe par les contacts qu'il nourrit notamment avec Paul-Henri Spaak, de manière indirecte par l'apport de membres de son ancienne « garde rapprochée » – Uri, Delouvrier, Michel Gaudet… – à leur rédaction et à leur négociation.

De ces nouveaux et ultimes combats, Jacques-René Rabier n'est plus : au contraire d'un Max Kohnstamm ou de Jacques Van Helmont, « le directeur est resté à la Communauté européenne du charbon et de l'acier parce qu'il était conscient, quelle que soit l'estime qu'il avait pour Jean Monnet, que son "job" de fonctionnaire militant, c'était de rester au service de la Haute Autorité » et, partant, de l'Europe réelle et tangible. L'élève, en quelque sorte, est devenu plus « monnetiste » que Monnet. Il suit pourtant de loin les travaux du Comité et d'aventure, lorsque l'occasion se présente à Paris, il s'en va saluer ce « maître » avec lequel il conservera jusqu'à son décès à l'âge de nonante ans, le 16 mars 1979, « des relations de déférence et d'amitié »[62].

Lors de « l'opération octante » organisée par ses enfants, Jacques-René a ainsi rappelé qu'il était présent chez Jean Monnet lors de son quatre-vingtième anniversaire et que « l'Inspirateur » l'avait alors une dernière fois surpris, et à deux reprises. D'abord, il avait expliqué que « le secret de la sérénité, cette sorte de paix de l'âme qui survient ou que l'on peut souhaiter au soir de sa vie, c'est de ne pas se prendre trop au sérieux, même quand on s'efforce de conduire avec sérieux les affaires qui en valent la peine ». Et de préciser tout aussitôt, les yeux emplis de malice : « Ma femme et mes enfants m'ont heureusement empêché de me prendre trop au sérieux ». Ensuite, il avait indiqué en souriant : « Je crois que je mourrai avec mon tablier », avant d'expliquer à ses amis quelque peu décontenancés « que c'était les paroles d'un charcutier de Cognac, sa ville natale, qui, comme tous les charcutiers, portait un tablier et exprimait son intention de travailler jusqu'au bout, avec son tablier »…

Depuis, Jacques-René fait sienne « cette recette de sérénité ». Quant au tablier, l'idée lui est-elle venue un jour de lui faire des infidélités ?

---

62 *Conshist.Com*, « Histoire interne de la Commission européenne 1958–1973 », entretien accordé par Jacques-René Rabier à Yves Conrad et Julie Cailleau, Bruxelles, 8 janvier 2004.

Jacques-René Rabier au début des années 1960

Jacques-René Rabier aux côtés de Jean Monnet
au temps de la Haute Autorité de la
Communauté européenne du charbon et de l'acier

Jacques-René Rabier avec Jean Monnet et Walter Hallstein

Jacques-René Rabier accueille Dom Helder Camara
à la Commission le 21 mai 1970

Jacques-René Rabier remercie le président du Sénat Alain Poher qui, le 13 mai 1985, vient de lui remettre, ainsi qu'à Paul Collowald, la Croix de Chevalier de la Légion d'honneur

Archives personnelles de Paul Collowald

Jacques-René Rabier et Paul Collowald

Archives personnelles de Paul Collowald

Jacques-René Rabier et son épouse Anne-Marie en 1993

Archives personnelles de la famille Rabier

Présentation de la biographie de Fernand Herman dans la collection « Mémoires d'Europe » en 2014

De gauche à droite :
Domenico Rossetti (Mouvement fédéraliste européen),
Jacques-René Rabier, Paul Collowald,
l'auteure Françoise Jurion-de Waha et Gabriel Fragnière,
président de l'Association Mémoires d'Europe

Jacques-René Rabier et son petit-fils Santiago, 1994

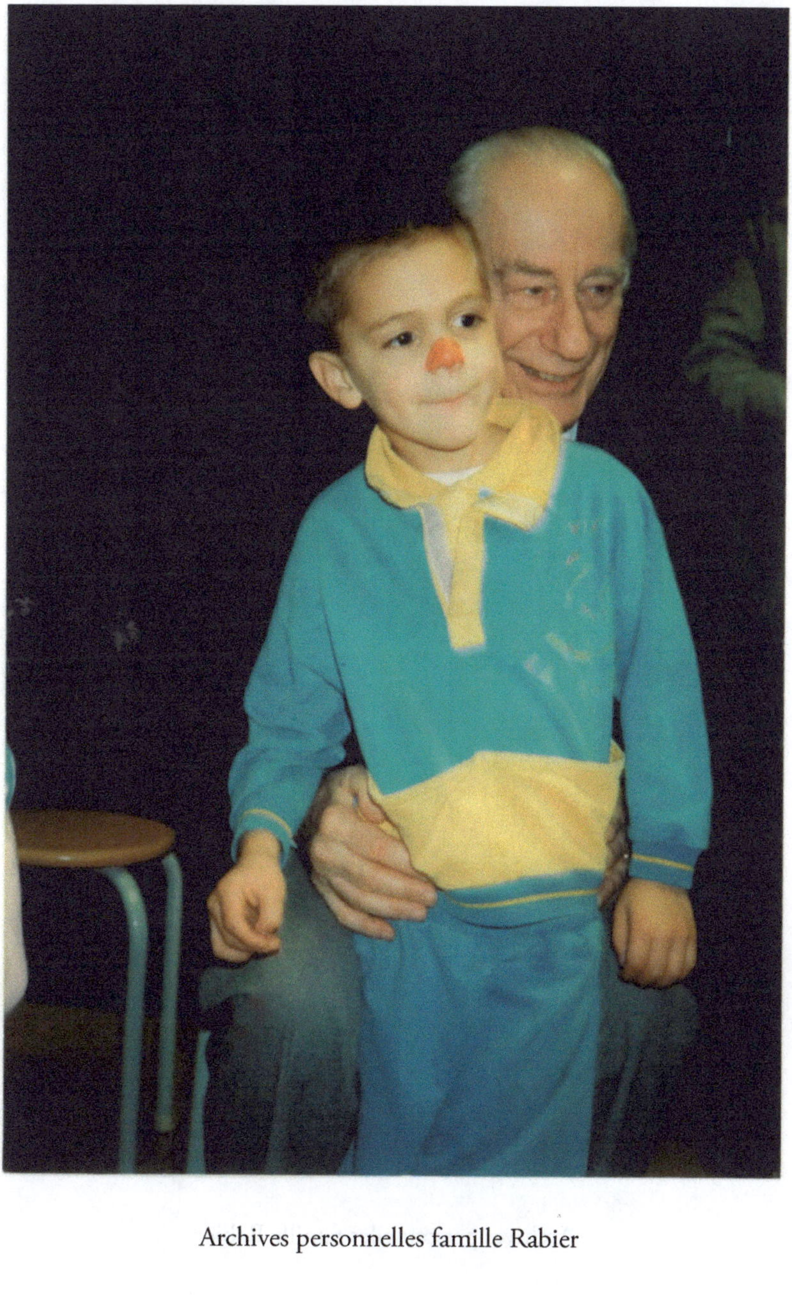

Archives personnelles famille Rabier

Le 29 août 2009, Jacques-René Rabier fête ses 90 ans, entouré de toute sa famille

Archives personnelles famille Rabier

Jacques-René Rabier avec son arrière-petite-fille
Victoria, en 2015

Archives personnelles famille Rabier

Chapitre V

Le fonctionnaire militant

– Vous êtes classé comment, vous, Rabier ?
– Mais, Monsieur, je suis chargé de mission…
– Comment, vous n'avez pas un grade ? Vous auriez dû me le dire…
– Monsieur, vous aviez suffisamment de choses à faire !

Jacques-René Rabier n'a jamais été un carriériste. Sa dernière réplique à Monnet lorsque celui-ci s'apprête à quitter la Haute Autorité montre, par contre, que le Montmartrois, chez lui, ne rendra jamais les armes, le panache d'un « titi » ayant, à ses yeux, beaucoup plus de saveur, donc de prix, qu'une promotion administrative.

Chez le successeur de Monnet à la présidence de la Haute Autorité, il continue de partager avec Georges Berthoin les fonctions de directeur de Cabinet, même s'ils en perdent formellement le titre. Qu'importe puisque la tâche reste passionnante et qu'il peut continuer à concilier « liberté et responsabilité » au service d'une grande cause. Rien ne change donc, si ce n'est que René Mayer n'est pas Monnet. Avec cet ancien banquier ayant opté pour la politique jusqu'à devenir ministre après avoir été, lui aussi, du Comité de Gaulle à Alger, Jacques-René découvre « quelqu'un d'intelligent, d'avenant, de compétent », un fin politique « au sens traditionnel de la Quatrième République »[1], un « animal politique »[2] qui lui confiera bientôt goûter l'atmosphère du milieu européen de Luxembourg où « il n'y a pas un adversaire caché derrière chaque colonne » comme à l'Assemblée nationale. Entre les deux se nouent des relations « extrêmement courtoises », mais « il n'y avait pas entre lui et moi cette espèce de lien affectif que j'avais, depuis 1946, avec Jean Monnet »[3]. Pourquoi ? Parce que, tout simplement, « les hommes peuvent se succéder, ils ne se remplacent pas »[4]. Or, à ses yeux, Mayer n'a pas « le charisme de Jean Monnet »[5] et, s'il a d'autres qualités évidentes, il n'est « pas sûr qu'il aurait tout sacrifié pour un projet »[6], pas même pour une construction euro-

---

1 Entretien de Jacques-René Rabier avec le Pr. Gérard Bossuat, « *Jean Monnet Oral Project, Chaires Jean Monnet d'histoire – Histoire des débuts de la construction européenne – Interview des décideurs de l'unité européenne – Programme français* », juin 1998.

2 *Ibid.*

3 *Ibid.*

4 *Ibid.*

5 *Ibid.*

6 *Ibid.*

péenne qui « n'était probablement pas la grande passion de sa vie »[7]. Du coup, la relation entre Mayer et Rabier sera courtoise, mais sans passion elle aussi. Jacques-René sera davantage conquis par celui qui succédera à Mayer deux ans plus tard à peine, le syndicaliste belge Paul Finet qui avait été coopté par la Haute Autorité aux côtés des membres désignés par chaque pays. Sans doute cet homme « charmant, très soucieux des intérêts des travailleurs », qui « a beaucoup contribué à amener les syndicats dans la discussion charbon-acier », entrait-il en résonnance avec la fibre sociale du personnaliste et du planiste…

* *
*

Est-ce à dire que, lors du départ de Monnet au milieu des années 1950, Rabier se coule dans le moule du bureaucrate qui s'engonce au fil des semaines dans la routine administrative ? Non. D'abord parce qu'il est fait d'un bois qui le lui interdirait. Ensuite parce que Monnet, depuis plus de deux ans, lui a donné un os à ronger. Rappelez-vous, le rapport mensuel d'information… C'était en l'occurrence, pour notre homme, l'occasion qui avait déjà fait le larron ! La preuve, c'est que Monnet n'hésitera pas, après l'échange qui ouvre ce chapitre, à commettre un… faux temporel pour réparer les conséquences de son peu d'intérêt pour les questions administratives. Il signe ainsi prétendument le… 4 février 1955 la lettre… d'engagement de Rabier par la Haute Autorité « à compter du 1er janvier 1953 pour une période qui expirera le 31 décembre 1954 », document qui, ainsi qu'en témoignent des ratures, aurait dû être signé déjà – mais seulement… – le 30 décembre 1954. L'entourloupe ferait aujourd'hui frémir tout commissaire ou haut fonctionnaire européen ; à l'époque, elle témoigne seulement, avec retard, de l'estime que Jean Monnet porte à un collaborateur qui, pour les services qu'il rend à la Haute Autorité, mérite de pouvoir être – enfin – classé comme il le mérite, avec bientôt rang de directeur…

C'est que Jacques-René a accompli du chemin depuis que Monnet lui a demandé, deux ans plus tôt, de se charger de la rédaction du Rapport annuel, mais aussi d'un Rapport mensuel qui permette aux membres des institutions européennes – parlementaires, délégués du Comité consultatif, diplomates et représentants des États membres – de savoir « ce que faisait la Haute Autorité ». Cette seule mission lui vaut le privilège d'assister à toutes les réunions du Collège – « si l'on ne veut pas vous voir, on vous le dira ! », lui a signifié Monnet –, d'avoir des contacts permanents avec les cabinets des autres membres de la Haute Autorité et de nouer des contacts très réguliers avec les divisions dont ils assument la responsabilité :

> La tâche importante, Monnet y tenait beaucoup, c'était que je me tienne au courant de ce qui se passait dans les divisions économiques et techniques (…). Monnet voyait beaucoup lui-même les responsables des unités : division éco-

---

[7] *Ibid.*

nomique, avec Pierre Uri, divisions techniques. Il voyait souvent les chefs de division, mais il voulait que, dans le détail, je sois au courant de ce qui se faisait pour préparer, puis pour faire fonctionner les marchés communs du charbon et de l'acier, et que je sois capable de l'expliquer dans un langage non technocratique[8].

Sa mission est donc de décoder « constamment le langage » de ses collègues et amis économistes et techniciens, ce qui, « avec les notes de Pierre Uri, (...) n'était pas toujours facile »[9] – mais voilà, Rabier sait y faire depuis le Commissariat général du Plan, sachant que ses écrits doivent passer impérativement le cap des impitoyables censeurs que sont la femme et le chauffeur de Monnet...

Toutefois, sa mission ne s'arrête pas là ! Pour Monnet, la transparence ne peut être un principe circonscrit aux seuls initiés de la construction européenne : ce sont tous les citoyens des six pays fondateurs de la Communauté qui doivent être mis au courant des activités menées et des décisions prises par la Haute Autorité ! Par conséquent, puisque Jacques-René Rabier assiste aux travaux hebdomadaires du Collège en vue de rédiger le Rapport mensuel, il lui a aussi demandé d'organiser le lendemain, soit le jeudi, « une petite conférence de presse pour les journalistes » afin de les informer de la teneur des décisions adoptées. Ainsi naît, très vite en 1953, l'embryon d'un service de presse autour d'un littéraire couvé par son père et affiné par son « patron ».

Ce « patron », en l'occurrence, n'est nullement « l'homme du secret », voire du complot, que d'aucuns prétendront. En réalité, tout au contraire, « cet homme que l'on disait de cabinet était extrêmement préoccupé de la communication avec les citoyens »[10], lui « qui avait pris l'habitude, aux États-Unis, d'expliquer les affaires à la presse, non seulement au moment où il souhaitait qu'elles fussent rendues publiques, mais même avant, pour préparer la façon dont les choses seraient rendues publiques »[11]. En tout cas, dès le Commissariat général du Plan, Monnet aime à s'entourer de journalistes – du moins ceux qui conjuguent influence et talent, par exemple un Beuve-Méry, fondateur du *Monde*. S'agissait-il de séduire afin de s'attacher les bonnes grâces des quelques titres qui comptent ? Un peu, sans doute, mais pas uniquement :

– (...) Monnet aimait voir en particulier un journaliste, pas seulement dans le but pratique d'en faire un confident, de préparer le meilleur accueil d'une information (...), mais parce qu'il pensait que le journaliste n'était pas uniquement un destinataire d'information, mais un interlocuteur, quelqu'un qui pouvait lui dire à l'avance : « Dans une telle affaire, le public ne comprendra pas. Il faudrait l'expliquer différemment. Pourquoi présentez-vous ceci de cette façon ? » Son entretien avec un journaliste, c'était en quelque sorte un banc d'essai de l'action

---

8 Entretien de Jacques-René Rabier avec le Pr. Gérard Bossuat, « *Jean Monnet Oral Project, Chaires Jean Monnet d'histoire – Histoire des débuts de la construction européenne – Interview des décideurs de l'unité européenne – Programme français* », juin 1998.

9 *Ibid.*

10 Entretien de Jacques-René Rabier avec Antoine Marès, 1er octobre 1981.

11 *Ibid.*

> et une préparation de l'accueil par le public. Il s'efforçait de parler d'une affaire à un ou deux journalistes, à un moment où elle était suffisamment mûre pour qu'il y ait quelque chose de précis à mettre sur la table, mais pas encore définitivement liée, pour que le journaliste puisse donner le point de vue de quelqu'un dont le métier est de communiquer avec le public. C'est un peu de la même façon qu'il travaillait avec les parlementaires, pris individuellement, pour avoir leur sentiment, leur réaction. Il écoutait toujours beaucoup les gens dont il savait qu'ils avaient un contact avec le public, les électeurs ou les lecteurs[12].

En somme, les journalistes que Monnet conviait à sa table jouaient le rôle informel qui a été endossé depuis, formellement, par les grands maîtres et stratèges de la communication, *spin doctors* et consorts. Il n'est pas sûr que la fiabilité de l'information des uns – les citoyens – et des autres – les décideurs – ait gagné dans l'évolution…

Ce qui est sûr, par contre, c'est que Monnet était bien « un homme du discret », du moins dans la période de gestation d'une décision de la Haute Autorité : « Tant qu'un truc était en préparation, on ne criait pas sur le toit : "On est en train de pondre un œuf". Mais quand l'affaire était mûre, Monnet aimait bien, d'abord recevoir des journalistes off the record pour expliquer ce qu'il était en train de faire, et ensuite, charger ses collaborateurs de s'exprimer devant la presse »[13]. En réalité, les choses ne sont pas si simples : Luxembourg n'est pas Paris, et Monnet y a perdu ses relais traditionnels dans la presse ; c'est une poignée de journalistes inconnus qu'il lui faut découvrir, alors que le terrain de l'information européenne, miné à la puissance six par les États impliqués et les intérêts économiques en jeu, s'invente et se crée de toutes pièces. Or, très vite, un journaliste italien venu installer une agence de presse spécialisée dans la capitale européenne au moment où Jacques-René Rabier s'y installait l'énerve. Le Génois Emmanuele Gazzo est alors aussi peu connu que l'Agence Europe ne l'est, mais ni l'un ni l'autre ne le resteront très longtemps dans le microcosme européen, au grand dam de Monnet dans un premier temps :

> – Gazzo avait l'art de faire parler tel ou tel membre de la Haute Autorité sur ce qu'il pensait avoir été décidé. Et quand il avait ainsi recueilli une parcelle d'information, il parlait aux autres membres et à Jean Monnet, en faisant semblant d'être au courant. Effectivement, il l'était un peu. Un jour, Monnet l'a convoqué, lui qui, ayant tout de même le sens de l'information, était parfois irrité de voir que certaines décisions qui n'étaient pas encore prises étaient déjà dans l'Agence Europe. Il lui a dit : « M. Gazzo, j'ai beaucoup d'estime pour vous, mais cela ne peut pas continuer comme cela. Je voudrais bien que le Conseil des ministres, les représentants nationaux, les membres du Comité consultatif et les parlementaires soient informés avant que vous rendiez public ». Et Gazzo lui a répondu : « Moi, je ne fais pas d'indiscrétions. Si vous me donnez les informations off the record avant tout le monde, je saurai me tenir, en bon journaliste, à la règle du *off the record* ».

12 *Ibid.*

13 *Conshist.Com*, « Histoire interne de la Commission européenne 1958–1973 », entretien accordé par Jacques-René Rabier à Yves Conrad et Julie Cailleau, Bruxelles, 8 janvier 2004.

Le marché fut évidemment conclu, et tenu, Monnet étant soulagé de pouvoir ainsi renouer, loin de Paris, avec ses pratiques traditionnelles et Gazzo heureux de devenir un confident privilégié et respectueux de la parole donnée – même si les « Europe croit savoir que… » suivis du conditionnel allaient beaucoup fleurir dans les années à venir, ce qui lui vaudra de hisser très rapidement, dans le monde des institutions communautaires, son Agence, inconnue du grand public, au rang de véritable « bible » de l'information européenne.

En attendant, les débuts de l'ébauche de service de presse de la Haute Autorité sont minimalistes, tant en termes d'officiants que de clients. En ces temps héroïques, la Communauté européenne du charbon et de l'acier mobilise peu les journalistes, hormis les Luxembourgeois qui, outre le fait de bénéficier d'une rente de situation du fait du choix de Luxembourg comme première capitale européenne, vivent au rythme de l'Arbed, cette grande entreprise sidérurgique qui est alors un acteur majeur de l'économie grand-ducale. Pour le reste, aux conférences de presse hebdomadaires, Rabier ne voit au mieux qu'une dizaine de têtes : le correspondant de l'Agence France Presse et son collège de la DPA allemande, celui aussi de l'agence économique allemande WD, l'inévitable Gazzo… Les grands médias de l'époque ? Absents ! Leurs journalistes se déplacent, au mieux, à l'occasion d'une réunion du Conseil des ministres que l'on sait devoir être importante. Le temps des journalistes « accrédités » auprès des institutions européennes – ils tournent désormais autour des mille à Bruxelles – n'est pas encore venu.

Du coup, les ressources humaines du service de presse qui naît au sein du Secrétariat de la Haute Autorité sont à l'avenant : faméliques ! Au départ, Rabier retrouve à ses côtés son ami François Fontaine qui, avant son passage au Commissariat général du Plan et l'exil au Grand-Duché, s'est déjà frotté au monde de l'information à travers l'agence Havas et une collaboration avec « Carrefour », une feuille publiée par le ministère français des Affaires étrangères. Cet homme de plume – qui rédigera un jour les *Mémoires* de Jean Monnet sous la dictée vigilante de celui-ci – et l'homme de communication en gestation que Rabier ne discerne pas encore en lui-même ne le savent pas, mais ils ne cesseront plus d'arpenter de conserve le terrain de l'information européenne qui s'ouvre, encore vierge, devant eux…

Très vite, trois éléments vont se conjuguer pour composer la boussole dont Jacques-René Rabier se servira pour tracer sa route. D'abord, il commence par être placé sous la tutelle administrative bienveillante du secrétaire de la Haute Autorité, le Néerlandais Max Kohnstamm. En réalité, cet historien de formation tout entier voué à la cause de Monnet – au point, d'ailleurs, qu'il n'hésitera pas à le suivre bientôt dans l'aventure parisienne du Comité pour les États-Unis d'Europe… – a suffisamment de chats à fouetter pour s'occuper avec assiduité des rapports mensuels et d'une politique d'information européenne après tout balbutiante. Il laisse donc administrativement la bride sur le cou au jeune Rabier – « mon indépendance administrative par rapport à Kohnstamm augmenta rapidement, sans que diminuèrent notre amitié et notre confiance mutuelle », devait-il témoigner en 2004 à l'occasion des 90 ans du Néerlandais – qui agit donc, dans les faits, sous l'autorité politique directe de Monnet, celui qui, au sein du Collège, attache le plus d'attention à l'information des différents publics cibles – parlementaires, journalistes… – et, à travers eux, de l'opinion publique. Sans doute le président de la Haute Autorité actera-t-il administrativement cette division du travail en chargeant bientôt l'un de ses collègues, l'Italien Enzo Giacchero, ancien résistant et mutilé de guerre, de superviser les activités d'information. Dans les faits, rien ne change : cet « Italien charmant » prendra à cœur les problèmes de l'information, mais Monnet conserve « une forte influence » sur ses collègues, en particulier dans un domaine qu'ils désertent volontiers, et rien ne change concrètement pour Rabier qui pourra donc continuer à dynamiser le service d'information naissant à sa mode – qui, déjà, est peut-être plus « monnetiste » que Monnet lui-même…

Ensuite, Monnet et Rabier ont la sagesse de comprendre d'emblée que l'Europe n'est pas (seulement) la France : l'information européenne, pour atteindre ses cibles, à savoir les citoyens des six États membres, ne peut être que respectueuse de la diversité linguistique et culturelle de l'ensemble. En clair, Monnet, Rabier et Fontaine sont Français, ce qui n'est pas une tare mais un constat qui les incite très vite à élargir la palette des talents et des nationalités. Tandis que François Fontaine est chargé des contacts avec la presse d'expression française, Rabier part en chasse de journalistes d'autres nationalités susceptibles de venir « européaniser » son équipe. Au fil des semaines, celle-ci s'étoffe : un Allemand, Muhlenbach, est choisi en accord avec le vice-président Etzel, un Italien, Tagliamonte, avec celui du commissaire Giacchero, un Néerlandais du nom de Renckens… Point de divas ou de plumes célèbres parmi ces recrutés, mais des hommes capables de nouer des contacts avec leurs ex-collègues dans leurs pays respectifs, d'ouvrir et de mener un dialogue dans la langue de « leur » presse afin que, petit à petit, l'information européenne générée dans le lointain Luxembourg prenne un visage – ou, du moins, une voix… – et trouve droit de cité dans les médias nationaux. C'est, en l'occurrence, une interminable quête de reconnaissance qu'entament ces journalistes défroqués qui ne savent pas encore qu'ils seront bientôt transformés en véritables… « missionnaires ».

Enfin, un troisième facteur s'avérera d'emblée décisif pour la manière dont Jacques-René Rabier va concevoir et progressivement élaborer une politique d'information européenne tout entière à bâtir. Alors que sont creusées les fondations de la Communauté naissante, le patronat concerné se donne les moyens de se tenir au courant en se dotant très vite de représentants et d'informateurs dans la capitale grand-ducale et dans celles des États membres : à travers chambres de commerce et associations en tout genre, les premiers « lobbies » européens voient le jour. Or, dans l'esprit de Jean Monnet, les secteurs de la sidérurgie et du charbon ne se réduisent pas, loin s'en faut, aux seuls maîtres des forges et charbonnages : il est impératif que les travailleurs soient, eux aussi, pleinement impliqués dans l'aventure européenne qui débute. Le problème, c'est que « les syndicats (...) étaient souvent partagés idéologiquement à l'époque et avaient des moyens inférieurs à ceux du patronat pour prendre conscience des enjeux et faire valoir leur point de vue »[14]. Du coup, le premier fonctionnaire européen que Jacques-René Rabier recrute pour son Service qui n'en est pas encore un est un... syndicaliste belge ! Joseph Moons, « un gars sympathique et astucieux », vient des syndicats chrétiens et reçoit évidemment « la bénédiction » de Finet et de Coppé qui, comme Belges, connaissent sa « grande honnêteté intellectuelle »[15], ses compétences et la qualité de ses contacts avec les élites syndicales. Tout au plus Coppé relèvera-t-il qu'il s'agit, en l'occurrence, d'un « flamand géographique, c'est-à-dire un flamand d'expression française », ce qui, définitivement, convaincra Jacques-René que « les histoires belges sont souvent très compliquées »...

Avec Joseph Moons, la politique d'information embryonnaire de la première Communauté prend ainsi, d'emblée, un tournant décisif pour la manière dont Jacques-René Rabier ne cessera plus de la concevoir : elle s'étend « très rapidement des milieux journalistiques aux milieux professionnels et notamment aux milieux syndicaux »[16]. En clair, cet épisode porte en germe la distinction entre un Service du Porte-parole dédié exclusivement à la presse et un Service d'information tourné vers les « milieux » européens, à l'instar du premier d'entre eux qui a été la cible syndicale. Et cette philosophie poussera très vite Rabier à adopter la posture du franc-tireur qui, tout au service de la cause d'une information européenne digne de ce nom, prend des initiatives, donc des risques. Ainsi, au départ, l'information syndicale ne vise que les organisations ayant idéologiquement accepté le principe du marché commun du charbon et de l'acier : la Confédération européenne des syndicats et la Confédération mondiale du travail, soit les syndicats qui, de tendance chrétienne ou socialiste, « ne se référaient pas à l'Internationale communiste »[17]. Quelques années plus tard, alors qu'il est toujours basé à Luxembourg, Rabier entend parler de Bruno Trentin, un communiste italien « ouvert » et actif au sein de la CGIL, ennemie idéologique de la construction européenne. Un beau jour de 1958 ou 1959, « sans demander l'autorisation de personne », il lui fait « officieusement » savoir par l'intermédiaire de son « missionnaire » à Rome que sa porte lui est ouverte. Le message sera reçu : « Il est venu, on a parlé, je lui ai expliqué ce que nous faisions et j'ai souligné mon espoir que son organisation comprendrait, le moment venu, que son propre combat avait

---

14 *Ibid.*

15 Gianfranco Giro, ancien directeur du Bureau d'information de la Commission en Italie, « Treize années au Service de l'information syndicale », dans *Naissance et développement de l'information européenne*, textes réunis par Felice Dassetto et Michel Dumoulin, P.I.E. Peter Lang, collection « Euroclio ».

16 *Conshist.Com*, « Histoire interne de la Commission européenne 1958–1973 », entretien accordé par Jacques-René Rabier à Yves Conrad et Julie Cailleau, Bruxelles, 8 janvier 2004.

17 Entretien de Jacques-René Rabier avec le Pr. Gérard Bossuat, « *Jean Monnet Oral Project, Chaires Jean Monnet d'histoire – Histoire des débuts de la construction européenne – Interview des décideurs de l'unité européenne – Programme français* », juin 1998.

aussi à se situer au niveau européen ». En clair, l'informateur institutionnel se mue, sans y être invité par sa hiérarchie et même carrément à l'insu de celle-ci, en lanceur de pont par-dessus l'abîme idéologique de l'époque, lui qui lance à son interlocuteur : « vous y viendrez parce que vous ne pouvez pas, dans votre propre stratégie de syndicats, ne pas y venir ; le patronat y est, vous devez y être »[18]. En l'occurrence, il a raison, même s'il lui faudra encore un peu patienter avant de pouvoir le vérifier car « cela ne dépendait pas seulement d'eux »[19]. Faut-il, dès lors, voir en Rabier un géniteur de ce qui deviendra l'actuelle Confédération européenne des syndicats ? « La question que vous soulevez me touche beaucoup », se borne-t-il à réagir cinquante ans plus tard, avec cette pudeur qu'il mâtine toujours de malice pétillant à l'œil…

* * *

Avec Monnet, on ne végète jamais longtemps dans les rêves ; seuls importent les faits, la réalité. Or, très rapidement, le constat s'impose : les médias ne sont pas sous le charme de l'Europe communautaire qui naît sous la forme du marché commun de l'acier et du charbon. Bien plus tard, Jacques Delors dira que personne ne peut tomber amoureux d'un marché ; l'équipe des pionniers en fait l'amère expérience dès cette époque. Monnet ne s'y résout pas, et Rabier pas davantage. Une philosophie de l'acte d'informer se forge donc dans l'adversité.

Cette philosophie procède de la constatation que la presse squelettique qui « couvre » les activités de la Haute Autorité est naturellement présente pour rendre compte des décisions qui seront ou sont prises, ou ne sont pas encore prises suite à un blocage politico-économique à décrypter, dans les secteurs du charbon et de l'acier. Normal ? Oui, raison pour laquelle le « porte-parole » Rabier s'emploie chaque jeudi, en conférence de presse, à « donner aussi honnêtement que possible le résultat technique des décisions prises par la Haute Autorité ». Mais c'est très frustrant aussi car l'arbre, dès lors, cache le plus souvent la forêt : en effet, « Monnet aimait répéter : "Nous ne sommes pas là uniquement pour gérer le charbon et l'acier, nous sommes là pour commencer l'unification de l'Europe", c'est-à-dire, en bref, pour dépasser les souverainetés nationales », pour être « le premier pas vers une union institutionnalisée des peuples de l'Europe ». En clair, « les news quotidiennes, hebdomadaires, mensuelles » communiquées aux journalistes étaient – et restent – indispensables, mais elles ne sont pas suffisantes si elles ne montrent pas aux citoyens « la finalité du quotidien »[20] au-delà des aspects techniques et, partant, rébarbatifs. L'état d'esprit du premier Collège est, dès lors, de permettre d'emblée à la petite équipe d'œuvrer afin que les « nouvelles charbon et acier » soient situées

18 *Ibid.*

19 *Ibid.*

20 *Conshist.Com*, « Histoire interne de la Commission européenne 1958–1973 », entretien accordé par Jacques-René Rabier à Yves Conrad et Julie Cailleau, Bruxelles, 8 janvier 2004.

« dans le contexte d'une Communauté européenne dont l'objectif allait bien au-delà – il suffit de voir la déclaration du 9 mai et le Traité de Paris pour s'en convaincre – d'une gestion technico-économico-sociale ». En clair, Rabier et ses acolytes se lancent dans le travail d'informer qui est à inventer sur la scène européenne avec le souci « de le faire aussi correctement que possible du point de vue technico-professionnel », mais en agissant aussi aussitôt avec « une espèce de passion citoyenne, une passion démocratique », afin que les citoyens puissent comprendre « que le rôle que six gouvernements avaient donné à la Haute Autorité en signant le Traité, c'était un rôle politique au-delà du contenu technico-économico-social qu'elle avait à gérer ».

Cette philosophie, Rabier n'en dérogera plus jamais, lui pour qui une politique d'information doit jouer sur trois tableaux : « les news, les valeurs et les symboles ». Cette philosophie lui vaudra très rapidement des tracas et une image grandissante de marginal incontrôlable au sein de son institution, en tout cas à partir du moment où celle-ci grandira en taille et en compétences…

Pour l'heure, tel n'est pas son souci. À ce moment, deux personnages cohabitent en lui : le « porte-parole » qui, au prix d'un travail acharné, maîtrise la partition technique de la mise en place progressive mais rapide des marchés communs du charbon et de l'acier, ce qui lui vaut le plaisir d'être respecté et apprécié par ses « clients », les journalistes présents à Luxembourg ; d'autre part, « l'informateur » européen qui, depuis son réduit grand-ducal, rumine sa déception de ne pas parvenir à trouver autant qu'il le voudrait – autant qu'il le faudrait… – l'oreille des citoyens des six États membres. Pour leur expliquer le grandiose dessein politique et civilisationnel dans lequel ils sont impliqués, la salle de presse de la Haute Autorité ne suffit pas : les journalistes qui la fréquentent veulent des faits, des décisions politico-techniques, des échéances précises pour les démantèlements tarifaires concrets, rien d'autre. En clair, à l'exception d'un Emanuele Gazzo qui s'affiche déjà fédéraliste européen et journaliste militant dans ses éditoriaux (mais dont l'agence ne touche qu'un public d'initiés), ceux qui cherchent à « dégager le sens de ce que nous faisions à Luxembourg » sont trop peu nombreux pour que le message passe comme il se devrait. Il faut donc frapper à d'autres portes, activer d'autres circuits…

Jean Monnet et Rabier pensent-ils avoir trouvé la solution lorsqu'ils commencent à recruter – comme chargés de mission, bien entendu – d'anciens journalistes des différentes nationalités, chargés de prendre contact avec les grandes rédactions de chacun de leurs pays, donc dans la langue « locale » ? Peut-être, mais l'illusion est de courte durée. Le contact téléphonique est souvent impersonnel et, même si les défroqués sont parfois envoyés en mission, « nous avons compris très vite que, pour que leur mission porte ses fruits, il fallait qu'ils fussent installés dans le pays qu'ils avaient à couvrir ». Dès 1954, les premiers bureaux de presse et d'information de la Haute Autorité – qui deviendront bien plus tard les Représentations de la Commission – sont ainsi créés dans différentes capitales. À Paris, le « missionnaire » a pour nom François Fontaine ; il s'installe avenue Georges V, puis bientôt rue des Belles

Feuilles où il animera « un extraordinaire foyer d'initiatives »[21] qui lui vaudront un jour, dans la France devenue gaulliste, quelques soucis – et presque autant à son « patron » caserné, lui, à Bruxelles… Pour le Bureau de Rome, Rabier innove : il choisit une femme, Mme Morino, ce qui n'est pas habituel en ces temps-là dans la fonction publique, fut-elle européenne. Simons Cohen est dépêché à La Haye et, à Bonn, c'est Mühlenbach qui crée le poste, lequel se doublera très vite, à la demande du gouvernement Adenauer, d'un office à Berlin-Ouest, ce qui « est apparu un beau choix » aux yeux des membres de la Haute Autorité « eu égard à l'importance de cette place en Europe, à la fois symbolique et politique »[22]. Point de bureau à Luxembourg, ce qui est compréhensible puisque le quartier général européen s'y trouve. Mais, plus surprenant, Bruxelles en est privé aussi, ce qui restera le cas jusqu'à la fin des années 1960 lorsque Jean Poorterman, longtemps porte-parole d'Euratom, y crée le poste grâce à la complicité agissante du – toujours – commissaire Albert Coppé. Pourquoi ce délaissement de Bruxelles, alors que Rabier s'apprête déjà, au milieu des années 1950, à créer des antennes à Londres et à Washington ? Mystère ! Plutôt que de s'en plaindre, les Belges auront l'occasion de se consoler un jour en devenant à leur tour un des « lieux de travail », le principal même, des institutions européennes…

Les missionnaires s'en vont donc prêcher la « bonne parole », celle de la nouvelle Europe en gestation. Sont-ils dès lors, sans le savoir, les héritiers sans soutane des propagandistes de la foi chrétienne qui s'en étaient allés évangéliser le monde dans le sillage des conquistadors et autres bâtisseurs d'empires coloniaux des pays européens ? Rabier s'en défend avec une sourde indignation, lui pour qui il s'est toujours agi non point de convertir, mais seulement, « en dehors de tout esprit de propagande, de susciter le débat dans tous les milieux sur les activités de la Haute Autorité et, donc, sur les débuts de l'union de l'Europe, de l'union effective et institutionnalisée de l'Europe communautaire ». Et d'affirmer encore :

> Personnellement, et c'est ce que j'avais appris de Monnet, je n'ai jamais conçu la politique européenne d'information comme une politique de propagande. Expliquer, illustrer et défendre le point de vue de vos mandants et la finalité de la construction européenne, très bien, mais susciter un débat démocratique plutôt qu'une communication unilatérale[23].

En réalité, sa perception de l'information européenne – et, partant, du travail qui sera le sien par la suite… – est sans doute dès le départ peu ou prou influencée par son attachement à la mouvance *Esprit* et à la philosophie

21 Témoignage de Jacques-René Rabier lors d'une « commémoration amicale de François Fontaine », le 27 avril 2006 à Paris.

22 *Conshist.Com*, « Histoire interne de la Commission européenne 1958–1973 », entretien accordé par Jacques-René Rabier à Yves Conrad et Julie Cailleau, Bruxelles, 8 janvier 2004.

23 Entretien de Jacques-René Rabier avec le Pr. Gérard Bossuat, « *Jean Monnet Oral Project, Chaires Jean Monnet d'histoire – Histoire des débuts de la construction européenne – Interview des décideurs de l'unité européenne – Programme français* », juin 1998.

qui sous-tend son action : « Je crois que les citoyens ont droit à l'information. Je crois que c'est un droit de l'homme et de la femme, des citoyens et des citoyennes »[24]… Là est sa foi ! Il n'en fera point mystère lors d'une leçon qu'il donnera bientôt à l'Institut d'études européennes de l'Université libre de Bruxelles, y parlant de cité, de citoyens et de civisme :

> Le rapprochement de ces trois mots n'est pas seulement étymologique. Il n'est de cité sans citoyens, et l'attitude du citoyen envers sa cité est précisément le civisme. Non point l'attachement ou la fidélité à un gouvernement qui peut être éphémère. Non point le loyalisme envers un régime, qui n'est, après tout, que le respect des règles du jeu politique, dans une communauté donnée, à un moment donné. Mais l'acceptation lucide et consciente de l'appartenance à une communauté politique et, au plus haut degré, la participation à la défense et au progrès de cette communauté, située elle-même, non comme un absolu, mais comme un moyen irremplaçable pour chaque homme d'assumer sa condition, d'épanouir librement sa personnalité, parmi la multitude de ses semblables, en un moment donné de l'histoire de l'humanité[25].

Évidemment, cette foi demande, pour pouvoir être pleinement vécue, de déplacer des montagnes. Il s'échinera à le faire, avec obstination. Dans le monde institutionnel qui s'ébauche, cela lui vaudra non point le martyre mais bien, parfois, la posture du mystique dialoguant seul avec sa Vérité, et entraînant dans son combat une poignée de fidèles acquis à sa Cause. D'aucuns les assimileront bientôt à d'incontrôlables illuminés…

* *
*

Début 1958, les institutions créées par les Traités de Rome se mettent en place à Bruxelles. Le 31 janvier, une réunion est programmée à Luxembourg afin que les membres des trois exécutifs accordent leurs violons : celui, déjà patiné, de la Haute Autorité peut après tout donner utilement le « la » à ceux, tout neufs, de la Commission économique et de la Commission chargée de l'énergie atomique, en tout cas leur éviter quelques « couacs » propres aux néophytes. De manière tout à fait officieuse, le directeur du Service de presse et d'information de la Haute Autorité prend les devants : grâce à un certain Georges Rencki qu'il a connu par la Campagne européenne de la jeunesse et qui vient d'entrer au cabinet du futur « père » de la Politique agricole commune, il reçoit chez lui, en toute confidentialité, Sicco Mansholt, vice-président de la Commission Hallstein. Anecdotique ? Pas vraiment. Cette rencontre discrète prouve que Rabier a retenu la leçon de Monnet : une bataille importante se prépare minutieusement, et une victoire peut dépendre d'apar-

24 *Conshist.Com*, « Histoire interne de la Commission européenne 1958–1973 », entretien accordé par Jacques-René Rabier à Yves Conrad et Julie Cailleau, Bruxelles, 8 janvier 2004.

25 Jacques-René Rabier, « *L'information des Européens et l'intégration de l'Europe* », leçon donnée les 17 et 18 février 1965 devant l'Institut d'études européennes de l'Université libre de Bruxelles.

tés où s'instaure la confiance entre deux personnes... Pourtant, la confiance n'est pas un sésame magique, en particulier quand entrent en jeu des décideurs multiples et, pire encore, des institutions qui, par nature, sont peu sensibles aux sentiments et à la rationalité propre aux Hommes.

Le jour fatidique, ils sont plusieurs directeurs de la Haute Autorité à monter au front devant les trois Collèges réunis. Leur message est simple : il y a désormais trois Communautés européennes, mais il y a un projet européen, un seul ! Au nom du Service juridique de la Haute Autorité, l'Allemand Krawielicki et le Français Michel Gaudet lancent l'offensive et plaident pour que soit créé un Service juridique commun car, « s'il y avait trois traités, il y avait une seule Cour de justice et une unité de pensée et d'action ». Le raisonnement et la requête sont identiques dans le chef de l'éminent statisticien allemand Wagenführ : un Service commun de statistiques s'impose impérativement, tant il est vrai que « les statistiques du charbon et de l'acier, cela ne pouvait pas se séparer des statistiques agricoles ou sur les salaires, les heures de travail ou autres »[26]. La logique de leurs propos est imparable : les trois Communautés seront d'emblée dotées d'un Service juridique et d'un Service statistique – le futur Eurostat – communs.

Vient le tour de Rabier. Son plaidoyer ne diffère guère de celui de ses collègues : il explique à son tour que, « s'il y avait trois traités, il y avait une seule Communauté européenne en perspective et que la politique d'information ne pouvait pas se découper en tranches comme du salami ». En clair, si l'on n'y prenait garde, « le bon peuple risquait de se prendre les pieds » dans les trois traités et de ne pas voir qu'il « n'y avait qu'une seule Europe en voie d'intégration »[27]. Le propos, cette fois, est accueilli « avec de bonnes paroles » ; l'auditoire le reçoit « poliment » car il est composé de « personnes bien élevées »[28], mais à l'évidence, l'enthousiasme n'y est pas.

De fait, le Service commun de presse et d'information devra attendre plus de deux années supplémentaires, jusqu'au milieu de 1960, pour être institutionnellement accepté et installé. Entre-temps, Rabier aura à jouer à l'équilibriste entre les trois institutions, et le commis voyageur entre Luxembourg et Bruxelles. De longs mois de « purgatoire » pour un homme qui conserve de cette période l'intime conviction que, si elles sont dépourvues de cœur et de sentiments proprement humains, les institutions ne sont pas dépourvues d'ego : « Il y a des souverainetés institutionnelles », jugera-t-il plus tard, précisant que « les rivalités entre institutions sont au moins aussi fortes que les rivalités entre États membres ».

L'époque, il est vrai, s'y prêtait : chacune des nouvelles institutions avait à marquer son territoire, à baliser « son » terrain, l'ancienne avait à éviter que l'on empiète sur le sien en la vouant aux oubliettes de la jeune histoire

26 *Conshist.Com*, « Histoire interne de la Commission européenne 1958–1973 », entretien accordé par Jacques-René Rabier à Yves Conrad et Julie Cailleau, Bruxelles, 8 janvier 2004.

27 *Ibid.*

28 *Ibid.*

européenne. En cette époque-là, Rabier a trois belles-mères institutionnelles au caractère fort différent. D'un côté, l'homme « modeste » qu'est Walter Hallstein a « une vue ambitieuse (...) pour l'institution »[29] qu'il préside, cette Commission de la Communauté économique européenne qui, là où la première Communauté se voyait confinée au charbon et à l'acier « même si les finalités inspirées par Monnet étaient politiques »[30], a pour ambitieuse mission de bâtir un Marché commun englobant tous les secteurs économiques. Du coup, « Hallstein se voyait comme la tête chercheuse et le vecteur porteur de l'intégration européenne »[31], ce qui l'amenait à penser dans son for intérieur : « Le Marché commun, c'est l'avenir ! », conviction qui, bien entendu, se devait d'être relayée sur le plan de l'information. À l'inverse, la Commission Euratom cultive la discrétion sous Hirsch, le secret sous son successeur à la présidence, Chatenet : « Oui, c'est important, l'information, mais tout est secret chez nous ! », l'essentiel étant, dès lors, de communiquer un minimum afin de ne pas tomber dans l'oubli, mais en en disant le moins possible sur la substance : « l'atome, il ne faut pas y toucher, à moins d'être ingénieur »[32]. La troisième belle-mère de Rabier est celle qui le nourrit. Elle n'est pas plus commode que les autres, elle qui développe alors « un réflexe un peu de vieille fille (...), de fille aînée ». N'a-t-elle pas créé son service d'information dès 1953 ? Ne dispose-t-elle pas, par conséquent, d'une expérience et de compétences en la matière ? N'est-elle pas enfin la seule à bénéficier de ressources propres, ce qui veut dire de moyens budgétaires à investir à son gré dans une politique d'information, ce qu'elle ne se prive pas de rappeler ? Autant de bonnes (?) raisons qui amènent la Haute Autorité à se croire « quand même supérieure aux autres par nature »[33], à considérer un petit peu aussi les « nouvelles Communautés comme des parvenues »[34].

Le « soldat » Rabier se retrouve, dès lors, sous les feux croisés de ses commanditaires, représentés au sein d'un conseil d'administration qui chapeaute – et freine surtout – la mise en place d'un Service commun de presse et d'information à tout le moins très potentiel, tant il est vrai que « chacun voulait garder la haute main sur l'information relative à ses activités »[35] et, par conséquent, n'acceptait que « du bout des lèvres »[36] l'idée même de créer une structure au service de l'Europe plus que de chacune de ses institutions. Pendant deux

29 *Ibid.*

30 *Ibid.*

31 *Ibid.*

32 Entretien de Jacques-René Rabier avec le Pr. Gérard Bossuat, « *Jean Monnet Oral Project, Chaires Jean Monnet d'histoire – Histoire des débuts de la construction européenne – Interview des décideurs de l'unité européenne – Programme français* », juin 1998.

33 Entretien de Robert Pendville avec l'auteur.

34 *Conshist.Com*, « Histoire interne de la Commission européenne 1958–1973 », entretien accordé par Jacques-René Rabier à Yves Conrad et Julie Cailleau, Bruxelles, 8 janvier 2004.

35 Entretien de Jacques-René Rabier avec le Pr. Gérard Bossuat, « *Jean Monnet Oral Project, Chaires Jean Monnet d'histoire – Histoire des débuts de la construction européenne – Interview des décideurs de l'unité européenne – Programme français* », juin 1998.

36 *Ibid.*

longues années, le directeur de l'information de la Haute Autorité nage dans le flou et, pire, les courants contraires : il est aussi formellement responsable de l'information des deux autres Communautés, mais est pourtant un peu perçu par elles comme un corps étranger, un poil à gratter irritant. Sur le plan physique, le Luxembourgeois de résidence fait la navette entre les deux capitales : on lui aménage un bureau de liaison du côté de la Commission Hallstein. Il y vient chaque semaine, d'autant qu'il a la responsabilité du pavillon de la Ceca à l'Exposition internationale de Bruxelles. Mais il « règne » sur un désert.

Heureusement, il n'est pas tout à fait seul. Il compte même un allié de poids : l'Assemblée parlementaire européenne goûte peu ces états d'âme institutionnels qui condamnent l'Europe naissante au silence, ou presque. Un parlementaire démocrate-chrétien néerlandais, Wilhelmus J. Schuijt, prend tout particulièrement fait et cause pour Rabier et ses idées. Ainsi, le 10 juillet 1959, après avoir entendu les explications des représentants des trois institutions, il s'inquiète ouvertement, en session plénière, du retard pris pour constituer le Service commun de presse et d'information. Quelques mois plus tard, le rapporteur de la commission parlementaire des Affaires politiques et des Questions institutionnelles revient à la charge, déclarant en substance : « Cette comédie a assez duré. Mettez-vous d'accord, messieurs des exécutifs, et créez enfin ce service commun. Soyez responsables devant nous d'une politique d'information européenne »[37]. Toutes les personnes – déléguées par leur parlement national… – qui peuplent l'hémicycle strasbourgeois ne partagent évidemment pas son combat, mais il se trouve tout de même une majorité de parlementaires pour réaffirmer, le 24 novembre 1960, « l'importance capitale d'une politique efficace d'information de la Communauté européenne, en vue de favoriser la formation d'une opinion publique européenne consciente des grandes valeurs culturelles et matérielles de l'unification de l'Europe »[38].

Ce soutien parlementaire fut-il décisif ? En tout cas, c'est en 1960 que la situation finit par se débloquer, au prix d'un compromis qui permet à chacun de se donner les apparences de la victoire. Le 1er mars 1960, les présidents des trois exécutifs – Hallstein pour la Communauté économique européenne, Hirsch pour Euratom et Malvestiti pour la Haute Autorité de Luxembourg – annoncent la création d'un Service commun de presse et d'information et confirment en même temps l'existence d'un porte-parole propre à chacune des institutions. Le but de la division de travail est limpide : « le porte-parole porte la parole au nom de son exécutif, le Service d'information informe les citoyens, les institutions, les commissions parlementaires… »

37 *Conshist.Com*, « Histoire interne de la Commission européenne 1958–1973 », entretien accordé par Jacques-René Rabier à Yves Conrad et Julie Cailleau, Bruxelles, 8 janvier 2004.

38 Jean-Claude Clavel et Pierre Collet, « L'Europe au fil des jours. Les jeunes années de la construction européenne (1948–1978). Notes et Études documentaires. La Documentation française, 10 avril 1979 – Cité dans *Les origines de la politique d'information européenne (1953–1973)*, communication de Jacques-René Rabier au Séminaire du Pôle universitaire Jean Monnet – Luigi Einaudi (19–20 février 1999), Universita degli Studi di Roma « La Sapienza ».

D'emblée, le président Hallstein a voulu disposer d'un porte-parole : Stupnagel et Smoquina d'abord, puis Bino Olivi qui deviendra très vite « un porte-parole redoutable et redouté »[39] – même si le Titi de Montmartre ne peut s'empêcher d'observer que sa « responsabilité principale était de dire que Hallstein était un grand président – ce qui d'ailleurs était vrai – et que le Marché commun, c'était l'avenir, c'était porteur de l'Europe »[40]. Pour la Commission Euratom, c'est le Belge Jean Poorterman qui occupe la fonction, mais sa consigne est fort différente : « au moins on parle de nous, mieux cela vaut ! » À la Haute Autorité enfin, Rabier ne sera plus porte-parole : il cède le relais à Janz, qu'il avait engagé lors de la création du « service dit "des rapports", d'où est sortie l'information »[41]. En contrepartie, il devient le patron du Service commun d'information. Il quitte donc sa demeure de Luxembourg pour venir s'installer à Bruxelles à l'automne 1960.

La division du travail est claire sur le papier, et paraît justifiée. Chacun des porte-parole assiste aux réunions du Collège qu'il sert et en informe les journalistes accrédités, de manière hebdomadaire au départ. À ces personnes – qui ne sont alors qu'une poignée : le temps n'est pas encore venu d'un Groupe du porte-parole où chaque commissaire compte au moins un communicant, secondé par une kyrielle d'assistants – est confiée « la responsabilité événementielle de l'institution, les news, la conférence de presse chaque semaine, chargée de dire – et peut-être plus encore, dans certains cas, de ne pas dire – ce que l'exécutif avait décidé le mercredi »[42]. En clair, ils sont chargés « d'interpréter comme des notaires ce que fait l'exécutif ou ce qu'il ne fait pas, de répondre aux questions quotidiennes des journalistes »[43] qui ne sont encore, au départ à Bruxelles, pas plus de quelques dizaines.

Entre le Service commun et les porte-parole, le courant passe plutôt bien. Sans doute y a-t-il eu parfois quelques « tiraillements, des heurts de personnalités », mais « les acteurs étaient suffisamment intelligents de part et d'autre » pour éviter, à titre d'exemple, que ne s'instaure une forme de double langage. Il avait été établi que les porte-parole et le Service d'information coopéreraient, mais sans compromettre leur indépendance respective, ce qui s'avéra la règle même si, très vite, les fonctionnaires militants rassemblés autour de Jacques-René Rabier allaient être perçus comme des… « saltimbanques »[44].

---

39 *Conshist.Com*, « Histoire interne de la Commission européenne 1958–1973 », entretien accordé par Jacques-René Rabier à Yves Conrad et Julie Cailleau, Bruxelles, 8 janvier 2004.

40 *Ibid.*

41 *Ibid.*

42 *Ibid.*

43 Entretien de Jacques-René Rabier avec le Pr. Gérard Bossuat, « *Jean Monnet Oral Project, Chaires Jean Monnet d'histoire – Histoire des débuts de la construction européenne – Interview des décideurs de l'unité européenne – Programme français* », juin 1998.

44 *Conshist.Com*, « Histoire interne de la Commission européenne 1958–1973 », entretien accordé par Jacqueline Lastenouse-Bury à Michel Dumoulin et Julie Cailleau, Bruxelles, 21 janvier 2004.

C'est que dans les années 1958 et 1959, Rabier et ses amis ne sont pas restés inactifs. Sans doute sont-ils alors obligés de travailler dans des conditions bien loin d'être optimales. Alors que Rabier doit rendre des comptes à un conseil d'administration composé de membres des trois exécutifs, les moyens budgétaires qui lui sont alloués le sont « suivant des clefs plus ou moins rationnelles, de sorte que tel fonctionnaire de l'information était recruté par Euratom, tel autre par le Marché commun, etc. »[45], ce qui ne lui facilite évidemment pas la vie – et encore moins à son assistant chargé des chiffres, Robert Pendville, qui y gagne ses cheveux blancs. Le compromis du 1er mars 1960 simplifie les choses puisque le Service commun bénéficiera désormais d'un budget unique, alimenté par la Communauté économique européenne dont dépendront ses fonctionnaires.

À partir de là, Rabier peut « vraiment développer et mettre en œuvre une stratégie générale d'information » et « présenter aux citoyens et aux citoyennes, aux associations, aux corps constitués, la politique européenne comme un ensemble dont le charbon et l'acier, le Marché commun et l'Euratom étaient des aspects concordants ». Mais entre-temps, il avait déjà commencé à semer, et même beaucoup.

À la Haute Autorité, la première recrue de Rabier, le Belge Joseph Moons, n'a pas cessé de développer ses activités d'information vers les organisations syndicales des six pays membres, du moins celles qui ne relèvent pas de « l'Internationale communiste »[46]. En clair, ses clients sont alors les « milieux syndicaux et ouvriers (…) qui étaient et qui sont encore parfois en butte à certaine propagande hostile à l'intégration »[47]. Il poursuit de manière tout à fait normale ses activités dans l'intervalle des années 1958 à 1960 et c'est de manière tout aussi naturelle que l'Information syndicale devient une des huit divisions du Service de presse et d'information lorsque ce dernier voir concrètement le jour[48]. Moons y sera d'emblée rejoint par un Italien, Gianfranco Giro, qui, comme lui, a été syndicaliste. À l'évidence, Rabier aime s'entourer de personnes ayant « joué un rôle dans le domaine dont ils allaient s'occuper »[49], ce que la suite confirmera, très vite.

---

45 Entretien de Jacques-René Rabier avec le Pr. Gérard Bossuat, « *Jean Monnet Oral Project, Chaires Jean Monnet d'histoire – Histoire des débuts de la construction européenne – Interview des décideurs de l'unité européenne – Programme français* », juin 1998.

46 *Ibid.*

47 « L'information des Européens et l'intégration de l'Europe », leçons données par Jacques-René Rabier à l'Institut d'études européennes de l'Université libre de Bruxelles les 17 et 18 février 1965.

48 « (1) Affaires générales, (2) Information syndicale, (3) Information agricole, (4) Information Outre-Mer, (5) Information universitaire, (6) Foires et expositions, (7) Publications, (8) Radio Télévision Cinéma ». Cf. *La Construction européenne et les « Pays en Voie de Développement ». Politiques de Communication, Générosité et identité(s)*, thèse de doctorat en Anthropologie sociale de Natacha Nicaise, Université fédérale de Rio de Janeiro, 2007.

49 *Conshist.Com*, « Histoire interne de la Commission européenne 1958–1973 », entretien accordé par Jacqueline Lastenouse-Bury à Michel Dumoulin et Julie Cailleau, Bruxelles, 21 janvier 2004.

C'est que dans la même période de grand flou institutionnel, d'autres initiatives ont vu le jour. Ainsi, dès 1958, Jacques-René Rabier hérite d'une division « Information outre-mer ». Il en hérite car, dans ce cas-là, il n'y est absolument pour rien : c'est le commissaire Lemaignen, « lui-même ancien administrateur de la France d'outre-mer »[50], qui décide d'autorité de doter la direction « PTOM » (Pays et Territoires d'outre-mer), soit l'ancêtre de ce qui deviendra un jour la DG Dev (ou, en bon français, direction générale Développement) d'un service d'information. Administrativement, ce service est donc rattaché à la personne de Rabier et il aura à se conformer aux « grandes tendances de la politique d'information générale »[51] que celui-ci définit sous la responsabilité de son conseil d'administration. Il n'en demeure pas moins que cette jeune division bénéficiera d'une très large autonomie par rapport à sa « nourrice », ce que symbolise son hébergement au sein même de sa direction « mère ». C'est l'exception qui confirme la règle…

En attendant, Lemaignen a eu raison. La Politique d'Association et le Fonds européen de développement que la Commission économique européenne est chargée de mettre en œuvre sont une concession faite à la France. « Nous avons fait un gros effort – films, conférences, visites d'information… – pour sensibiliser les Européens qui n'étaient pas tous, comme les Français, familiarisés avec les problèmes des pays d'outre-mer. En Allemagne, il y avait un grand effort d'information à faire », se souvient Rabier. Pas seulement en Allemagne ou aux Pays-Bas où des dirigeants politiques ne sont pas loin de penser, comme les Britanniques, qu'il s'agit d'un simple prolongement « de la politique coloniale française qu'eux contestaient »[52]. Les intérêts divergents des six pays fondateurs sur les marchés tropicaux font le reste. Et, de fait, les opposants ont du grain à moudre : ce sont majoritairement, en effet, d'anciens administrateurs coloniaux français qui opèrent sur les terrains africains au nom de la Communauté économique européenne, ce qui ira même jusqu'à rendre « nécessaire la mise en place de véritables campagnes de légitimation de la Politique d'Association au sein de la Commission européenne »[53], tout particulièrement auprès des hauts fonctionnaires en charge des « transferts internationaux de produits agricoles »[54].

Mais il y a plus grave : même en France, les citoyens sont réticents ! C'est que, « à l'issue de la guerre, les populations européennes que mobilise la

---

50 *La Construction européenne et les « Pays en Voie de Développement ». Politiques de Communication, Générosité et identité(s)*, thèse de doctorat en Anthropologie sociale de Natacha Nicaise, Université fédérale de Rio de Janeiro, 2007.

51 *Ibid.*

52 Entretien avec Gabrielle Von Brockowski du 20/01/2006, dans *La Construction européenne et les « Pays en Voie de Développement »*, thèse de doctorat en Anthropologie sociale de Natacha Nicaise, Université fédérale de Rio de Janeiro, 2007.

53 *La Construction européenne et les « Pays en Voie de Développement ». Politiques de Communication, Générosité et identité(s)*, thèse de doctorat en Anthropologie sociale de Natacha Nicaise, Université fédérale de Rio de Janeiro, 2007.

54 *Ibid.*

reconstruction de leur propre pays semblent difficilement prêtes à accepter d'aider des populations étrangères à surmonter leur pauvreté »[55]. D'où le caractère indispensable d'une division chargée de montrer avec force que l'aide apportée à l'Afrique n'est pas versée dans « le tonneau des Danaïdes »[56], que « cet argent n'était pas gaspillé »[57].

En 1958, cette mission est confiée par Lemaignen à un… « colonial au sens non péjoratif du mot »[58], résume Jacques-René Rabier non sans malice. Sorti de l'École de la France d'outre-mer et « après avoir passé de nombreuses années "en brousse" »[59], Pierre Cros est le chef du bureau de presse du haut-commissaire français à Dakar lorsque le chef de cabinet de Lemaignen, ancien directeur général des Affaires économiques à… Dakar, lui propose le poste à Bruxelles. Il décline à chaud mais dit « oui » après réflexion. Le gouvernement français le détache pour trois ans ; il ne retombera jamais dans le giron français même s'il avoue, au début de cette aventure, n'être « pas spécialement intéressé par l'Europe »[60]. Ce n'est, explique-t-il en substance, que « sa grande connaissance de l'Afrique et son capital de relations dans le monde colonial français qui l'amènent à travailler pour la Commission européenne »[61]. Une fois encore, un personnage ayant joué un rôle dans le domaine dont il allait s'occuper rejoint donc l'équipe Rabier, même si, cette fois, celui-ci n'y est pour rien. Très vite, Pierre Cros est secondé par une assistante allemande, Gabrielle Von Brockowski. Économiste de formation et entrée à la Commission comme stagiaire, elle est engagée « en raison d'un intérêt spécifique pour le thème de la pauvreté et de sa volonté de contribuer à la rendre moins présente »[62]. Elle quittera la division Information outre-mer en 1973, trois ans avant son patron, pour devenir la représentante de la Commission dans plusieurs pays d'Afrique.

Entre-temps, que de boulot aura été abattu. Sur le front intérieur, dans les six pays fondateurs, cette petite équipe ultra-motivée s'emploie à justifier sans relâche la Politique d'Association et à convaincre « les leaders d'opinion –

---

55 Entretien avec Gabrielle Von Brockowski du 20/01/2006, dans *La Construction européenne et les « Pays en Voie de Développement »*, thèse de doctorat en Anthropologie sociale de Natacha Nicaise, Université fédérale de Rio de Janeiro, 2007.

56 Entretien avec Pierre Cros du 11/01/2006, dans *La Construction européenne et les « Pays en Voie de Développement »*, thèse de doctorat en Anthropologie sociale de Natacha Nicaise, Université fédérale de Rio de Janeiro, 2007.

57 *Ibid.*

58 *Conshist.Com*, « Histoire interne de la Commission européenne 1958–1973 », entretien accordé par Jacques-René Rabier à Yves Conrad et Julie Cailleau, Bruxelles, 8 janvier 2004.

59 *La Construction européenne et les « Pays en Voie de Développement ». Politiques de Communication, Générosité et identité(s)*, thèse de doctorat en Anthropologie sociale de Natacha Nicaise, Université fédérale de Rio de Janeiro, 2007.

60 *Ibid.*

61 *Ibid.*

62 *Ibid.*

principalement les syndicats, les universitaires et les journalistes »[63] de son bien-fondé et, bien plus encore, de l'utilité et du caractère irréprochable de l'argent dépensé. L'équipe multiplie les contacts avec les médias, les conférences, les brochures explicatives. Avec l'appui des moyens audio et télévisuels dont s'est doté le Service commun de Rabier, des courts-métrages fleurissent aussi pour montrer l'évolution des projets sur le terrain africain, pour rassurer. Leurs titres sont révélateurs du but poursuivi, comme le très parlant « Où va votre argent ? »

Le plus beau fleuron reste toutefois le *Courrier ACP* – ACP pour pays partenaires d'Afrique, des Caraïbes et du Pacifique. Cette modeste publication avait été lancée, sous le nom *Courrier de l'Association*, en 1960 pour nouer un lien durable avec les étudiants africains qui étaient accueillis à la Commission le temps d'un stage. Au fil du temps, cette publication confiée à des journalistes extérieurs s'érigea en outil d'information très respecté car « bénéficiant d'une grande liberté éditoriale »[64]. Selon des témoignages concordants, cette revue distribuée gratuitement dans le monde entier était particulièrement « appréciée par les étudiants et professeurs » des pays d'Afrique, des Caraïbes et du Pacifique car « elle était (presque) sans compromissions politiques »[65]. Elle était tout aussi appréciée par bon nombre de leaders d'opinion en Europe – des journalistes en particulier – tant la qualité de ses articles et de ses dossiers thématiques sur l'eau, le sida, le thème du développement et les politiques européennes était le plus souvent irréprochable. Cette crédibilité a-t-elle été liée au fait que la revue avait été confiée à des journalistes extérieurs ? À propos d'un journaliste britannique venu rejoindre la petite équipe de l'outre-mer, Gabrielle Von Bronckowski glisse avec pudeur qu'il n'était pas comme eux : « nous faisions un travail de public relation, on n'était pas des journalistes, ni monsieur Cros ni moi »[66], a-t-elle tenu à préciser dans une sorte d'éloge de la communication institutionnelle à l'information…

Contrairement à Jacques-René Rabier, Pierre Cros n'était donc « pas devenu fonctionnaire de la Commission par conviction européaniste »[67]. Mais Natacha Nicaise a raison de souligner que l'un et l'autre ont fait partie d'une génération de fonctionnaires qui avait une perception parfaitement singulière de l'unification européenne puisque « leur conception de la paix et de

63 Entretien avec Gabrielle Von Brockowski du 20/01/2006, dans *La Construction européenne et les « Pays en Voie de Développement »*, thèse de doctorat en Anthropologie sociale de Natacha Nicaise, Université fédérale de Rio de Janeiro, 2007.

64 *La Construction européenne et les « Pays en Voie de Développement ». Politiques de Communication, Générosité et identité(s)*, thèse de doctorat en Anthropologie sociale de Natacha Nicaise, Université fédérale de Rio de Janeiro, 2007.

65 *Ibid.*

66 Entretien avec Gabrielle Von Brockowski du 20/01/2006, dans *La Construction européenne et les « Pays en Voie de Développement »*, thèse de doctorat en Anthropologie sociale de Natacha Nicaise, Université fédérale de Rio de Janeiro, 2007.

67 *La Construction européenne et les « Pays en Voie de Développement ». Politiques de Communication, Générosité et identité(s)*, thèse de doctorat en Anthropologie sociale de Natacha Nicaise, Université fédérale de Rio de Janeiro, 2007.

"l'union des peuples" comme fondement de la construction européenne » résultait de leur « expérience directe ou indirecte des deux premières guerres mondiales »[68]. Au premier Allemand qu'il rencontre à son arrivée à Bruxelles et qui lui demande ce qu'il fait, celui qui a connu les maquis répond ainsi, traumatisé : « *Ich war ein Terrorist* »[69]. Il a donc fallu à Pierre Cros, et aux autres, « se débarrasser du vieil habit qu'on portait »[70] pour que, à la fin, le « ciment » européen prenne au sein de la Commission… Les amitiés qui se prolongent depuis bien au-delà des carrières prouvent que ce ciment improbable était à l'épreuve du temps.

Sans doute aussi Pierre Cros a-t-il, au fil du temps, été gagné par la foi européenne que Rabier a résumée en ces termes à propos de l'outre-mer :

> Nous sentions que nous, Européens, qui venions de mettre fin à nos conflits ancestraux (…), ayant résolu ce problème de la paix qui est un problème politique et éthique, (…) il était tout à fait normal que, en s'appuyant sur les dispositions du Traité, nous tournions la page du colonialisme de nos parents et grands-parents. (…) Dans la construction européenne, il y a évidemment une dimension politique, la paix substituée à la guerre, mais il y a aussi une dimension éthique : aider ceux qui sont en retard, qui s'estiment, que nous estimons, en retard de développement[71].

* *
*

Le monde universitaire et de l'enseignement supérieur a été une autre des premières cibles retenues lorsque le Service commun de presse et d'information est créé sur le papier en 1958. Une fois encore, la Haute Autorité de la Communauté européenne du charbon et de l'acier fraye la voie puisque c'est elle qui publie un « *poste A* »[72] pour ce secteur dès septembre 1957. Il sera confié le 1er avril par Jacques-René Rabier à Paul Collowald, un journaliste alsacien qui est le correspondant du *Monde* à Strasbourg d'où il collabore aussi à l'Agence Europe. Que ce poste échoie à un homme de plume à la

68 *Ibid.*

69 « J'étais un terroriste » – Entretien avec Pierre Cros du 11/01/2006, dans *La Construction européenne et les « Pays en Voie de Développement »*, thèse de doctorat en Anthropologie sociale de Natacha Nicaise, Université fédérale de Rio de Janeiro, 2007.

70 Entretien mené avec Pierre Cros par Yves Conrad et Anaïs Legendre à Bruxelles le 8 décembre 2003. Cité dans *La Construction européenne et les « Pays en Voie de Développement »*, thèse de doctorat en Anthropologie sociale de Natacha Nicaise, Université fédérale de Rio de Janeiro, 2007.

71 Entretien avec Jacques-René Rabier du 02/02/2006, dans *La Construction européenne et les « Pays en Voie de Développement »*, thèse de doctorat en Anthropologie sociale de Natacha Nicaise, Université fédérale de Rio de Janeiro, 2007.

72 *Conshist.Com*, « Histoire interne de la Commission européenne 1958–1973 », entretien accordé par Jacqueline Lastenouse-Bury à Michel Dumoulin et Julie Cailleau, Bruxelles, 21 janvier 2004.

fois francophone et germanophone tombe bien : le premier président de la Commission économique européenne est Allemand et, comme il était professeur à l'origine, il manifeste d'emblée un très net souci de l'information dans les milieux universitaires. Avec Walter Hallstein, « très européen, de façon différente de Monnet » mais qui avait en tout cas « un très grand souci de son institution », Rabier marche sur du velours pour ce qui des actions à entreprendre vers les milieux universitaires, lesquels sont à séduire et conquérir prioritairement « en raison du prestige qui s'y attache généralement, du rôle qu'ils jouent dans la formation des futures élites et de cette sorte de légitimité qu'ils confèrent – parfois, hélas ! "post-mortem" – aux sujets qu'ils étudient et dont ils font matière d'enseignement »[73].

Le problème est que Collowald ne reste pas : le commissaire français Marjolin lui demande de devenir son porte-parole pour les Affaires économiques, fonction qu'il accepte. « Dans ces cas-là, il faut voir l'intérêt de la personne », se résigne Rabier : Collowald reste encore à ce jour l'un de ses amis proches avec qui il se retrouve désormais « dans d'autres combats »[74]. À toute chose malheur est bon, dit la sagesse populaire. Dans ce cas, elle n'a pas tort.

Dans un premier temps, un tout petit noyau de personnes poursuit ce qui a été amorcé à la Haute Autorité, à savoir essentiellement l'octroi de bourses d'études à de jeunes chercheurs intéressés par un aspect quelconque de l'aventure européenne. À partir de 1960, ces incitations à la recherche universitaire prennent la dénomination de « Bourses de recherches pour jeunes académiques »[75]. Elles seront poursuivies sans relâche jusqu'en 1990 et, « au rythme de vingt-cinq ou trente par an »[76], ce qui constituera « avec le temps un vaste vivier d'experts des affaires européennes dans les universités » et créera « des liens avec plus d'un millier de professeurs à travers le monde »[77]. C'est le temps, une nouvelle fois, des semailles…

Très bien, mais l'information européenne peut-elle seulement viser les jeunes chercheurs et l'élite universitaire ? Jacques-René Rabier ne le pense pas : c'est à toute la jeunesse qu'il veut s'adresser ! Pour asseoir ce projet, il trouvera très vite un allié de poids et un adjoint taillé sur mesure. L'allié, c'est une deuxième fois l'Assemblée parlementaire : en novembre 1959, le député socialiste allemand Gerhard Kreyssig réclame avec force, lors du débat sur le budget de la Commission Hallstein pour l'année 1960, l'inscription d'une ligne budgétaire destinée à la jeunesse, demande que soutient une majorité de

---

[73] « L'information des Européens et l'intégration de l'Europe », leçons données par Jacques-René Rabier à l'Institut d'études européennes de l'Université libre de Bruxelles les 17 et 18 février 1965.

[74] *Conshist.Com*, « Histoire interne de la Commission européenne 1958–1973 », entretien accordé par Jacques-René Rabier à Yves Conrad et Julie Cailleau, Bruxelles, 8 janvier 2004.

[75] *Conshist.Com*, « Histoire interne de la Commission européenne 1958–1973 », entretien accordé par Jacqueline Lastenouse-Bury à Michel Dumoulin et Julie Cailleau, Bruxelles, 21 janvier 2004.

[76] *Ibid.*

[77] *Ibid.*

parlementaires. Le Conseil se résigne et accepte : un « Fonds Kreyssig »[78] doté de quinze millions de francs belges voit le jour, ce qui « donnera une légitimité à toutes les actions "Jeunesse" qui seront développées au long des années »[79]. Et dans l'aventure, l'éducation des adultes n'est pas oubliée non plus.

Il ne reste plus alors qu'à trouver « la personne idoine pour un poste donné »[80], à savoir la perle rare ayant une bonne connaissance de la jeunesse des Six, et en particulier des jeunes Allemands et Français. Cette perle existe – et Rabier se souvient même de l'avoir rencontrée à Paris, autour de 1951, « probablement quand il s'occupait de la Campagne européenne de la jeunesse »[81]. Toutefois, dans ce cas, ce ne sera pas vraiment lui qui sera à la manœuvre pour renforcer son équipe.

À Paris, lorsqu'il croise Jacques-René Rabier, Jean Moreau a déjà une solide expérience en ce domaine puisque, de 1946 à 1951, il a été en charge de la jeunesse et de l'éducation dans la zone d'occupation française de l'Allemagne vaincue. Au sein du haut commandement français qui craint « la résurgence de mouvements revanchards ou l'attraction du parti communiste »[82], ce grand mutilé de guerre a la possibilité de développer une « politique de la jeunesse basée sur la réconciliation telle que la pratiquait Monnet »[83]. Il organise entre autres la Lorelei, un grand rassemblement de mouvements de jeunesse qui demeure dans l'histoire des relations franco-allemandes d'après-guerre comme une réussite, à tel point que même « son collègue de la zone anglaise avait décidé de le suivre dans sa politique envers la jeunesse »[84]. À la même époque, un autre personnage appelé à rejoindre la Commission et à y assumer des responsabilités majeures, Émile Noël, crée avec deux compagnons une association de jeunes qui se donne pour but de « récupérer les petits groupuscules de jeunes de la résistance des diverses tendances idéologiques »[85]. En 1947, les Camarades de la liberté, dits les « Camlib », ont l'idée d'affréter un train, le « Train de la Liberté »[86], pour s'en aller à la rencontre des jeunes des différents pays européens afin de « les mobiliser sur l'idée d'une réconciliation européenne »[87]. Très bonne idée, mais encore faut-il avoir les moyens de la concrétiser. Ni une ni deux, Émile Noël s'en va frapper à la porte de Jean Moreau à Baden-Baden et celui-ci lui accorde le soutien financier dont il a besoin.

---

78 *Ibid.*

79 *Ibid.*

80 *Ibid.*

81 *Conshist.Com*, « Histoire interne de la Commission européenne 1958–1973 », entretien accordé par Jacques-René Rabier à Yves Conrad et Julie Cailleau, Bruxelles, 8 janvier 2004.

82 *Conshist.Com*, « Histoire interne de la Commission européenne 1958–1973 », entretien accordé par Jacqueline Lastenouse-Bury à Michel Dumoulin et Julie Cailleau, Bruxelles, 21 janvier 2004.

83 *Ibid.*

84 *Ibid.*

85 *Ibid.*

86 *Ibid.*

87 *Ibid.*

Arrive 1951 et le moment où, effectivement, le « père de l'Europe » de nationalité belge Paul-Henri Spaak, en sa qualité de président de l'Assemblée consultative du Conseil de l'Europe, confie à Moreau la Campagne européenne de la jeunesse qui a elle aussi pour objectif de mobiliser les jeunes sur l'idée européenne. Cette Campagne lancée par l'organisation intergouvernementale de Strasbourg « sera financée en partie par des fonds américains » qui, un beau jour, se tarissent. Cette fois, c'est Jean Moreau qui ira voir Émile Noël, devenu entre-temps le directeur de cabinet de Guy Mollet, président du Conseil français. Il sera entendu et obtiendra le soutien financier nécessaire pour pouvoir mener la Campagne à bon port. Lorsque le Service commun de presse et d'information dispose d'un « feu vert » pour développer des actions « Jeunesse », c'est donc tout naturellement qu'Émile Noël sollicitera les services de Jean Moreau. Pour le plus grand bonheur à venir de son « patron » et bientôt ami Jacques-René Rabier.

La jeunesse devient une cible sinon prioritaire, en tout cas majeure, ce qui va ouvrir notamment « la voie à des initiatives dans le domaine de l'enseignement scolaire, de l'éducation des adultes, des jeunes travailleurs et bientôt des "femmes" »[88]. Toutefois, Jean Moreau ne s'occupera pas d'elle uniquement : l'équipe de Rabier est trop réduite pour que chacun ne mette pas la main à la pâte dans toutes les activités que développe cette division. Il s'occupera donc aussi très activement des questions universitaires et d'enseignement supérieur, lesquelles prennent d'ailleurs de l'ampleur. Rappelez-vous : les bourses d'études octroyées à de jeunes chercheurs que finance la Haute Autorité puis la Commission Hallstein. Elles connaissent un succès tel que le bureau de Jacques-René Rabier en vient à déborder « de livres, d'ouvrages, de thèses et mémoires sur l'Europe, de documents et publications diverses, empilés à même le sol, sur son bureau, sur les meubles »[89]. La toute première mission qui sera confiée à Jacqueline Lastenouse, la petite nouvelle de l'équipe, sera par conséquent de mettre de l'ordre dans ce capharnaüm en établissant des fiches signalétiques du contenu de chacun de ces documents. En clair, en passant ses premiers mois à la Commission « à lire sans relâche du matin au soir », cette jeune Française s'emploie à « sélectionner ce qui pouvait apporter une analyse ou une réflexion intéressante »[90]. Celle qui donnera par la suite vie aux Chaires Jean Monnet pose ainsi les premiers jalons d'une « Bibliographie de l'intégration européenne »[91] qui, très vite, sera fort prisée dans le monde académique.

C'est que de plus en plus de professeurs et chercheurs sont intéressés par ce qu'il se passe dans le microcosme européen. Et ils sont de plus en plus nombreux à « venir chercher à la Commission l'information et les contacts

88 *Ibid.*

89 *Ibid.*

90 *Ibid.*

91 *Ibid.*

dont ils avaient besoin pour leurs recherches »[92]. Cet intérêt va produire un effet interne et amener Rabier à peaufiner sa stratégie envers ce milieu.

L'effet interne consiste en une reconnaissance, par certains, de l'utilité du Service commun presse et information. Jacques-René Rabier a la bonne idée d'adresser les thèses qu'il recevait aux services concernés par le sujet traité. De la sorte, il jette les bases d'un précieux réseau de « correspondants universitaires » à l'intérieur de la Commission, soit autant de fonctionnaires « qui se sont mis à nous respecter ». Flattés de voir à quel point le monde académique s'intéressait à leurs activités européennes, ils se piquent au jeu : ils composent ainsi un « jury interne »[93] qui assistait l'équipe de Rabier « dans la sélection des bourses de recherche, donnait des avis sur des thèses candidates au Prix des Communautés ou à une subvention pour leur publication »[94]. Surtout, ils sont ravis de rencontrer et pouvoir dialoguer avec les professeurs et autres chercheurs que la très petite équipe du Service commun d'information aiguille vers eux. Jamais ils ne bouderont les séminaires et les colloques que Rabier organisera bientôt avec des groupes de professeurs invités à Bruxelles pour approfondir telle ou telle question.

L'une des innovations stratégiques conçues par Rabier et son équipe est, en effet, de contribuer à la création d'associations de « professeurs s'occupant des études communautaires » afin de mettre en place des « structures relais dans les milieux universitaires »[95] de chacun des pays membres. La première à se mettre en place est la Commission pour l'étude des Communautés européennes que le Pr. Pierre-Henri Teitgen crée en France dès 1963 suite à une suggestion d'Émile Noël. Cette mise en réseau des professeurs intéressés par la thématique européenne se propagera très vite dans les cinq autres pays fondateurs, mais aussi au-delà puisque des volontés identiques se manifesteront au Danemark et en Grande-Bretagne. Plus tard, il sera tenté d'européaniser ces réseaux nationaux : « Dès 1969, les présidents de ces associations sont invités deux fois par an à Bruxelles, dans le but de les associer à la politique d'information universitaire de la Commission »[96]. Sans grand succès, à vrai dire : la coopération butte souvent sur un « problème de langue », mais aussi et surtout sur la crainte que soit perdue, dans l'aventure, « une part des subventions »[97] dont les associations nationales bénéficient. En somme, « les professeurs engagés dans l'étude de l'intégration européenne étaient peu enclins à pratiquer cette intégration »[98], observe Jacqueline Lastenouse en précisant aussitôt qu'il s'agit, en l'occurrence, moins d'une critique que d'un constat…

92 *Ibid.*
93 *Ibid.*
94 *Ibid.*
95 *Ibid.*
96 *Ibid.*
97 *Ibid.*
98 *Ibid.*

Heureusement, la deuxième innovation stratégique est, elle, une vraie réussite. Les centres de documentation européenne qui fleurissent aux quatre coins de l'Europe communautaire deviennent très vite des lieux incontournables pour tout qui veut en savoir un peu plus sur tel ou tel aspect de la construction européenne. On y retrouve tous les documents et publications de la Commission dignes d'intérêt. Ils sont mis gratuitement à la disposition des universités dès 1963, ce qui imposera très rapidement « un effort de rationalisation des politiques de publications et de diffusion au sein des différentes directions générales et des différentes institutions jusque-là autonomes dans ces domaines ». Même s'il ne le revendique nullement, peut-être Rabier a-t-il donc aussi été, aux côtés d'Émile Noël, un tantinet à la base de ce qui deviendra un jour l'Office des publications des Communautés européennes...

* *
*

Autre division créée dès la mise en place du Service commun, celle relative à l'information agricole. La tâche d'informer en profondeur les milieux agricoles sur ce qui deviendra bientôt la Politique agricole commune incombe à Irène Scizier, Française « d'origine allemande plus ou moins lointaine » qui, elle aussi, avait participé à la Campagne européenne de la jeunesse avant de devenir fonctionnaire. Une fois encore, le porte-parole du « père de l'Europe verte », le commissaire Mansholt, informait les journalistes accrédités de la mise en place de cette nouvelle politique commune, « mais ce n'est pas lui qui allait haranguer les congrès d'agriculteurs, qui envoyait des nouvelles détaillées à tel ou tel journal agricole ». C'est à Irène Scizier et à la petite équipe autour d'elle que revenait « le travail en profondeur et, surtout, l'établissement systématique de liaisons entre les agriculteurs allemands, français, italiens, néerlandais, etc. »

Le cas de l'information agricole apporte une confirmation et illustre en même temps la vision innovante, sans œillères, de Rabier. Il aurait pu se contenter de veiller à ce que son Service commun s'adresse de manière approfondie aux agriculteurs et à informer le grand public sur l'agriculture et la Politique agricole commune qui se mettait en place. Au contraire, il considéra très vite que les produits agricoles étaient destinés à des consommateurs et qu'il importait, dès lors, d'impliquer aussi des associations telles que « Test Achats » et « Que choisir ? » Il jouait, en l'occurrence, au précurseur puisqu'il faudra attendre les années 1980 pour que la Commission européenne se dote d'une Direction générale vouée à la protection des consommateurs...

La confirmation ensuite. Rabier veut parler aux milieux européens : « milieux agricole, de la recherche, de l'enseignement, de la jeunesse et de l'éducation des adultes, très vite les milieux féminins » dont une Italienne, Fausta Deshormes, deviendra l'opiniâtre avocate – même si la DG X des années 1970, pas « particulièrement "féministe" »[99], restera sourde à la plupart de ses

---

99 *Ibid.*

appels. Un de ses amis et collègues, le Belge Raymond Rifflet, sociologue de formation qui deviendra le chef de cabinet du président Rey, le conforte dans son intention en lui tenant en substance ce langage : « Rabier, tu as devant toi un damier sociologique. Dans chaque pays, il y a des cases. Il faut faire en sorte que les cases, de pays à pays, entrent en contact. Que les agriculteurs français ne parlent pas seulement à la Direction générale de l'Agriculture, mais parlent à leurs homologues dans les autres États membres ». En clair, il ne va plus cesser de vouloir que les Européens qui ont des choses en commun, qui sont confrontés à des problèmes et difficultés identiques, apprennent à se connaître, à se parler et « si possible à agir ensemble »[100], par-delà les frontières nationales. Ce qui, selon lui, n'est jamais que la poursuite de « la méthode Monnet, qui ne parlait pas sociologie mais parlait simplement de rendre aux citoyens la conscience de ce que l'on fait en leur nom et, si possible, avec leur participation »[101].

Rabier a, sur ce plan, l'onction de l'Assemblée parlementaire. Dans le fameux rapport du Néerlandais Schuijt qu'elle adopte le 18 novembre 1960, n'est-il pas écrit noir sur blanc, en effet, que les Communautés ne peuvent avoir pour seul objectif « de faire connaître leurs activités, à l'intérieur et à l'extérieur des six pays, et d'éveiller à leur sujet intérêt compréhension », mais qu'elles doivent avoir également « un objectif à long terme, qui est d'éveiller chez les citoyens des six pays une nouvelle façon de penser et d'agir, une conscience européenne, grâce à laquelle les peuples de ces États en voie d'union pourront exercer d'une façon de plus en plus efficace leurs responsabilités démocratiques »[102] ?

Fort de ce soutien parlementaire, le patron du Service commun laisse libre cours à sa volonté d'ajouter à l'information des institutions vers les citoyens l'information qui vient du terrain, surtout lorsque celle-ci a été mûrie par un même milieu ayant appris à se connaître par-delà les frontières nationales. Longtemps avant que le concept de société civile organisée ne voie le jour, il donne ainsi naissance et un contenu concret au concept d'*eurosphère*, néologisme dont il assumerait la paternité avec « le politologue Pierre Duclos »[103].

Deux de ses initiatives symbolisent à merveille son souci de jouer, en quelque sort, au chien de berger rassemblant les « brebis » éparpillées dans les six pays fondateurs. La première idée lui est soufflée par ses enfants qui, parce qu'ils grandissent, lisent *Tintin*. Or, il se fait que l'un de ses collaborateurs est un ancien de chez l'éditeur Lombard. Au sein du Service commun informa-

100 *Conshist.Com*, « Histoire interne de la Commission européenne 1958–1973 », entretien accordé par Jacques-René Rabier à Yves Conrad et Julie Cailleau, Bruxelles, 8 janvier 2004.

101 *Ibid.*

102 « Rapport sur les problèmes de l'information dans les Communautés européennes », par M. W. J. Schuijt, doc. 89 du Parlement européen, 18 novembre 1960 – Cité dans *L'information des Européens et l'intégration de l'Europe*, leçons données par Jacques-René Rabier à l'Institut d'études européennes de l'Université libre de Bruxelles les 17 et 18 février 1965.

103 Entretien avec Jacques-René Rabier pour la revue électronique du Centre d'histoire de Sciences Po, 16 décembre 2008.

tion, Karel Van Milleghem s'occupe des photos et des moyens audiovisuels, notamment du studio en « liaison directe avec le relais au sommet du palais de justice pour que les commissaires puissent, s'ils étaient appelés, donner une interview ». Un beau jour, Rabier le convoque et le prie d'appeler son ancien patron au Lombard en vue de pouvoir le rencontrer. Le rendez-vous est pris et Rabier lui livre son idée :

> Dans chacun de nos pays ou presque, il y a des journaux pour les adolescents. Pourquoi ne les réunirait-on pas ? Je les invite à passer une journée d'information à Bruxelles. Je leur expliquerai ce que sont les Communautés et leur dirai que nous sommes à leur disposition pour les aider s'ils veulent traiter de tel ou tel aspect de l'Europe, de ses institutions et de ses actions sur le terrain. Puis, je laisse les éditeurs entre eux afin qu'ils puissent, en dehors de notre présence, parler des problèmes propres à leur profession.

À la même époque, il tente une approche similaire avec la « presse féminine et familiale » en contactant la directrice du magazine franco-belge *Femmes d'aujourd'hui*.

Dans les deux cas, les « poissons » mordent à l'hameçon. Les réunions ont lieu, et Rabier tient à ses invités ce langage : « Si vous avez des intérêts communs, voyez vous ! Nous sommes prêts à vous réunir à nouveau. Voyez vous, discutez de vos problèmes, mais invitez-nous à vous parler des nôtres et expliquez-nous les vôtres ». Le message est si bien reçu que voient le jour, dans les mois suivants, les associations « Europresse Junior » et « Europresse Femina ». Et, bien entendu, les Communautés trouvent, à l'occasion, place dans les colonnes des magazines féminins. Même la presse pour jeunes se pique au jeu, elle qui publiera ainsi, à l'initiative de « Tintin », des bandes dessinées sur Schuman et Monnet, lesquelles seront traduites en plusieurs langues.

Dans le même esprit, Rabier soutient l'Association européenne des journalistes qui voit le jour en 1963, regroupant des journalistes qui, à titre privé, appuient le processus d'intégration européenne. Toutefois, avec eux en particulier, il tiendra toujours à souligner que son action ne relève pas de l'entreprise de propagande. Aux journalistes qu'il lui arrivait d'inviter pour une visite d'information aux Communautés ou à l'Assemblée parlementaire commune, « on ne dictait pas ce qu'ils devaient écrire, on leur facilitait l'accès aux sources d'information »[104], tiendra-t-il à préciser plus tard pour souligner qu'aucun « esprit de propagande » ne l'avait jamais animé. Il reconnaît, par contre, que certaines de ses opérations de communication étaient « très proches des techniques publicitaires »[105], d'autres relevant des « techniques éducatives »[106]. Mais même lorsque les techniques étaient « celles de la publicité ou du journalisme

---

104 *Ibid.*

105 *L'information des Européens et l'intégration de l'Europe*, leçons données par Jacques-René Rabier à l'Institut d'études européennes de l'Université libre de Bruxelles les 17 et 18 février 1965.

106 *Ibid.*

vulgarisateur »[107], l'objectif qu'il poursuivait et l'éthique dont il entendait imprégner toute son action étaient, eux, de « caractère éducatif »[108], tant il est vrai qu'il assure avoir toujours refusé « les facilités et les dangers de la propagande, c'est-à-dire l'effet de domination psycho-sociale, l'imposition d'un jugement tout fait »[109].

Rabier a-t-il les moyens budgétaires de ces ambitions, lui pour qui, « dans le domaine de l'information, s'il y a toujours eu un leitmotiv, c'est : il faut faire plus, il faut faire mieux pour informer les citoyens »[110] ? Entre 1960 et 1966, les budgets de l'information doublent, se hissant en 1965 à « 179 millions de francs belges, soit environ 1 FB par habitant des États membres »[111]. Puisque 89 millions servent à rétribuer les quelque 120 fonctionnaires du Service commun – « dont 49 qu'il est convenu d'appeler "de direction ou de conception" »[112] – et à assurer son fonctionnement administratif, il ne reste plus que 90 millions pour les activités d'information proprement dites. C'est bien, mais toujours avec un goût de trop peu…

Au moins, « même si le budget n'était pas extraordinaire par rapport aux besoins, il nous assurait l'indépendance ». Rabier va mettre celle-ci à profit en s'évertuant constamment de jouer avec les limites. Aux commissaires dont il dépendait administrativement, il ne donnait « à signer que des choses signables », s'étant efforcé « d'enlever tout ce qui pouvait être gênant, non ou peu conforme à l'équité et, *a fortiori*, au règlement financier ». Mais pour le reste, il confesse volontiers avoir « toujours eu, ayant pas mal d'imagination, le souci d'être à la limite de ce que les règlements permettaient, mais de ne jamais la franchir ». Alors qu'il était confronté à des « réglementations parfois étroites pour ne pas dire tatillonnes », il veillait à s'en assurer en dépêchant son assistant budgétaire, Robert Pendville, auprès du Service du contrôle financier porteur de ce message : « Vous signez ou pas ? Si vous signez, je signe. Si vous ne signez pas, je renonce ». Il est arrivé qu'un complice gagné par leur enthousiasme chez les vigiles financiers leur trouve même l'astuce qui allait leur permettre d'agir en restant dans les clous…

De fait, étant « très sage », il n'eut jamais à souffrir de remontrances pour avoir franchi une quelconque ligne rouge budgétaire. Pourtant, rétrospectivement, certaines des idées qu'il a mises en pratique pourraient légitimement lui donner très froid dans le dos, tant elles paraissent en tout cas impensables

---

107 *Ibid.*

108 *Ibid.*

109 *Ibid.*

110 Entretien de Jacques-René Rabier avec le Pr. Gérard Bossuat, « *Jean Monnet Oral Project, Chaires Jean Monnet d'histoire – Histoire des débuts de la construction européenne – Interview des décideurs de l'unité européenne – Programme français* », juin 1998.

111 *L'information des Européens et l'intégration de l'Europe*, leçons données par Jacques-René Rabier à l'Institut d'études européennes de l'Université libre de Bruxelles les 17 et 18 février 1965.

112 *Ibid.*

dans le monde technocratique au formatage rigide que nous connaissons de nos jours. Ainsi en est-il de l'histoire de la Librairie européenne…

Alors que la Commission n'occupe pas encore le Berlaymont, l'équipe de Rabier est logée dans le tronçon de la rue de la Loi qui va du parc du Cinquantenaire au rond-point Schuman. Un beau jour, il a l'idée de mieux faire connaître du public – et de mettre par conséquent en vente – les publications officielles des institutions communautaires, ainsi que celles des États membres. Il organise dès lors une rencontre avec les représentants des Offices des publications nationaux et avec ceux de leur tout jeune alter ego européen en vue qu'ils créent entre eux un réseau de diffusion qui éviterait, comme le dit Robert Pendville, que les « paquets de brochures et autres publications ne traînent dans les couloirs ». Cette fois, il n'est pas suivi : selon Pendville, « quelqu'un à l'Office des publications des Communautés sabote tout ». Qu'à cela ne tienne, il s'appuie alors sur un nouveau rapport parlementaire du Néerlandais Schuijt pour avancer une idée iconoclaste : il va proposer à son conseil d'administration de créer à Bruxelles une librairie où se trouverait, outre les publications des Communautés, l'ensemble de la littérature portant sur l'Europe. Il prend langue avec le directeur de la Librairie universelle, M. Jung, qui devient son complice pour amener des éditeurs des autres États membres à se joindre à l'aventure. Et ils créent entre eux une société anonyme, la Librairie européenne. Mais où l'installer ? Rabier – qui pas plus que la Commission n'est partie prenante dans la société qui se crée – se dit que sous le bureau que le Service commun occupe au 1er étage, il y a un bel espace au rez-de-chaussée qui ferait parfaitement l'affaire. Le hic, c'est que l'immeuble est tout entier occupé par la Commission. Il s'en va donc trouver le directeur de l'administration, M. Strasser, pour lui demander si, le cas échéant, la Commission ne pourrait pas louer à une société anonyme une partie du bas de l'immeuble. La chance sourit-elle toujours aux audacieux ? Non, mais dans ce cas, le conseil d'administration marque son accord, un contrat est signé et la Commission donne en location une partie d'un bien qu'elle occupe. Tout au plus Jacques-René Rabier devra-t-il encore, pour remporter définitivement l'affaire, accepter que son Service intervienne financièrement « pour payer les enseignes et autres broutilles ».

Ce genre d'opérations coup de poing crée évidemment une légende et, plus encore, un état d'esprit, un esprit de corps. Mais elles suscitent aussi beaucoup d'allergies. Être convaincu qu'on « ne peut pas gérer l'information comme on gère une direction générale technique »[113] voue, par définition, à nourrir la suspicion de dirigeants et à susciter les critiques de beaucoup de collègues. Dans le monde feutré des trois institutions qui se développent, où un fonctionnaire travaillant sur les produits pharmaceutiques peut rester six mois sur l'élaboration d'un projet de directive sans discontinuer, la « liberté

---

113 Entretien de Jacques-René Rabier avec le Pr. Georges Bossuat, « *Jean Monnet Oral Project, Chaires Jean Monnet d'histoire – Histoire des débuts de la construction européenne – Interview des décideurs de l'unité européenne – Programme français* », juin 1998.

d'action »[114] que se forgent Rabier et son Service n'est pas comprise, ni admise, par tout le monde. De là vient la qualification de « saltimbanques » qui leur est adressée un jour par le Secrétaire général Émile Noël. Dans sa bouche, le mot fuse avec sympathie : cet homme discret et d'une redoutable intelligence politique sait que son institution en devenir doit, pour bien grandir, aussi s'ouvrir à des idées créatives et se doter d'antennes… dans les milieux. Mais ailleurs dans l'administration européenne, il en est plus d'un à regretter que le Service commun presse et information de Rabier soit un « électron libre ». Incontrôlable, accuseront même certains.

Ce qui est clair, c'est que Jacques-René Rabier a le talent de fédérer des talents faits de la même essence, pénétrés de la même passion et pétris des mêmes convictions que les siennes. Lui et quelques-uns de sa garde rapprochée inspirent à Jean Boissonnat, à l'époque journaliste à *La Croix*, l'heureuse appellation de « fonctionnaires-militants », soit « fonctionnaires loyaux envers les institutions qu'ils servaient ; militants, parce que l'aventure européenne ne les trouvait pas neutres, mais engagés »[115]. Des hommes et des femmes animés par une même conviction, un même engagement, que Jacques-René tient à circonscrire précisément :

> Militant, cela veut dire, puisque les mots ont un sens dans leur étymologie, que nous ne nous bornions pas à fonctionner comme de bons fonctionnaires, ce que nous essayions de faire bien sûr, mais que nous voulions porter un message. Encore une fois, sans propagande, mais en suscitant le débat démocratique autour de ce que faisait l'Europe, sans cacher qu'au-delà du fonctionnement quotidien des institutions, il y avait une mission qui leur avait été confiée aux termes des Traités, c'est-à-dire d'être le premier pas vers une union institutionnalisée des peuples de l'Europe.

Est-ce à dire alors que le militant l'emportait sur le fonctionnaire ? À ses yeux, non : « Souvent, la fonction l'emportait sur le militantisme » et son « idéal a toujours été de trouver un point d'équilibre » entre ces deux aspects. Il refuse d'admettre avoir été la tête de pont d'un lobby des fédéralistes européens ou de pro-européens quelconques, arguant qu'il n'est vraiment d'aucune chapelle, partisane ou politique. Mais lorsque sa complice Jacqueline Lastenouse lui fait remarquer que, de son temps, « l'esprit de l'information, c'était des militants affichés, reconnus, déclarés », il répond tout de go :

> Mais oui, on appliquait un Traité qui avait prévu des institutions dans un esprit qui était celui du 9 mai 1950 que personne n'avait dénoncé. Nous n'étions pas là seulement pour attendre le traitement à la fin du mois, ni pour obéir à tel règlement : nous étions là pour construire l'Europe ! C'est un bien grand mot, mais c'est ce que j'ai appris le 9 mai 50 à 18 h, en écoutant Schuman lire sa Déclaration.

---

114 *Ibid.*

115 *Les origines de la politique d'information européenne (1953–1973)*, communication de Jacques-René Rabier au Séminaire du Pôle universitaire Jean Monnet – Luigi Einaudi (19–20 février 1999), Universita degli Studi di Roma « La Sapienza ».

Outre cette fidélité à une Déclaration fondatrice que d'autres, depuis, auraient volontiers aimé effacer, Jacques-René Rabier a aussi eu le nez fin pour s'entourer. « Jean Moreau, Jacqueline Lastenouse, Paul Collowald, Fausta Deshormes, Robert Pendville... J'ai eu la chance de bien choisir mes collaborateurs », reconnaît-il non sans fierté. Est-ce toutefois de la chance dans le chef d'un homme qui explique avoir compris très vite qu'il existait « dans toute administration, nationale, européenne ou autre, deux catégories de fonctionnaires : ceux qui se penchent sur un dossier – et il en faut aussi – et ceux qui se dressent sur un problème »[116]. Et d'ajouter aussitôt : « Ces derniers sont plus rares ; cela ne s'apprend guère dans les écoles ou les universités, et c'est difficile de repérer dans les concours »[117].

La pique est évidente pour qui connaît les modes de recrutement qui prévalent aujourd'hui dans le monde des institutions européennes. Il refusera de la voir ainsi, mais le constat renvoie en tout cas, comme en écho, à un propos tenu en son temps par Émile Noël qui, à l'occasion de réunions des directeurs généraux de la Commission et en faisant référence directe à la manière d'agir du « saltimbanque » sur ce plan, lançait de temps en temps : « Ce qui compte dans le recrutement, c'est de connaître les motivations des gens, de s'assurer qu'ils s'intéressent à la construction européenne »[118].

C'est une fois encore l'enfant spirituel de Monnet qu'il se veut – et est toujours – qui lui dictera sa conduite en misant sur la confiance qui se crée, ou ne se crée pas, entre deux personnes. Sans doute a-t-il été puiser un certain nombre de membres de sa garde rapprochée dans des milieux européistes, telle Fausta Deshormes qu'il a rencontrée dans un café à Strasbourg alors qu'elle sortait d'une association italienne active dans la Campagne européenne de la jeunesse ou Jacqueline Lastenouse qui avait tissé des « liens avec les Jeunesses fédéralistes européennes » de la même métropole alsacienne. Il n'était toutefois pas indispensable d'avoir milité pour être engagé, seule comptait la confiance que pouvaient susciter les quémandeurs. Après tout, une fois qu'elle était au rendez-vous, ils devenaient en principe tout naturellement fonctionnaires-militants car, « s'ils ne l'étaient pas à l'origine, ils le devenaient et étaient entraînés par le courant, le mouvement »[119], tant il est vrai que toutes les recrues, quelle que soit leur nationalité, étaient bientôt unies par une même motivation « de combat pour l'Europe »[120]. Il ne pouvait pas en être autrement : Jacques-René gardait « l'esprit d'équipe qu'il avait tellement

---

116 Témoignage de Jacques-René Rabier lors d'une cérémonie organisée par le Comité économique et social européen le 23 juillet 2002, à l'occasion de la venue à échéance du Traité ayant institué la Communauté européenne du charbon et de l'acier.

117 *Ibid.*

118 Entretien de Jacqueline Lastenouse avec l'auteur.

119 *Conshist.Com*, « Histoire interne de la Commission européenne 1958–1973 », entretien accordé par Jacques-René Rabier à Yves Conrad et Julie Cailleau, Bruxelles, 8 janvier 2004.

120 *Conshist.Com*, « Histoire interne de la Commission européenne 1958–1973 », entretien accordé par Jacqueline Lastenouse-Bury à Michel Dumoulin et Julie Cailleau, Bruxelles, 21 janvier 2004.

pratiqué avec Jean Monnet »[121], basé sur une confiance présente à tous les étages puisque « la hiérarchie faisait confiance »[122] la première. Comme Jean Monnet le lui avait appris, Rabier était le premier à vouloir associer ses collaborateurs aux décisions, à expliquer à une secrétaire la raison du texte qu'il lui fallait taper. Rien d'étonnant, dès lors, si l'un de ses successeurs à la tête de la DG X, Manuel Santarelli, a tenu à lui rendre cet éloge, rapporté par l'un de ses successeurs plus récents, Claus Sorensen : « Compte tenu de son expérience, de son prestige, de son intelligence et de son comportement avec ceux de ses collaborateurs qu'il appréciait et, en général, qu'il avait pu choisir "sans contraintes", il reste pour moi l'exemple même du patron qu'on admire et auquel on est prêt à se dévouer spontanément et sans réserve »[123].

* *
*

Une politique d'information ne se conçoit pas de manière autarcique : si tout État « affecte des moyens considérables à l'information de ses citoyens »[124], il en consacre souvent de plus importants encore « à l'information des habitants des autres pays, sous les formes les plus diverses, y compris l'expansion commerciale, touristique, culturelle, etc. »[125]. C'est ce que l'Assemblée parlementaire confirme dès le 18 novembre 1960 en adoptant le rapport de Wilhelmus Struijt qui stipule que les trois Communautés doivent s'activer sans délai afin de « faire connaître leurs activités, à l'intérieur et <u>à l'extérieur des six pays</u>, et d'éveiller à leur sujet intérêt et compréhension »[126].

Pour une fois, le Conseil des ministres est, en ce domaine, entièrement sur la même longueur d'onde. Et, après tout, la Haute Autorité de la première Communauté n'a-t-elle pas été la première à juger utile sinon indispensable, dès le milieu des années 1950, de se donner les moyens de bien informer le gouvernement et les citoyens de deux pays extérieurs, le Royaume-Uni et les États-Unis, de la valeur ajoutée de l'intégration européenne et de l'utilité pour le monde (occidental…) de l'action de la Communauté européenne du charbon et de l'acier ? Pour Monnet et, à sa suite, les deux responsables du service d'information naissant à la Haute Autorité, le monde ne pouvait

121 *Ibid.*

122 *Ibid.*

123 Extrait d'un entretien avec Manuel Santarelli cité dans le discours prononcé le 13 octobre 2009 par Claus Sorensen à l'occasion de la célébration du 90e anniversaire de Jacques-René Rabier.

124 *L'information des Européens et l'intégration de l'Europe*, leçons données par Jacques-René Rabier à l'Institut d'études européennes de l'Université libre de Bruxelles les 17 et 18 février 1965.

125 *Ibid.*

126 « Rapport sur les problèmes de l'information dans les Communautés européennes », par M. W. J. Schuijt, doc. 89 du Parlement européen, 18 novembre 1960 – Cité dans *L'information des Européens et l'intégration de l'Europe*, leçons données par Jacques-René Rabier à l'Institut d'études européennes de l'Université libre de Bruxelles les 17 et 18 février 1965 / Soulignement de l'auteur.

donc en aucun cas s'arrêter aux frontières extérieures des six pays fondateurs et négliger les États tiers qui, à un titre ou à un autre, devaient être concernés par le processus d'intégration amorcé en Europe (occidentale…).

Significativement, alors que Max Kohnstamm prône, le 10 juin 1954, l'ouverture d'un Bureau d'information à Londres car « la réussite de l'association avec le Royaume-Uni est fonction, dans une mesure non négligeable, d'une bonne information »[127], c'est en définitive à… Washington que Rabier ouvre sa première antenne extérieure. Faut-il s'en étonner ? Pas vraiment. Pour quelle raison ? D'abord, « parce que Monnet », pourrait-on dire en paraphrasant Jacques-René Rabier. Les liens que le natif de Cognac a noués et sans cesse resserrés avec les milieux dirigeants américains, dans le Parti démocrate en particulier, à travers la Première et la Seconde Guerre mondiale sont tels qu'il est le mieux placé pour savoir combien l'appui des États-Unis, ou du moins leur assentiment, sera précieux pour garantir la pérennité de l'aventure européenne. Il importe d'autant plus, à ses yeux, de tenir les dirigeants américains au courant des activités de la première Communauté que le projet européen risque d'être déstabilisé par le refus que l'Assemblée nationale française va opposer, grâce à une coalition contre nature des députés gaullistes et communistes, à la Communauté européenne de défense et, partant, à la Communauté politique. Le risque est grand, dès lors, que les espoirs mâtinés de doutes que nourrissent les cercles dirigeants américains depuis le lancement du processus d'intégration européenne ne tournent carrément au dépit et au désintérêt. C'est la raison pour laquelle, sentant le vent tourner, la Haute Autorité ouvre une antenne à Washington… deux mois avant le vote fatal à la CED[128]. Nul n'en sera surpris, elle est confiée à George Ball, ami fidèle de Jean Monnet dont il a été un proche collaborateur tout au long de la guerre 40–45, par le biais d'un accord signé avec une firme de consultance, à savoir *Cleary, Gottlieb, Friendly and Ball*[129]. Sa mission est de rassurer les élites américaines : non, l'Europe communautaire n'est pas un projet appelé à échouer ! Il aura bientôt encore l'occasion de le rappeler dans d'autres fonctions puisqu'il deviendra sous-secrétaire d'État dans les administrations Kennedy et Johnson, avant de terminer sa carrière comme ambassadeur des États-Unis aux Nations unies. Sa mission de « consultant » sera reprise par Leonard Tennyson, « joyeux

---

127 « Note sur l'Organisation du Service d'Information de la Haute Autorité », Luxembourg, 10 juin 1954 – Cité par Fabio Casini, « The Information Policy. How the European Communities Presented Themselves Abroad (1952–1967) », dans *The European Community and the World. A historical Perspective*, ouvrage dirigé par Giuliana Laschi, P.I.E. Peter Lang, collection « Euroclio » n° 81, 2014.

128 Fabio Casini, « The Information Policy. How the European Communities Presented Themselves Abroad (1952–1967) », dans *The European Community and the World. A historical Perspective*, ouvrage dirigé par Giuliana Laschi, P.I.E. Peter Lang, collection « Euroclio » n° 81, 2014.

129 *Ibid.*

camarade très efficace, très décontracté » qui jouera, lui aussi, « un grand rôle dans l'information aux États-Unis, dans les différents milieux américains »[130].

Dans un premier temps, le Royaume-Uni passe donc au second plan puisque Londres n'héritera de son Bureau de presse et d'information qu'un an plus tard. Mais convenait-il de se presser ? Parce que Jean Monnet n'était pas prêt, en dépit de son anglophilie, à leur octroyer des « exceptions », ils avaient refusé de participer à la Communauté du charbon et de l'acier ; et ils allaient mettre pas moins de quinze ans avant d'accepter les Traités de Rome. Dans l'esprit de Monnet comme de Rabier, il s'agissait donc seulement de se préparer à les accueillir pour le jour où ils seraient prêts. Entre-temps, il convenait, par le biais de ce Bureau à Londres, de « démontrer l'efficacité et le succès de la méthode supranationale, en vue de convaincre le public anglais qu'il serait bon pour eux de faire partie de la Communauté »[131].

Convaincre les Britanniques de l'efficacité et du succès de la méthode supranationale est une chose, en convaincre les Français de la Ve République gaullienne en est une autre. Depuis l'arrivée du général de Gaulle à l'Élysée, ce sont les louanges de la souveraineté nationale et de la grandeur éternelle de la France qui sont chantées dans les travées du pouvoir. Monnet et ses idées n'y ont pas leur place. Du coup, axer la politique d'information des Communautés européennes sur les pays étrangers paraît une solution idéale pour s'épargner un tant soit peu les ingérences « supranationales ». Au début des années 1960, par le biais de l'arme du budget que le Conseil des ministres s'est approprié depuis peu, Paris s'emploie à orienter la politique du Service commun de Rabier dans un sens plus conforme à ses vues. Lors d'une réunion du Groupe des experts nationaux chargés de l'information, la délégation française fait ainsi savoir « qu'il ne lui paraît plus indispensable (...) d'informer très abondamment les pays membres de la Communauté ; mais qu'au contraire un effort particulier d'information doit être réalisé aux États-Unis, en Angleterre, en Amérique du Sud et dans les pays anglophones d'Afrique »[132]. En conséquence de quoi les missi dominici de l'Élysée et du Quai d'Orsay demandent

---

130 *Conshist.Com*, « Histoire interne de la Commission européenne 1958–1973 », entretien accordé par Jacques-René Rabier à Yves Conrad et Julie Cailleau, Bruxelles, 8 janvier 2004.

131 « to demonstrate the effectiveness and success of the supranational method, in order to convince the English public that it would be good for them to become part of the Community » / Fabio Casini, « The Information Policy. How the European Communities Presented Themselves Abroad (1952–1967) », dans *The European Community and the World. A historical Perspective*, ouvrage dirigé par Giuliana Laschi, P.I.E. Peter Lang, collection « Euroclio » n° 81, 2014.

132 Texte reprenant les considérations développées oralement par la délégation française lors de la réunion du Groupe d'experts de l'information, à Bruxelles le 7 octobre 1963 – Cité par Fabio Casini, « The Information Policy. How the European Communities Presented Themselves Abroad (1952–1967) », dans *The European Community and the World. A historical Perspective*, ouvrage dirigé par Giuliana Laschi, P.I.E. Peter Lang, collection « Euroclio » n° 81, 2014.

« un changement d'orientation de l'information de la Communauté et une répartition budgétaire différente de celle qui prévaut »[133].

Sur le plan budgétaire, Paris n'obtiendra pas vraiment gain de cause car, si les experts nationaux suggèreront d'allouer deux tiers du budget à l'information dans les pays tiers, ils souligneront en même temps « la nécessité de maintenir le même effort pour diffuser l'information dans les États membres »[134]. D'ailleurs, en 1965, quelque deux tiers des crédits d'information portent encore « sur des dépenses effectuées à l'intérieur de la Communauté »[135]. Pour Paris et son souhait de bâillonner les « missionnaires » de Bruxelles, c'était donc un coup dans l'eau, ou à peu près.

Par contre, la demande de la France que la bonne parole européenne soit portée hors des frontières des Communautés est, elle, parfaitement entendue, avec la complicité agissante – et une fois encore imaginative – de Jacques-René Rabier. Ainsi, une antenne des Communautés est plantée à Dublin en 1963. Un Bureau d'information véritable ? Pas vraiment car le patron du Service commun presse et information sait « qu'il y aurait des résistances au moins budgétaires sinon politiques dans nos pays » s'il voulait « créer des Bureaux au sens précis du terme »[136]. Du coup, il travaille par la bande et « passe un accord formel avec le Mouvement européen local » : Denis Corboy, directeur du Conseil irlandais du Mouvement européen, se voit confier la tâche de gérer un « Centre de documentation et de diffusion » qui sera donc la tête de pont « privée » chargée de fournir l'information européenne en Irlande et d'adresser chaque jour une revue de la presse irlandaise à Bruxelles, de manière à ce que les Commissions et la Haute Autorité puissent suivre la manière dont l'opinion publique irlandaise évalue l'Europe communautaire telle qu'elle se construit. C'est en 1967 que ce Centre « privé » lié contractuellement à Bruxelles sera pleinement intégré au Service presse et information, mais par le biais d'une autre trouvaille, athénienne celle-ci, de Rabier[137].

À Athènes, avec la signature de l'Accord d'association entre la Grèce et la Communauté économique, c'est le gouvernement grec lui-même qui réclame l'ouverture d'un Bureau d'information. Cette demande est entendue

133 *Ibid.*

134 « the necessity of maintaining the same effort to spread information in member states » / Fabio Casini, « The Information Policy. How the European Communities Presented Themselves Abroad (1952–1967) », dans *The European Community and the World. A historical Perspective*, ouvrage dirigé par Giuliana Laschi, P.I.E. Peter Lang, collection « Euroclio » n° 81, 2014.

135 « L'information des Européens et l'intégration de l'Europe », leçons données par Jacques-René Rabier à l'Institut d'études européennes de l'Université libre de Bruxelles les 17 et 18 février 1965.

136 *Conshist.Com*, « Histoire interne de la Commission européenne 1958–1973 », entretien accordé par Jacques-René Rabier à Yves Conrad et Julie Cailleau, Bruxelles, 8 janvier 2004.

137 Fabio Casini, « The Information Policy. How the European Communities Presented Themselves Abroad (1952–1967) », dans *The European Community and the World. A historical Perspective*, ouvrage dirigé par Giuliana Laschi, P.I.E. Peter Lang, collection « Euroclio » n° 81, 2014.

et acceptée par le Conseil d'administration qui chapeaute Rabier, mais les ministres suspendent l'opération. Pour quelle raison ? Craignant qu'Ankara ne formule une demande similaire, le Conseil (tant celui de la Communauté économique que d'Euratom) préfère s'épargner ainsi « tout risque de conflit entre la Turquie et la Grèce »[138]. Mais voilà, le gouvernement grec maintient la pression, forçant Rabier à devoir bientôt avouer à ceux qui contrôlent ses agissements : « Dans ces conditions, nous avons dû faire face à la situation avec des moyens de fortune »[139]. Quels sont-ils ? En réalité, le « patron » du Service commun avait pris les devants en passant, comme en Irlande, un accord avec le Mouvement européen local dont une collaboratrice, Katarina Doucas, avait ouvert, elle aussi, un Centre de documentation. Elle est chargée des mêmes missions que Corboy à Dublin, ainsi que de contribuer à la bonne marche des éventuelles visites à Athènes de commissaires. Confronté au blocage ministériel, il propose comme solution transitoire de renforcer la dotation budgétaire dont dispose ce Centre de documentation et de lui octroyer, tout en lui conservant son caractère privé, une « reconnaissance d'utilité publique européenne », ce qui fut accepté par le Conseil d'administration du Service commun le 2 juillet 1965[140].

Le Conseil des ministres avait, lui, parfaitement raison : il ne fallut pas longtemps avant que les autorités turques ne demandent, elles aussi, de pouvoir bénéficier d'un Bureau d'information. Ce fut chose faite dès la deuxième session du Conseil d'association entre la Turquie et la Communauté économique, le 27 juillet 1965, moment où la délégation turque demanda aussi des brochures sur les Communautés en langue turque et la participation de ces dernières à la grande foire d'Izmir[141]. La réponse, cette fois, fut plus circonspecte. Sans doute la Turquie devait-elle être vue elle aussi comme un futur État membre potentiel et bénéficier, à ce titre, d'une information de nature à sensibiliser l'opinion publique aux bienfaits de l'aventure communautaire, mais c'est Rabier lui-même qui observa, au retour d'une visite de travail dans ce pays en 1965, que « la notion même d'opinion publique a un

138 « to avoid any possible conflict involving Turkey and Greece » / Fabio Casini, « The Information Policy. How the European Communities Presented Themselves Abroad (1952–1967) », dans *The European Community and the World. A historical Perspective*, ouvrage dirigé par Giuliana Laschi, P.I.E. Peter Lang, collection « Euroclio » n° 81, 2014.

139 Avant-projet de rapport du Groupe de l'information au Comité des représentants permanents, 1964 / Cité par Fabio Casini, « The Information Policy. How the European Communities Presented Themselves Abroad (1952–1967) », dans *The European Community and the World. A historical Perspective*, ouvrage dirigé par Giuliana Laschi, P.I.E. Peter Lang, collection « Euroclio » n° 81, 2014.

140 Fabio Casini, « The Information Policy. How the European Communities Presented Themselves Abroad (1952–1967) », dans *The European Community and the World. A historical Perspective*, ouvrage dirigé par Giuliana Laschi, P.I.E. Peter Lang, collection « Euroclio » n° 81, 2014.

141 *Ibid.*

sens très limité dans un pays qui compte quelque 60 % d'analphabètes et où la pénétration des "mass medias" est encore très faible »[142].

Installer un Bureau d'information à Genève s'avéra nettement moins difficile à décider, quand bien même la Suisse ne comptait pas adhérer aux Communautés. La raison en était fort simple, l'Europe des Six se devait de disposer d'une vitrine dans une ville internationale qui allait devenir stratégique :

> Le Conseil d'Administration convient de proposer en première urgence l'installation d'un Bureau à Genève, en raison des importantes négociations et conférences qui vont s'ouvrir et se poursuivre dans cette ville et notamment à l'occasion des négociations dites « Kennedy round », de la Conférence des Nations unies sur le Commerce et le Développement, et de la Conférence mondiale sur les applications pacifiques de l'énergie atomique[143].

Deux semaines plus tard, le Conseil des ministres donnait son « feu vert » à la création du Bureau d'information de Genève, tant il est vrai que l'Europe communautaire voulait déjà peser, à cette époque, sur la scène internationale.

Acteur international, l'Europe communautaire l'était déjà depuis cinq ans, lorsqu'avait été lancée sa « première politique étrangère »[144] par le biais de la Politique d'association avec les pays d'Afrique. Sans doute le manque de moyens humains et budgétaires explique-t-il pour une bonne part que des Bureaux d'information n'aient pas été ouverts dans certains de ces derniers, mais une autre raison a vraisemblablement contribué aussi à cette absence sur le terrain : l'Afrique était en ce temps-là une zone où les appétits communistes et occidentaux s'affrontaient de manière directe. Dans une région qui était alors perçue « comme le "ventre mou" de la politique internationale »[145], la Communauté économique était engagée à sa manière dans la « défense du monde libre »[146] puisque, par le maintien d'une présence européenne, elle pouvait agir pour « empêcher les colonies qui se rapprochaient de l'indépen-

---

142 Jacques-René Rabier, *Note sur les problèmes d'information en Turquie*, 20/06/1966 / Cité par Fabio Casini, « The Information Policy. How the European Communities Presented Themselves Abroad (1952–1967) », dans *The European Community and the World. A historical Perspective*, ouvrage dirigé par Giuliana Laschi, P.I.E. Peter Lang, collection « Euroclio » n° 81, 2014.

143 *Création éventuelle de nouveaux Bureaux d'information*, extrait du procès-verbal de la réunion du Conseil d'administration du 1er octobre 1963 / Cité par Fabio Casini, « The Information Policy. How the European Communities Presented Themselves Abroad (1952–1967) », dans *The European Community and the World. A historical Perspective*, ouvrage dirigé par Giuliana Laschi, P.I.E. Peter Lang, collection « Euroclio » n° 81, 2014.

144 *La Construction européenne et les « Pays en Voie de Développement ». Politiques de Communication, Générosité et identité(s)*, thèse de doctorat en Anthropologie sociale de Natacha Nicaise, Université fédérale de Rio de Janeiro, 2007.

145 Entretien avec Pierre Cros du 11/01/2006, dans *La Construction européenne et les « Pays en Voie de Développement »*, thèse de doctorat en Anthropologie sociale de Natacha Nicaise, Université fédérale de Rio de Janeiro, 2007.

146 *Ibid.*

dance de choisir le marxisme-léninisme »[147] et éviter ainsi que « l'équilibre du monde »[148] ne soit rompu. Il s'agissait donc de « saper la concurrence communiste » en dénonçant notamment les « dysfonctionnements »[149] de l'aide russe et chinoise, par exemple « les fameux chasse-neige »[150] envoyés par Moscou à Conakry où Pékin avait pour sa part envoyé « 5 000 arrosoirs »[151] alors qu'il « tombe quatre mètres d'eau par an »[152] en Guinée. Rabier et ses hommes à l'outre-mer s'y emploieront notamment en multipliant les émissions et les billets d'informations que diffusaient non seulement les radios africaines, mais aussi la BBC et Radio-France International. Il s'agissait donc d'une action d'information hautement politique – et parfois sans doute très proche, cette fois, de la propagande. Il a sans doute été jugé préférable d'en garder le contrôle absolu à Bruxelles…

L'Amérique latine sera, elle, le théâtre d'une lutte institutionnelle qui permettra à la Haute Autorité de manifester toute son indépendance. À sa demande d'y établir une antenne afin de répondre aux sollicitations que lui adressaient, entre autres, la Commission des Nations unies pour l'Amérique latine ainsi que les milieux sidérurgiques, le Conseil des ministres fit la sourde oreille en reportant la décision à plus tard. Qu'à cela ne tienne, la Haute Autorité décidait dans la foulée, en 1964, sans plus en référer à quiconque, d'installer un « bureau de liaison »[153] à Santiago du Chili, siège de la Commission onusienne. Quelques mois plus tard, les deux autres Communautés décidaient d'ouvrir un Bureau d'information à Montevideo, la Haute Autorité refusant de contribuer au financement de ce dernier[154] jusqu'au moment où un compromis fut trouvé en 1967. Des tensions donc, à l'autre bout du monde. Mais il y en avait ailleurs, bien plus fortes et bien plus proches de Bruxelles…

* *
*

À Paris, un journaliste défroqué devenu missionnaire énerve. François Fontaine gère depuis le milieu des années 1950 le Bureau de presse et d'infor-

---

147 *Ibid.*

148 Entretien avec Pierre Cros du 11/01/2006, dans *La Construction européenne et les « Pays en Voie de Développement »*, thèse de doctorat en Anthropologie sociale de Natacha Nicaise, Université fédérale de Rio de Janeiro, 2007.

149 *La Construction européenne et les « Pays en Voie de Développement »*, thèse de doctorat en Anthropologie sociale de Natacha Nicaise, Université fédérale de Rio de Janeiro, 2007.

150 Entretien avec Pierre Cros du 11/01/2006, dans *La Construction européenne et les « Pays en Voie de Développement »*, thèse de doctorat en Anthropologie sociale de Natacha Nicaise, Université fédérale de Rio de Janeiro, 2007.

151 *Ibid.*

152 *Ibid.*

153 Fabio Casini, « The Information Policy. How the European Communities Presented Themselves Abroad (1952–1967) », dans *The European Community and the World. A historical Perspective*, ouvrage dirigé par Giuliana Laschi, P.I.E. Peter Lang, collection « Euroclio » n° 81, 2014.

154 *Ibid.*

mation ouvert par la Haute Autorité. Après l'avenue George V, il a gagné la rue des Belles Feuilles qui devient un « extraordinaire foyer d'initiatives »[155] visant à faire prendre conscience de la nature véritable du projet européen et s'employant à situer « les messages dans leur contexte et la Communauté qui les émet dans son dessein politique d'origine »[156]. Dans la France devenue gaulliste, c'est peu de dire que François Fontaine dérange. Son patron aussi, mais Rabier, à Luxembourg puis Bruxelles, bénéficie « d'une certaine "protection géographique" »[157] là où il se trouve, lui, « en première ligne »[158].

Si Fontaine et Rabier se retrouvent « dans le collimateur de l'Élysée, de Matignon, du Quai d'Orsay »[159], c'est parce qu'il leur est reproché d'être des « hommes de Monnet »[160] et « fidèles à l'esprit originel de la Communauté européenne »[161]. Ils indisposent au plus haut point les dirigeants de la Ve République naissante parce qu'ils entendent, par leur action d'information,

> contribuer à l'intégration de l'Europe, à l'union de nos peuples, à la formation d'une conscience civique européenne, dans l'esprit des « Pères fondateurs » : Monnet, Schuman, Adenauer, De Gasperi, Spaak et autres, parmi lesquels Walter Hallstein, alors président de la Commission de la Communauté économique européenne, bête noire des gaullistes, mais… notre patron[162].

Selon Rabier, François Fontaine « sait presque toujours ne pas aller trop loin, ne pas frapper trop fort, et surtout ne pas tomber dans l'idéologie – fût-elle proeuropéenne – ou la propagande »[163]. Tout au plus sera-t-il, en 1968, courtoisement réprimandé par le président Jean Rey pour avoir mis en cause la politique du général de Gaulle en écrivant qu'il « n'a jamais admis que la France cède une once de souveraineté au profit d'une organisation internationale quelconque »[164]. Pour le reste, point de dérapage flagrant. Et pourtant, il énerve. Autant que son patron et le Service commun presse et information de « Bruxelles »…

C'est que la France du général souhaitait avoir à Bruxelles – et, bien sûr, *a fortiori* à Paris – « des fonctionnaires éventuellement militants, mais pas

155 « François Fontaine et Jean Monnet : du Commissariat du Plan à la Haute Autorité de la CECA. F.F. homme d'information », texte de Jacques-René Rabier lu lors de la Commémoration amicale de François Fontaine organisée à Paris le 27 avril 2006 à l'occasion du dixième anniversaire de sa mort.

156 *Ibid.*

157 *Ibid.*

158 *Ibid.*

159 *Ibid.*

160 *Ibid.*

161 *Ibid.*

162 *Ibid.*

163 *Ibid.*

164 François Fontaine, « Une dégradation de l'ordre international », article publié dans la revue *France Forum* en février 1968 / Cité par Jacques-René Rabier lors de la Commémoration amicale de François Fontaine organisée à Paris le 27 avril 2006 à l'occasion du dixième anniversaire de sa mort.

nécessairement européens », en clair de bons petits soldats au service de la pleine souveraineté française. C'était un temps, par exemple, où « la Datar, l'organisme qui gérait dans les régions les fonds européens, avait pour instruction de ne pas mettre d'écriteaux "Financé par la Communauté européenne" lorsqu'on construisait un abattoir ou une autoroute ». Inutile de préciser que Rabier et Fontaine guerroyaient gaiement contre ces interdits et autres embûches, même s'ils s'efforçaient de ne se « mettre en guerre » ouverte avec aucun des gouvernements.

La guerre, c'est Paris qui la déclara au Service commun. Le fut-elle par un ministre, voire par le général lui-même ? Non, la responsabilité en incombe aux « services du gouvernement français » car, après tout, « ce sont toujours les services qui font du zèle »[165]. Dans un premier temps, elle prit la forme d'une guerre d'usure. Ainsi, chaque année, la France s'abstient lors de l'adoption – à l'unanimité des autres pays membres… – du budget de l'information. Mais à la volonté de placer les troupes de Rabier sous « haute surveillance » allait succéder très vite, à Paris, la tentation de leur « mise sous tutelle »[166].

En septembre 1963, Henri Rochereau, membre de la Commission Hallstein chargé de l'information, présente aux Conseils des ministres, réunis sous présidence… française, un « Mémorandum sur la politique des Communautés en matière d'information ». Ce document, daté du 26 juin, a été élaboré sous l'autorité du Conseil d'administration du Service commun, avec le concours actif de Jacques-René Rabier. Il témoigne de la volonté de celui-ci d'opérer à visière découverte et en entente avec « les gouvernements et les bureaucraties nationales et les ministères chargés de l'Europe »[167]. La balle est saisie au bond par les ministres qui décident le jour même de créer le Groupe des experts nationaux chargés de l'information. Celui-ci deviendra l'enceinte où la France s'emploiera à modifier radicalement la partition de l'info européenne afin de la rendre agréable aux oreilles parisiennes, tant il est vrai que « certains accents mis par la Présidence française sur l'intention de mieux contrôler les activités d'information montraient que ces activités – sans doute jugées trop "communautaires" – étaient considérées, à Paris et à la Représentation permanente de Bruxelles, avec une évidente suspicion »[168].

Des archives désormais ouvertes le confirment. Pour bien préparer son exposé à « *la Sapienza* », Rabier est allé se promener, en compagnie de la jeune historienne française Elsa Guichaoua, à Fontainebleau où sont entreposées

---

165 *Conshist.Com*, « Histoire interne de la Commission européenne 1958–1973 », entretien accordé par Jacques-René Rabier à Yves Conrad et Julie Cailleau, Bruxelles, 8 janvier 2004.

166 « Les origines de la politique d'information européenne (1953–1973) », communication de Jacques-René Rabier au séminaire du Pôle universitaire Jean Monnet – Luigi Einaudi de l'Universita degli Studi di Roma « La Sapienza » les 19–20 février 1999.

167 *Conshist.Com*, « Histoire interne de la Commission européenne 1958–1973 », entretien accordé par Jacques-René Rabier à Yves Conrad et Julie Cailleau, Bruxelles, 8 janvier 2004.

168 « Les origines de la politique d'information européenne (1953–1973) », communication de Jacques-René Rabier au séminaire du Pôle universitaire Jean Monnet – Luigi Einaudi de l'Universita degli Studi di Roma « La Sapienza » les 19–20 février 1999.

les archives du ministère des Affaires étrangères et du Secrétariat général du Comité interministériel pour les questions de coopération économique européenne. Ce qu'ils y ont découvert est édifiant.

Ainsi, alors que le Mémorandum de la Commission venait d'être transmis aux Six, le secrétaire général adjoint du Secrétariat général du Comité interministériel adressait le 15 juillet aux ministres des Affaires étrangères, des Finances, des Affaires économiques et de l'Information, ainsi qu'au Représentant permanent à Bruxelles, une note assassine pour la politique d'information des Communautés. Il y stigmatisait l'intention prêtée à la Commission Hallstein « de négliger l'action d'information que peuvent effectuer les Gouvernements et de considérer que l'initiative revient aux Communautés, qui s'estiment particulièrement qualifiées pour mener à bien cette tâche, tant à l'intérieur de la C.E.E. qu'à l'extérieur, et ceci aussi bien sur le plan technique que politique »[169]. Et le fonctionnaire français de regretter également « la préférence portée par la Commission pour les développements de nature politique au détriment de la documentation d'ordre économique et de l'information précise et concrète sur les actions de la Communauté »[170]. D'où sa conclusion lapidaire : « Ces orientations ne peuvent pas être approuvées »[171]. Suivaient ensuite des suggestions visant toutes à mettre sous tutelle le Service commun, ce qui va devenir « une idée fixe à Paris et à Bruxelles »[172].

Ces actions de guérilla vont aller crescendo jusqu'à l'explosion de la « crise de la chaise vide », ouverte le 30 juin 1965. Rabier ne prétend pas que les activités de son Service commun « aient été le détonateur principal »[173] de cette crise politique majeur, mais il estime qu'il y en avait déjà eu de « nombreux signes annonciateurs dans le domaine "sensible" »[174] dont il avait la charge.

Dans cette affaire, il est confronté à un adversaire de taille, mais aussi à un ennemi intérieur. Son adversaire le plus redoutable, le plus tenace aussi, est l'ambassadeur Jean-Marc Boegner. « Forte personnalité et gaulliste fidèle »[175], il avait été « conseiller technique au Cabinet du Général »[176] avant d'être nommé Représentant permanent de la République à Bruxelles, poste qu'il occupera de 1961 à 1972. Cette « personne fort respectable » était « évidemment dans la main de son gouvernement, ce qui est normal pour un ambassadeur », mais Rabier la soupçonne d'avoir été, dans le domaine de l'information, bien

[169] Cité dans « Les origines de la politique d'information européenne (1953–1973) », communication de Jacques-René Rabier au séminaire du Pôle universitaire Jean Monnet – Luigi Einaudi de l'Universita degli Studi di Roma « La Sapienza » les 19–20 février 1999.

[170] *Ibid.*

[171] *Ibid.*

[172] « Les origines de la politique d'information européenne (1953–1973) », communication de Jacques-René Rabier au séminaire du Pôle universitaire Jean Monnet – Luigi Einaudi de l'Universita degli Studi di Roma « La Sapienza » les 19–20 février 1999.

[173] *Ibid.*

[174] *Ibid.*

[175] *Ibid.*

[176] *Ibid.*

plus gaulliste que de Gaulle lui-même : n'envoyait-il pas des télégrammes à Paris « pour les recevoir comme instructions » afin d'être couvert dans la lutte implacable qu'il voulait mener contre le Service commun de presse et d'information ? Il n'en a pas la preuve formelle, mais il en a la conviction la plus profonde.

De même, Rabier et ses proches n'ont pas la preuve formelle d'avoir eu à combattre un ennemi intérieur, au sein même de la Commission Hallstein, mais ils en ont la conviction chevillée à l'esprit. Jusque-là, Jacques-René Rabier s'était bien entendu avec tous ses patrons, qu'il s'agisse de Caron, « Vénitien très européen »[177], de Rochereau qui lui « faisait une confiance totale »[178], du prince Colonna di Paliano « qui était un homme en or, d'une classe extraordinaire »[179], du Belge Albert Coppé, qu'il connaissait et appréciait depuis la Haute Autorité. Avec le Luxembourgeois Borschette, les choses se passèrent moins bien…

De Borschette, personne dans la garde rapprochée de Jacques-René Rabier ne prononce jamais le prénom. Lui non plus d'ailleurs, ce qui est révélateur de l'amertume qu'il a laissée chez un certain nombre de ses collaborateurs à l'information. « Borschette était un homme très rusé, voire roublard », « qui essayait d'avoir Rabier à l'usure » en imposant des réunions se terminant tard dans la nuit afin de battre en brèche la stratégie d'information de Rabier, « lui qui ne jurait plus que par des notes d'information », se souvient ainsi Robert Pendville[180]. En tout cas, « M. Borschette a vraiment martyrisé Jean Moreau », témoigne Jacqueline Lastenouse[181]. Rabier s'en tire, pour sa part, par une pirouette, rappelant que Borschette avait « fait la Wehrmacht sur le front russe comme Luxembourgeois »[182], ce qui constitue bien sûr une circonstance atténuante. Or, il avait écrit un livre pour relater cette tranche de sa vie, Apprenez à mourir, ouvrage que le patron du Service commun s'était empressé… d'offrir à ses collaborateurs. Il pense que Borschette l'avait appris, mais ne sait toujours pas « s'il a goûté l'humour »[183].

Cette anecdote en dit long sur l'état des relations entre le commissaire et les troupes de Rabier. C'est qu'au Service commun, « on a toujours dit qu'il était télécommandé par Paris »[184], avoue Robert Pendville. Rabier se veut plus prudent : « Peut-être renseignait-il Boegner au moment de la chaise vide. C'est

---

177 *Conshist.Com*, « Histoire interne de la Commission européenne 1958–1973 », entretien accordé par Jacques-René Rabier à Yves Conrad et Julie Cailleau, Bruxelles, 8 janvier 2004.

178 *Ibid.*

179 *Ibid.*

180 Entretien de Robert Pendville avec l'auteur.

181 *Conshist.Com*, « Histoire interne de la Commission européenne 1958–1973 », entretien accordé par Jacqueline Lastenouse-Bury à Michel Dumoulin et Julie Cailleau, Bruxelles, 21 janvier 2004.

182 *Conshist.Com*, « Histoire interne de la Commission européenne 1958–1973 », entretien accordé par Jacques-René Rabier à Yves Conrad et Julie Cailleau, Bruxelles, 8 janvier 2004.

183 *Ibid.*

184 Entretien de Robert Pendville avec l'auteur.

une de mes hypothèses. Je n'en ai pas la preuve. Cela ne m'étonnerait pas. Ils étaient grands amis »[185]... Avant d'être commissaire, Borschette était le Représentant permanent du Grand-Duché auprès des institutions européennes, un collègue de Boegner, par conséquent. Voilà qui, en effet, peut créer des liens. D'où cette nouvelle pirouette de Rabier qui invite un historien ou un autre à se pencher un jour sur le cas Borschette, arguant : « Puisqu'il a un bâtiment, cela vaut un mémoire »[186].

C'est dans ce contexte que la guérilla prend de l'ampleur, certaines audaces de Rabier et de ses troupes suscitant l'ire de plus en plus mal contenue des vigies françaises. Ainsi, avec son compatriote Gaudet, directeur du Service juridique des Commissions et ancien du Conseil d'État en France, il a l'outrecuidance d'oser inviter les membres du Conseil d'État à venir s'informer à Bruxelles. Ils pensaient « que les membres du Conseil d'État étaient assez grands pour savoir s'ils acceptaient ou pas une telle invitation », ce qui était une grossière erreur car il s'agissait d'une atteinte à la souveraineté de la France qui allait valoir à Hallstein des réprimandes du Représentant permanent français. Dans un télégramme « à diffusion restreinte » adressé à Paris le 26 avril 1965, l'ambassadeur Boegner annonce : « J'ai marqué à M. Hallstein ma surprise devant le fait qu'une telle manifestation avait été organisée sans que le Gouvernement français ait pu être mis en mesure de faire connaître son sentiment »[187]. Et le diplomate de préciser dans la foulée les raisons de son courroux : « Il va de soi que dans les exposés qui seront faits aux membres du Conseil d'État participant à ce déplacement la Commission présentera les choses à sa manière, en particulier pour ce qui concerne son propre rôle »[188]. Impardonnable pour une institution qui ne peut s'occuper que de problèmes économiques techniques et pratiques, tant il est vrai que « tout ce qui débordait du cadre étroit de l'information factuelle sur les décisions des institutions européennes était considéré, à Paris, comme un domaine politique qui ne pouvait dépendre que des gouvernements » des six pays membres.

Cette visite n'aura finalement pas lieu. Mais Paris – et Boegner – ont bien d'autres raisons de fulminer contre un Service d'information qui, envers et contre tout, veut « entrer dans des terrains qui, du point de vue du gouvernement français, étaient des terrains nationaux sous souveraineté, sous haute surveillance »[189], son patron estimant tout au contraire qu'il n'y avait pas, qu'il

---

185 *Conshist.Com*, « Histoire interne de la Commission européenne 1958–1973 », entretien accordé par Jacques-René Rabier à Yves Conrad et Julie Cailleau, Bruxelles, 8 janvier 2004.

186 *Ibid.*

187 Télégramme – DELFRA – Bruxelles à diffusion réservée du 28 avril 1965, signé Boegner, n° 453/56 / Cité dans « Les origines de la politique d'information européenne (1953–1973) », communication de Jacques-René Rabier au séminaire du Pôle universitaire Jean Monnet – Luigi Einaudi de l'Universita degli Studi di Roma « La Sapienza » les 19–20 février 1999.

188 *Ibid.*

189 *Conshist.Com*, « Histoire interne de la Commission européenne 1958–1973 », entretien accordé par Jacques-René Rabier à Yves Conrad et Julie Cailleau, Bruxelles, 8 janvier 2004.

ne pouvait y avoir « de milieux sous haute surveillance »[190]. Ainsi, lors de la réunion du Groupe des experts nationaux de l'information du 28 avril 1965, Rabier à l'idée de demander à ses interlocuteurs s'ils peuvent lui faire parvenir, par le biais des ambassades à Amman, des informations sur une conférence de la Ligue arabe dans la capitale jordanienne. Stupeur du délégué de la République qui, dans un projet de note rédigé le jour même, s'insurge avec indignation : « Pour notre part, nous avons considéré que ces problèmes de nature politique n'entraient pas dans le cadre des compétences normales de la Commission »[191]. Cette demande est donc retenue « comme un péché capital de se mêler de ce qui ne nous regardait pas »[192]. Deux jours plus tard, Boegner fait savoir à Paris qu'il a informé ses collègues Représentants permanents des autres pays membres des « nombreux motifs de mécontentement qu'il a à l'égard du comportement du Service d'Information de la Commission »[193].

Certaines de ces récriminations peuvent parfois être fondées. Ainsi, dans une interview accordée au magazine du Bureau d'information de La Haye, Alfred Mozer, chef de cabinet du vice-président Mansholt, a « des mots un peu durs pour le gouvernement du général de Gaulle »[194]. À Simon Cohen, son « missionnaire » néerlandais, et à sa petite équipe, Jacques-René Rabier juge bon de lancer : « Ne tirez pas la moustache du chat »[195]. Trop tard : parce qu'il y a aussi eu une caricature peu flatteuse du Général dans un journal néerlandais, le Représentant permanent français se fend d'un nouveau télégramme, plus menaçant encore : « Dans ces conditions, nous étions résolus à nous désolidariser entièrement des activités de ce service en attendant que l'on institue un contrôle réel des États membres dans un domaine qu'il n'y avait aucune raison d'abandonner à l'autorité exclusive des Commissions et de la Haute Autorité »[196]. Rabier a beau souligner qu'il ne peut être tenu responsable pour la publication d'une caricature de presse – « Écoutez, je regrette qu'il y a une caricature qui ait pu offenser quelqu'un, fusse le général de Gaulle. Ce n'est

---

190 *Ibid.*

191 Cote d'archives 299.811 / Cité dans « Les origines de la politique d'information européenne (1953–1973) », communication de Jacques-René Rabier au séminaire du Pôle universitaire Jean Monnet – Luigi Einaudi de l'Universita degli Studi di Roma « La Sapienza » les 19–20 février 1999.

192 *Conshist.Com*, « Histoire interne de la Commission européenne 1958–1973 », entretien accordé par Jacques-René Rabier à Yves Conrad et Julie Cailleau, Bruxelles, 8 janvier 2004.

193 Télégramme du 30 avril 165, signé Boegner. Cote d'archives 300.811 / Cité dans « Les origines de la politique d'information européenne (1953–1973) », communication de Jacques-René Rabier au séminaire du Pôle universitaire Jean Monnet – Luigi Einaudi de l'Universita degli Studi di Roma « La Sapienza » les 19–20 février 1999.

194 *Conshist.Com*, « Histoire interne de la Commission européenne 1958–1973 », entretien accordé par Jacques-René Rabier à Yves Conrad et Julie Cailleau, Bruxelles, 8 janvier 2004.

195 *Ibid.*

196 Télégramme du 26 mai 1965, signé Boegner / Cité dans « Les origines de la politique d'information européenne (1953–1973) », communication de Jacques-René Rabier au séminaire du Pôle universitaire Jean Monnet – Luigi Einaudi de l'Universita degli Studi di Roma « La Sapienza » les 19–20 février 1999.

pas moi le caricaturiste », se souviendra-t-il avoir avancé pour sa défense[197] –, la charge se précise.

L'assaut final – ou, du moins, supposé tel – est lancé le 25 juin 1965 à Bruxelles, dès l'entame d'une nouvelle réunion du Groupe des experts de l'information :

> La Délégation française, dans une déclaration préliminaire, a rappelé les nombreuses raisons qu'elle avait de se plaindre des agissements du Service de Presse et d'Information. Elle a rappelé qu'elle estimait indispensable que les États membres puissent exercer un contrôle plus efficace dans un secteur aussi sensible que celui de l'information (...). La Délégation française a précisé qu'elle se réservait de faire des propositions à ce sujet et qu'en attendant elle ne pourrait ni prendre une part active aux travaux du Groupe, ni participer aux réunions des Conseillers de l'Information des Pays de la Communauté dans les postes à l'étranger[198].

C'était donc la « chaise vide » avant la « chaise vide ».

Ce compte-rendu de Maurice Ulrich, Représentant permanent adjoint, est daté du 22 juillet et envoyé près d'un mois après la tenue de la réunion fatidique. Or, entre-temps, la grande crise politique de la « chaise vide » a éclaté : le 30 juin, la France a fait savoir qu'elle ne participerait plus aux travaux des Conseils des ministres et des divers comités, notamment le Comité des Représentants permanents – dit le « Coreper » dans le jargon communautaire –, tant que la Commission Hallstein continuerait à vouloir imposer son projet de règlement financier agricole et surtout, proposition insupportable pour le Général et les gaullistes, à vouloir injecter une dose de décisions à prendre à la majorité qualifiée au niveau des Conseils des ministres.

La « crise de la chaise vide » trouvera son épilogue sept mois plus tard, à la fin janvier 1966, sous la forme de « ce que l'on a appelé – improprement d'ailleurs – "le compromis de Luxembourg" »[199], lequel n'était jamais que le constat d'un désaccord persistant maquillé en compromis par des diplomates imaginatifs. Par contre, pour Rabier et ses fidèles, l'heure de la trêve n'avait pas encore sonné.

Le même 25 juin fatidique, Jean Dromer, le secrétaire général adjoint du Secrétariat général du Comité interministériel pour les questions de coopération économique européenne, adressait une circulaire à tous les départements ministériels français, leur demandant « d'examiner comment (...) le fonctionnement du Service commun de Presse et d'Information des Commu-

---

197 *Conshist.Com*, « Histoire interne de la Commission européenne 1958–1973 », entretien accordé par Jacques-René Rabier à Yves Conrad et Julie Cailleau, Bruxelles, 8 janvier 2004.

198 Télex du 22 juillet 1965, n° COMICECA 953, signé Ulrich / Cité dans « Les origines de la politique d'information européenne (1953–1973) », communication de Jacques-René Rabier au séminaire du Pôle universitaire Jean Monnet – Luigi Einaudi de l'Universita degli Studi di Roma « La Sapienza » les 19–20 février 1999.

199 « Les origines de la politique d'information européenne (1953–1973) », communication de Jacques-René Rabier au séminaire du Pôle universitaire Jean Monnet – Luigi Einaudi de l'Universita degli Studi di Roma « La Sapienza » les 19–20 février 1999.

nautés européennes pourrait être amélioré et ainsi échapper aux critiques »[200]. Lorsqu'il visite les archives de Fontainebleau, Jacques-René Rabier s'attend donc à y « trouver une série de rapports dignes de l'Inquisition », lui « révélant enfin quels crimes (de lèse-majesté) nous avions commis, mes collaborateurs et moi… »[201] Sa « déception » est grande – mais moindre, sans doute, que celle que durent alors ressentir le Secrétariat général du Comité interministériel « et les autres "Inquisiteurs" de Bruxelles et de Paris »[202]. En réalité, seuls deux ministères ont pris la peine de répondre, le Centre national de la Cinématographie pour dire « satisfaisantes ses relations avec le Service commun » et le ministère de l'Agriculture « qui qualifie d'excellentes ses relations avec ledit Service, notamment avec le Bureau de Paris »[203].

Pour les intégristes de la souveraineté française, c'est un coup dans l'eau, presque un échec. Pourtant, ils ne se résignent pas et remettent l'ouvrage sur métier, invitant les mêmes ministères, le 24 février 1966, à procéder « à une revue des activités du Service commun de Presse et d'Information, de façon à déceler les errements fâcheux de ce service, à déterminer les activités qu'il paraîtrait souhaitable qu'il conserve, ainsi que la forme et l'étendue du contrôle que les États devraient exercer sur elles »[204]. La pêche ne sera pas davantage miraculeuse puisqu'un seul ministère répond et que le directeur du cabinet du ministre de la Jeunesse et des Sports répond, comble de tout, que l'action du Service de Rabier « correspond sans nul doute à un besoin sans cesse exprimé par la quasi-totalité des organismes non gouvernementaux de Jeunesse et d'Éducation populaire »[205]. Cette fois, c'est carrément la Berezina pour Boegner et les autres hérauts de la souveraineté absolue et intangible de la France.

200 Edmond Jouve : « Le Général de Gaulle et la construction de l'Europe (1940–1966) ». Librairie générale de Droit et de Jurisprudence. Paris, 1967 / Cité dans « Les origines de la politique d'information européenne (1953–1973) », communication de Jacques-René Rabier au séminaire du Pôle universitaire Jean Monnet – Luigi Einaudi de l'Universita degli Studi di Roma « La Sapienza » les 19–20 février 1999.

201 « Les origines de la politique d'information européenne (1953–1973) », communication de Jacques-René Rabier au séminaire du Pôle universitaire Jean Monnet – Luigi Einaudi de l'Universita degli Studi di Roma « La Sapienza » les 19–20 février 1999.

202 *Ibid.*

203 Note du Centre national de la Cinématographie GV/DB n° 9733 du 23 juillet 1965, signée A. Holleaux, et note du ministère de l'Agriculture JW/RS du 4 août 1965, signée Jean Vaudeville / Citées dans « Les origines de la politique d'information européenne (1953–1973) », communication de Jacques-René Rabier au séminaire du Pôle universitaire Jean Monnet – Luigi Einaudi de l'Universita degli Studi di Roma « La Sapienza » les 19–20 février 1999.

204 Note du S.G.C.I. HB/MB, n° CE 1578, du 24 février 1966, signée J. Dromer / Cité dans « Les origines de la politique d'information européenne (1953–1973) », communication de Jacques-René Rabier au séminaire du Pôle universitaire Jean Monnet – Luigi Einaudi de l'Universita degli Studi di Roma « La Sapienza » les 19–20 février 1999.

205 Note C516 du 10 mars 1966, signée R. Haby / Cité dans « Les origines de la politique d'information européenne (1953–1973) », communication de Jacques-René Rabier au séminaire du Pôle universitaire Jean Monnet – Luigi Einaudi de l'Universita degli Studi di Roma « La Sapienza » les 19–20 février 1999.

Il en faudrait bien plus, toutefois, pour que l'ambassadeur Boegner et ses complices parisiens songent à se résigner. Revenu siéger au sein du Comité des représentants permanents, il s'appuie sur un paragraphe « peu connu » du pseudo-compromis de Luxembourg pour poursuivre sa lutte contre la stratégie d'information que s'échine à défendre un homme coupable, à ses yeux, d'avoir épousé les idées de Monnet : « La coopération entre le Conseil et la Commission dans le domaine de l'information de la Communauté (...) sera renforcée de telle sorte que le programme du Service de Presse et d'Information sera défini et sa mise en œuvre suivie conjointement selon des procédures qui seront précisées ultérieurement et qui pourraient comporter la création d'un organisme ad hoc »[206]. D'où ce commentaire acide mais pertinent que formulera plus tard Jacques-René Rabier : « On reconnaît bien là la pratique diplomatique qui consiste à introduire dans un texte une disposition pleine d'arrière-pensées que les partenaires considéreront comme anodine, parce qu'elle reste vague dans sa formulation »[207]. Pas dupe, le journal *Le Monde* avait avancé beaucoup plus tôt, en éditorial, une analyse non moins acerbe : « Ce sont les rapports avec l'opinion qu'il convient également de réviser, estime Paris. La politique d'information de la Commission lui paraît trop autonome. Doit-on lire : trop efficace ? »[208]

Peut-être ne lisait-on pas *Le Monde* dans les cabinets ministériels gaullistes et dans les services qui en dépendaient. En tout cas, on n'en tenait pas compte puisque, dans la foulée de l'armistice entre la France et les institutions européennes, l'inlassable Secrétariat général du Comité interministériel pour les questions de coopération économique européenne convoque, le 16 mars 1966, une réunion de représentants des départements ministériels « en vue de se concerter sur les suites à donner aux arrangements de Luxembourg pour le fonctionnement convenable du Service d'Information »[209]. Curieusement, les trois départements ministériels qui ont eu l'impudence de manifester de la sympathie pour Rabier et ses missionnaires ne sont pas convoqués à cette

---

206 Edmond Jouve : « Le Général de Gaulle et la construction de l'Europe (1940–1966) ». Librairie générale de Droit et de Jurisprudence. Paris, 1967 / Cité dans « Les origines de la politique d'information européenne (1953–1973) », communication de Jacques-René Rabier au séminaire du Pôle universitaire Jean Monnet – Luigi Einaudi de l'Universita degli Studi di Roma « La Sapienza » les 19–20 février 1999.

207 « Les origines de la politique d'information européenne 1953–1973) », communication de Jacques-René Rabier au séminaire du Pôle universitaire Jean Monnet – Luigi Einaudi de l'Universita degli Studi di Roma « La Sapienza » les 19–20 février 1999.

208 Cité par Edmond Jouve : « Le Général de Gaulle et la construction de l'Europe (1940–1966) ». Librairie générale de Droit et de Jurisprudence. Paris, 1967 / Repris dans « Les origines de la politique d'information européenne (1953–1973) », communication de Jacques-René Rabier au séminaire du Pôle universitaire Jean Monnet – Luigi Einaudi de l'Universita degli Studi di Roma « La Sapienza » les 19–20 février 1999.

209 Note du 16 mars 1966 (doc. 399.80), signée H.B. et adressée à M. Dromer / Citée dans « Les origines de la politique d'information européenne (1953–1973) », communication de Jacques-René Rabier au séminaire du Pôle universitaire Jean Monnet – Luigi Einaudi de l'Universita degli Studi di Roma « La Sapienza » les 19–20 février 1999.

réunion visant à discuter « en cercle restreint des problèmes d'orientation politique »[210]. C'est que l'heure de l'hallali est proche.

Suite à cette réunion restreinte, Jean Dromer fait circuler un projet de note d'orientation qui, pense Rabier, « a sans doute été rédigé à la Représentation permanente de Bruxelles »[211]. Le but est de « saisir les ministres intéressés des orientations qu'il paraît souhaitable de prendre dans le domaine du fonctionnement du Service de Presse et d'information »[212]. Le cahier de doléances reste le même, mais tourne en acte d'accusation : « On ne peut admettre que la politique de la Communauté soit présentée par la Commission, ou son service d'information, d'une manière unilatérale et de telle sorte qu'elle en tire un bénéfice politique »[213], s'insurge le procureur en ajoutant, pour complaire à celui qui rêve de ravaler l'institution de Hallstein au rang de simple « secrétariat » du Conseil des ministres, que « la Commission ne peut constituer un organe ayant une expression politique autonome »[214]. En tout état de cause, est-il encore ajouté, « le rôle des services d'information n'est point de définir et d'engager le devenir politique des constructions européennes, non plus que d'entreprendre des activités concourant à la "formation" des hommes, sauf accord unanime des États pour participer à ces activités »[215]. On ne peut clouer au pilori plus explicitement la stratégie que porte Rabier depuis ses débuts dans l'information chez Monnet !

Cette fois, les services (bruxello-)parisiens mettent cartes sur table en exposant de manière précise la manière dont ils envisagent la gestion du Service indocile, pour le mettre au pas ou, mieux, le bâillonner. Il est ainsi question d'élargir le Conseil d'administration qui chapeaute le Service commun aux « Six Représentants permanents (ou leurs délégués) »[216], tandis que, bien sûr, « les décisions seraient prises à l'unanimité », y compris celles relatives à la nomination et/ou à la promotion de fonctionnaires européens. L'autre possibilité évoquée serait de renforcer le « Groupe de l'Information, relevant du Comité des Représentants permanents » au point d'en faire le nouveau vrai « patron » du Service commun.

210 *Ibid.*

211 « Les origines de la politique d'information européenne (1953–1973) », communication de Jacques-René Rabier au séminaire du Pôle universitaire Jean Monnet – Luigi Einaudi de l'Universita degli Studi di Roma « La Sapienza » les 19–20 février 1999.

212 Note signée J. Dromer, en date du 24 mars 1966 (HB/FG n° CE/2737), accompagnant le projet de note pour le ministre / Citée dans « Les origines de la politique d'information européenne (1953–1973) », communication de Jacques-René Rabier au séminaire du Pôle universitaire Jean Monnet – Luigi Einaudi de l'Universita degli Studi di Roma « La Sapienza » les 19–20 février 1999.

213 Projet de note pour le ministre / Cité dans « Les origines de la politique d'information européenne (1953–1973) », communication de Jacques-René Rabier au séminaire du Pôle universitaire Jean Monnet – Luigi Einaudi de l'Universita degli Studi di Roma « La Sapienza » les 19–20 février 1999.

214 *Ibid.*

215 *Ibid.*

216 *Ibid.*

Sous le général de Gaulle, Paris voulait donc un Service de presse et d'information qui soit à sa botte, à savoir « un sous-produit du Comité des Représentants permanents, c'est-à-dire du gouvernementalisme dans sa plus pure expression ». Ces idées étaient toutefois à ce point délirantes que leurs concepteurs n'ont sans doute même pas osé les présenter, en tout cas de manière officielle, à leurs collègues ministres et ambassadeurs. « Ce qui est clair », se réjouit Jacques-René Rabier qui peut « en témoigner, c'est que ces orientations, longtemps mûries avant, pendant et après la "crise de la chaise vide", sont restées lettres mortes »[217], faute de quoi « après la haute surveillance, c'eût été la paralysie »[218]. Il n'en fut rien. Du moins jusqu'à l'arrivée des Britanniques...

Sur le plan humain, ce long et fastidieux épisode n'a guère trop affecté Rabier qui a conservé, impavide face aux vents contraires, sa ligne de conduite, largement soutenue par les membres de la Haute Autorité et des deux Commissions, « Borschette » excepté. Il n'en veut même pas aux autorités dont son pays s'était doté à l'époque. Après tout, ses compatriotes du camp adverse ont manifesté à son égard, tout au long de ce bras de fer, « une attitude d'hostilité courtoise », à savoir qu'ils avaient « un certain respect » pour lui tout en sachant qu'il était « un fonctionnaire militant et que ce n'était pas un gouvernement, fusse-t-il celui de son pays, qui le ferait changer ».

En tout cas, il n'a jamais eu le sentiment d'être considéré comme un « traître à la patrie », ce que prouvent, selon lui, les quelques « lignes courtoises » à son égard qui figurent dans le compte-rendu de la réunion du 25 juin 1965 signé par Maurice Ulrich et qu'il a résumées – et commentées – ainsi :

> « M. Rabier, chef du Service de presse et d'information des Communautés, qui a adopté pendant toute la réunion une attitude modérée, a fait remarquer qu'il était dans une situation délicate puisqu'il devait tenir compte de points de vue souvent différents au sein de la Communauté. Il a affirmé, cherchant manifestement à faire oublier les incidents récents » – c'est l'histoire de La Haye – « qu'il s'était toujours efforcé de donner une information objective et qu'il en voulait pour preuve que, à tour de rôle » – oh, le perfide Rabier ! –, « chacun des pays membres venait lui reprocher de ne pas tenir suffisamment compte de leurs points de vue particuliers ». C'était vrai, en plus. « Il a enfin déclaré, regrettant certains écarts presque "inévitables", qu'en tout cas, il n'avait jamais eu l'intention de forcer qui que ce soit, et qu'il veillerait, plus encore que par le passé, à ce que l'action de son service soit la plus objective possible »[219].

217 « Les origines de la politique d'information européenne (1953–1973) », communication de Jacques-René Rabier au séminaire du Pôle universitaire Jean Monnet – Luigi Einaudi de l'Universita degli Studi di Roma « La Sapienza » les 19–20 février 1999.

218 *Ibid.*

219 *Conshist.Com*, « Histoire interne de la Commission européenne 1958–1973 », entretien accordé par Jacques-René Rabier à Yves Conrad et Julie Cailleau, Bruxelles, 8 janvier 2004.

S'agit-il, comme il feint de le croire, d'un « coup de chapeau »[220]. Peut-être, diront ceux qui, comme lui, cultivent l'optimisme… ou le pardon.

Ce qui est sûr, par contre, c'est que Rabier peut pousser, lui, le sens de l'honneur très loin, jusqu'à adresser, « par courtoisie », le texte de sa conférence à *La Sapienza* à son adversaire le plus coriace, à savoir l'ambassadeur Boegner. Aujourd'hui décédé, celui-ci lui répondit par lettre autographe le 29 mars 1999 :

Un grand merci, mon cher ami, pour votre si aimable lettre et le texte de votre communication à la "Sapienza". Tout cela m'a fait revivre une période animée et féconde. Vous en parlez avec beaucoup de clarté et un juste souci du détail. Je vous en fais grand compliment, bien qu'avec quelques réserves sur le fond qui font écho à nos divergences que nous devions, comme vous le rappelez, surmonter dans l'intérêt commun.

La paix des braves, en somme, plus de trente ans après les affrontements…

Toutefois, pourquoi ne pas préciser aussi que celui qui se dit toujours « Montmartrois de naissance, Français de nationalité, Bruxellois de résidence et Européen de conviction » avait connu, sur la République mise en place par le général de Gaulle, une victoire européenne symbolique par anticipation. Celle-ci est digne du Gavroche qu'il reste mais il attribue le fait à un « enfant de Belleville », tout aussi espiègle que lui. Au sein du Service commun se mettant en place, André Lamy s'occupe des expositions. Un jour, il annonce à Jacques-René Rabier qu'il sera invité, ainsi que le commissaire qui coiffe le Service, pour l'inauguration de la Foire de Paris, en présence du tout frais premier chef de gouvernement du général de Gaulle, Michel Debré. C'est, à l'évidence, une occasion à ne pas rater. Le jour dit, Rabier et son commissaire prennent le train jusqu'à la gare du Nord où les attend une « une escorte de motards »[221] qui leur fait traverser la ville toutes sirènes hurlantes en « voiture à cocarde »[222]. Ils arrivent au moment où le Premier ministre français pénètre dans la Foire. Et tout à coup, ils entendent la Garde républicaine entamer un morceau de musique. Avec « Debré au garde à vous »[223] et « Rabier qui n'était pas dans le coup, qui a su après que c'était l'hymne aux États-Unis d'Europe – peut-être qu'il était dans le coup, mais il ne veut pas le dire »[224]… Sans doute cette œuvre de Mme Van Helmont, épouse d'un ami très proche de Jean Monnet, « ne valait pas quatre sous »[225], mais que « notre animal de Lamy »[226] soit parvenu à la faire jouer par la Garde républicaine devant l'un des plus illustres bretteurs du gaullisme, voilà bien qui aiderait à avaler quelques couleuvres et à subir autant d'avanies dans les années à venir…

220 *Ibid.*

221 *Ibid.*

222 *Ibid.*

223 *Ibid.*

224 *Ibid.*

225 *Ibid.*

226 *Ibid.*

* *
*

D'autres victoires sur la vision européenne hexagonale du gaullisme dans le secteur de l'information, Jacques-René Rabier va en connaître. Est-il renforcé dans ses convictions et ses soutiens après cette épreuve ? Certains ne sont pas loin de le penser : « La crise de la chaise vide avait, d'une certaine façon, fait prendre conscience que nous étions la Commission, que la Commission ce n'était pas le Conseil, ni le Parlement. La Commission s'est trouvée certainement ressoudée », juge a posteriori Jacqueline Lastenouse[227]. Sans doute Borschette est-il toujours là, mais plus pour très longtemps puisqu'il perdra bientôt la vie alors qu'il était sur le point de prendre la parole au Parlement européen. A-t-il encore eu l'occasion d'adresser à son directeur du Service commun ce reproche empreint d'indignation : « Mais vous aidez, dans votre politique d'information, certaines personnes, certains journalistes qui nous combattent » ? Dans ce cas, Jacques-René Rabier lui aura à nouveau rétorqué, implacable : « Peu importe qu'ils nous combattent. L'essentiel, c'est qu'ils parlent de nous. Le débat démocratique, c'est de s'adresser à des gens qui ne sont pas de notre avis ». Au rayon des mauvais souvenirs, seul un membre de la Haute Autorité y rejoindra le Luxembourgeois pour lui avoir demandé de noter une collaboratrice de manière plus positive qu'il ne l'avait fait, cette exigence « indécente » s'étant vue opposer un refus aussi immédiat que catégorique.

Pour le reste, les activités et actions d'information montent encore en puissance, presque aussi vite que les piles de feuilles et d'ouvrages qui encombrent son bureau, lui valant d'être appelé « le singe »[228] par une au moins de ses secrétaires. Pas sûr qu'il s'en soit offusqué, lui qui aime se « souvenir de la parole du psychologue Piaget » selon laquelle « l'ordre est un cas particulier du désordre »…

Le redoublement des activités vers les différents milieux s'explique parce que la politique d'information est désormais « moins menacée de l'extérieur »[229], mais également parce qu'elle est « plus aisément gérée du fait de la fusion des Exécutifs »[230]. Depuis le 1er juillet 1967, il n'existe plus qu'une Commission, bientôt présidée par le Belge Jean Rey, et qu'un Conseil des ministres. Comme le Service de presse et d'information de Rabier était depuis le départ un « service commun » et « comptait des chefs de division et des postes venus

---

227 *Conshist.Com*, « Histoire interne de la Commission européenne 1958–1973 », entretien accordé par Jacqueline Lastenouse-Bury à Michel Dumoulin et Julie Cailleau, Bruxelles, 21 janvier 2004.

228 Entretien de Robert Pendville avec l'auteur.

229 « Les origines de la politique d'information européenne (1953–1973) », communication de Jacques-René Rabier au séminaire du Pôle universitaire Jean Monnet – Luigi Einaudi de l'Universita degli Studi di Roma « La Sapienza » les 19–20 février 1999.

230 *Ibid.*

des trois institutions »[231], on n'y vit pas « le traumatisme »[232] connu par d'autres Directions générales. Au contraire, le regroupement est accueilli « avec soulagement »[233] et même carrément comme « une délivrance »[234] sur le plan de la gestion budgétaire et administrative : « On n'avait plus des personnes rattachées qui à l'Euratom, etc., et des bouts de budget : 25 % pour tel exécutif, 30 % pour l'autre »[235]. En somme, « c'était une comptabilité chinoise »[236] à laquelle il était mis fin. Toutefois, cette médaille avait elle aussi son revers…

C'est aussi le moment où le Service commun devient une direction générale et où Rabier… n'en devient pas le Directeur général. Puisque Hallstein va s'en aller, il faut recaser son chef de cabinet, l'Allemand Narjes. Comme « la volonté du président est un ordre », Rabier fait contre mauvaise fortune bon cœur, mais sans gaieté de cœur : « J'ai mordu sur ma chique, comme on dit en Belgique ». Karl-Heinz Narjes, heureusement, ne s'intéresse pas vraiment à l'information et ne s'en occupe « que de loin en loin ». Sa passion, c'est la politique et, tout particulièrement, ce qu'il se passe dans son pays et dans son Land, le Schleswig-Holstein. Deux ans plus tard, il s'y fera élire au parlement régional. Lors du cocktail organisé à l'occasion de son départ, Rabier lui lance, suscitant les sourires : « Nous vous verrons revenir peut-être comme membre de la Commission ». Ce sera effectivement le cas. En attendant, l'homme à qui il a laissé le soin d'exercer « la direction effective » de la Direction générale postule pour prendre sa succession. « Un certain Bourguignon » aussi. Jean Rey le soutient. « J'avais tout de même des états de service », se justifie-t-il, mais il lui en est quand même « reconnaissant »…

Dans le Service commun devenu Direction générale, la vie continue, avec un peu plus de moyens humains, avec des personnes qui ne sont plus seulement des militants acceptant des contrats précaires pour le bien de la cause, mais des fonctionnaires européens que protège le statut de la fonction publique européenne. L'esprit, lui, ne change pas, et Rabier reste un maître dans l'art de semer des idées nouvelles, de poser des actes novateurs. Ainsi, quelques mois après les événements de mai 68 qui le font réfléchir, lui qui avait lui-même des adolescents, il songe à organiser, au printemps 1969, un grand colloque réunissant les dirigeants des associations représentatives de la jeunesse des six pays membres. C'est un pied de nez à de Gaulle au moment où il se retire puisque le fondateur de la Ve République n'entendait même pas que « Bruxelles » puisse prendre langue avec les professeurs et autres recteurs des Universités françaises. À la Commission, cette idée donne d'ailleurs des

[231] *Conshist.Com*, « Histoire interne de la Commission européenne 1958–1973 », entretien accordé par Jacqueline Lastenouse-Bury à Michel Dumoulin et Julie Cailleau, Bruxelles, 21 janvier 2004.

[232] *Ibid.*

[233] *Conshist.Com*, « Histoire interne de la Commission européenne 1958–1973 », entretien accordé par Jacques-René Rabier à Yves Conrad et Julie Cailleau, Bruxelles, 8 janvier 2004.

[234] *Ibid.*

[235] *Ibid.*

[236] *Ibid.*

sueurs froides à certains, tel « ce membre d'un cabinet qui avait suggéré que l'on mette du ciment sur les galets se trouvant en bordure du Berlaymont, de peur qu'ils ne puissent servir de projectiles à cette jeunesse révolutionnaire ». Jacques-René Rabier est heureusement de mèche avec Raymond Rifflet, chef de cabinet du président Rey, et celui-ci, non content de donner son « feu vert » à la tenue de ce « "Jamboree" de la jeunesse »[237], accepte d'accueillir en personne la centaine de délégués « des associations de jeunesse politiques, professionnelles, culturelles, religieuses ou laïques ». Le colloque est une telle réussite que ces jeunes décident de se revoir, ce qui donnera bientôt le jour au Forum européen de la jeunesse.

Politiquement plus incorrect encore, Rabier et ses troupes établissent des contacts avec « l'autre Europe », celle qui se trouve de l'autre côté du rideau de fer. Depuis 1958, ils travaillaient avec l'Institut de la Communauté européenne pour les études universitaires que présidait au départ Max Kohnstamm, ce Néerlandais qui avait préféré suivre Jean Monnet dans l'aventure du Comité d'action pour les États-Unis d'Europe que rester le secrétaire de la Haute Autorité. Cet Institut avait pour mission de mener « des enquêtes régulières sur l'état des enseignements et des recherches universitaires sur l'intégration européenne »[238], ce qui était une manière de contourner les interdits de la France gaulliste et « d'agir dans les milieux universitaires de manière "indirecte" » en ayant recours à un organisme extérieur ne disposant que des liens contractuels avec les Commissions.

Au milieu des années 1960, l'*International Political Science Association* organise un congrès mondial des politologues à Bruxelles. Parmi les participants, des professeurs tchèques, polonais, hongrois... Rabier saute sur l'occasion « pour initier une coopération avec leurs pays »[239]. Fort bien, mais comment faire ? C'est une époque, en effet, où prendre langue avec un citoyen d'un pays « de l'autre camp » était jugé dangereux car suspect, voire même était carrément interdit. C'est donc à nouveau par la bande que la bande à Rabier va opérer pour que des professeurs de l'Est puissent venir à Bruxelles : « C'était l'Institut qui "invitait" mais c'était la Commission, la DG X, qui prenait ces visites en charge et les organisait »[240]. En cette période où la guerre froide restait une réalité, le roman d'espionnage s'enrichissait ainsi d'un chapitre plutôt cocasse, écrit par Jacqueline Lastenouse : « Les collègues dans les DG ne pouvant, en principe, pas recevoir des ressortissants de l'Est, la seule solution consistait à leur demander de se rendre dans mon bureau ou au "Café

---

237 *Conshist.Com*, « Histoire interne de la Commission européenne 1958–1973 », entretien accordé par Jacqueline Lastenouse-Bury à Michel Dumoulin et Julie Cailleau, Bruxelles, 21 janvier 2004.

238 *Ibid.*

239 *Ibid.*

240 *Ibid.*

de la Victoire" qui existait encore sur la place Schuman, pour s'entretenir avec ces professeurs »[241].

L'anecdote confirme que Jacques-René Rabier et ses fonctionnaires-militants n'ont jamais cessé de braver tous les interdits pour servir leur idéal. Lui et sa garde rapprochée étaient animés par un esprit de corps tel qu'il s'en rencontre dans les unités d'élite ou dans les associations humanitaires. C'était un peu une famille, unie par des liens d'amitié parfois profonde : « Tous les ans, nous donnions, ma femme et moi, un cocktail à l'Astoria où on invitait tous mes collaborateurs et leurs conjoints. C'était une occasion, chaque année, de se voir. Cela faisait de la reliance entre nous. Nous n'avions pas des rapports administratifs, rigides, de subordination ». Comme Monnet, Rabier allait, dans les couloirs de son Service commun puis de sa Direction générale, à la rencontre de personnes, peu importe leur grade.

Lorsque, bien plus tard, il reçut, en même temps que son complice de toujours Paul Collowald, les insignes de la Légion d'honneur, il tint d'ailleurs à préciser « qu'au-delà de sa personne, cette décoration s'adressait à tous ceux qui ont participé et participent encore à la construction européenne et qu'à cet instant, il avait une pensée toute particulière pour ceux qu'il a qualifiés de "combattants de la longue marche européenne" ».

[241] *Ibid.*

Chapitre VI

Le sondeur

– Monsieur Rabier, il faut que je vous dise, dans la discussion de cette nuit, une bille a sauté…
– Monsieur le président, j'ai compris : la bille, c'est moi !
– Oui, c'est vous, il fallait qu'on dégage un poste de directeur général…

Il est certains matins plus difficile que d'autres, à la Commission européenne, lorsqu'on est directeur général et que la Communauté vit son premier élargissement. 1er janvier 1973 : le Danemark, l'Irlande et le Royaume-Uni viennent « renforcer » les rangs des six fondateurs, et il appartient donc au Collège des commissaires de couper des têtes pour que certains de leurs ressortissants puissent occuper d'emblée de hautes fonctions dans l'administration européenne. Du côté des fonctionnaires européens, cette réunion sera d'ailleurs bientôt appelée « la nuit des longs couteaux », appellation que les journalistes réservent, pour leur part, aux longues heures nocturnes au cours desquelles les compétences sont réparties entre les membres d'un Collège sur le point de s'installer.

Lorsque, ce matin-là, le président Ortoli le fait appeler au 13e étage du Berlaymont, Rabier pressent ce qu'il va lui être dit. Pourquoi ? Est-ce parce que François-Xavier Ortoli, qui fut son collègue lorsqu'il « était directeur du Marché intérieur »[1], doit son ascension politique au fait d'avoir teinté son européisme d'une (bonne) dose de gaullisme ? Cette idée ne l'a jamais effleuré, même si, c'est vrai, comme tous les Français, Ortoli n'a évidemment rien fait pour défendre un homme « réputé comme ayant gardé l'esprit de Jean Monnet », connu pour son côté « fonctionnaire militant ». En réalité, cette fois, la décision s'avère pourtant bien plus prosaïque…

La France compte, à l'époque, deux directeurs généraux : « Rabot à l'Agriculture – un homme de très grande qualité, un ami personnel aujourd'hui disparu, l'homme qui a fait la Politique agricole commune sous l'autorité de Mansholt – et Rabier à l'Information »[2]. Quand on se souvient du poids qu'avait l'agriculture en France à l'orée des années 1970 et sachant que, parmi les « deux directeurs généraux de nationalité française, il y en avait un de

1 *Conshist.Com*, « Histoire interne de la Commission européenne 1958–1973 », entretien accordé par Jacques-René Rabier à Yves Conrad et Julie Cailleau, Bruxelles, 8 janvier 2004.

2 Entretien de Jacques-René Rabier avec le Pr. Gérard Bossuat, « *Jean Monnet Oral Project, Chaires Jean Monnet d'histoire – Histoire des débuts de la construction européenne – Interview des décideurs de l'unité européenne – Programme français* », juin 1998.

trop »[3], même l'éconduit se devait de comprendre que Paris puisse le sacrifier, tant « les deux plateaux de la balance n'étaient pas équilibrés »[4].

La preuve qu'il n'y avait pas d'hostilité revancharde dans la manœuvre, Rabier la voit d'emblée surgir dans les propos courtois, bienveillants même, que lui tient le président Ortoli aussitôt après :

> – Écoutez, vous êtes encore jeune. Vous allez donc être mis à la retraite comme tous les fonctionnaires qui quittent l'institution en ce moment. Mais si vous le voulez, la Commission est disposée, sur ma proposition, à vous nommer conseiller spécial, donc non rémunéré…

Jeune, Rabier l'était encore : être mis à la retraite à 54 ans à peine n'est pas la norme, seulement un accident de parcours venant briser bien trop tôt une carrière professionnelle jusque-là sans tache. Lorsqu'il revient dans son bureau, son complice Pendville le connaît d'ailleurs assez pour discerner derrière la sérénité affichée « de l'émotion contenue ». Mais l'homme a des ressources et, surtout, la ferme volonté de rester en paix avec lui-même : « (…) je n'avais pas du tout l'intention de me retirer dans un désert, moins encore dans un conseil d'administration privé »[5], s'insurge-t-il en se souvenant aussi qu'il entendait encore moins « aller offrir ses services à tel ou tel chasseur de têtes », au moment où des membres de cette corporation commençaient à « graviter » autour de sa personne.

Être nommé conseiller spécial de la Commission européenne, « c'est ce qu'on appelait le volontariat »[6]. Dans son chef, ce n'en était pas tout à fait un : « Je ne peux pas dire que j'étais franchement volontaire, mais je dis que j'ai été "volontarisé" », nuance-t-il. Toujours est-il, sa réponse à l'offre d'Ortoli est immédiate :

> – J'accepte d'être conseiller spécial, j'ai des idées. J'ai l'idée de créer un mécanisme de sondage de l'opinion publique européenne.

Le président Ortoli en prit bonne note sans y trouver à redire, l'invitant à aller en parler au vice-président Carlo Scarascia Mugnozza. La piste est bonne : Rabier le connaît si bien depuis que cet Italien « vraiment charmant » est passé au Parlement européen et qu'il a accueilli au sein de son cabinet son ancienne collaboratrice Fausta Deshormes que, dans son entourage, on l'appelle… « charabia mimosa ». À cet homme à la fois « extrêmement cultivé et sympathique », il explique qu'Ortoli lui a proposé d'être conseiller spécial, ce qu'il a accepté, et qu'il vient le voir parce qu'il voudrait créer « une politique européenne de sondages de l'opinion publique », ponctuant par cette simple question : « Êtes-vous d'accord ? » La réponse fuse :

---

3 *Ibid.*

4 *Ibid.*

5 *Ibid.*

6 *Ibid.*

– C'est très bien. Faites-moi un projet. Vous avez tout à fait mon appui. C'est très important. Le Parlement le demande[7].

Le Parlement européen le demande ? Bin oui, rappelez-vous, Jacques-René Rabier y cultive depuis très longtemps une belle complicité avec un membre néerlandais et, au tout début des années 1970, il a repris langue avec le toujours précieux Wilhelmus Schuijt pour lui vendre ce qui est la nouvelle idée qui le travaille. Lorsqu'il saisit la perche que lui tend le président Ortoli, la spontanéité de sa réponse n'est qu'apparente. C'est qu'il a déjà avancé ses pions du côté de son complice néerlandais qui, dans un nouveau rapport à son nom soumis au vote de l'Assemblée au début de 1972, a invité la Commission « à accentuer l'information vis-à-vis du grand public », lui suggérant surtout… « la mise en place d'une étude permanente de l'opinion publique européenne »[8]. La demande adressée à l'exécutif est explicitement de faire désormais des sondages d'opinion « un instrument régulier et systématique »[9] et d'en présenter « régulièrement les résultats complets »[10]. Pour le vice-président Scarascia, la cause, dès lors, est entendue : comment pourrait-il ne pas saisir la perche qui lui est « miraculeusement » tendue pour répondre aux parlementaires européens ?

On retrouve là l'art qu'a Jacques-René Rabier de trouver d'utiles relais pour faire avancer ses idées, au rythme où celles-ci peuvent se dessiner, se cristalliser puis se peaufiner, jusqu'au moment opportun, et parfois bien tardif, pour l'éclosion finale. Car c'est depuis très longtemps que la question des sondages le poursuit ! Sa réponse au président Ortoli, il la mûrissait en réalité depuis bien plus d'une dizaine d'années ! Avec Wilhelmus Schuijt, « je jouais sur le moyen terme », reconnaît-il, l'œil empli de malice.

En réalité, c'est la persévérance d'un marathonien qui est à saluer. C'est qu'il s'était familiarisé avec la technique des sondages dès avant la fin de la guerre « en assistant, en 1943, sous la présidence de François Perroux, à une conférence sur les sondages donnée à des étudiants, plus ou moins clandestinement, par Jean Stoetzel »[11]. Retenez bien ce nom : ce philosophe de formation et sociologue, auteur d'un ouvrage sur la théorie de l'opinion après en avoir appris la pratique auprès de Gallup aux États-Unis, est l'homme qui, après avoir introduit cette technique en France, aidera un jour son ex-étudiant clandestin à l'implanter avec succès au niveau de l'Europe communautaire.

---

7 *Conshist.Com*, « Histoire interne de la Commission européenne 1958–1973 », entretien accordé par Jacques-René Rabier à Yves Conrad et Julie Cailleau, Bruxelles, 8 janvier 2004.

8 Claus Sorensen, directeur général DG Communication, *Discours à l'occasion de la célébration du 90e anniversaire de Jacques-René Rabier*, Bruxelles le 13 octobre 2009.

9 Rapport de W. J. Schuijt au Parlement européen sur la politique d'information. Doc. 246/71 du 7 février 1972, p. 14 / Cité dans *« Euro-Baromètre » : un enfant qui a bien grandi*, intervention de Jacques-René Rabier au Colloque international sur l'Analyse comparative des données socio-politiques, Grenoble, 13–14 novembre 1997.

10 *Ibid.*

11 *Conshist.Com*, « Histoire interne de la Commission européenne 1958–1973 », entretien accordé par Jacques-René Rabier à Yves Conrad et Julie Cailleau, Bruxelles, 8 janvier 2004.

L'intérêt intellectuel que Rabier porte aux sondages ne le quittera plus et, au cours des années 1950, pendant qu'il met en place le service de presse et d'information de la Communauté européenne du charbon et de l'acier puis celui des deux Communautés nées des Traités de Rome, il enrage : l'Europe néglige totalement cette technique. Dans la plupart des États membres, il y a « des sondages avec parfois des questions sur l'Europe », mais il râle car il n'y a « évidemment aucune concertation entre les questions qui sont posées en Allemagne, en France, en Italie ou ailleurs ». Voilà qui le « choquait ». Il fulmine aussi parce que, s'il y a quand même des études d'opinion européennes, on les doit à des… « services américains qui les réalisaient sur leur budget et sous leur propre responsabilité », grâce à « un reliquat du Plan Marshall ». Au souvenir des sondages d'opinion que faisait réaliser, « dans plusieurs pays d'Europe, la United States Information Agency, à l'usage exclusif des dirigeants américains »[12], la frustration subsiste encore et toujours en dépit du temps qui s'écoule :

> Je n'avais pas d'autre moyen d'information que de lire ces travaux quand j'en avais connaissance. Ainsi, deux universitaires ont publié des choses intéressantes sur les attitudes de la plupart des pays d'Europe, tant vis-à-vis des Américains que vis-à-vis de l'Europe. Mais je trouvais que les Européens pourraient bien, tout de même, prendre en charge les recherches sur leur propre opinion publique vis-à-vis de l'Europe…

Il n'est pas le seul à le penser. À la même époque, son « concurrent » et néanmoins complice du Conseil de l'Europe, Paul Lévy, se bat sur le même front. Le directeur de l'information et de la presse du Conseil de l'Europe est même le premier à tirer : dans une intervention devant le Congrès des instituts d'étude de l'opinion réuni à Constance en 1955, il suggère l'organisation de sondages « synchronisés, coordonnés et périodiques »[13] dans tous les pays membres de la « grande Europe ». La raison qui se cache derrière cette suggestion est crûment avouée : « Il apparaissait clairement (…) qu'il fallait avoir recours à cette méthode directe, des expériences très récentes ayant prouvé à ce moment-là qu'il y avait divorce entre l'opinion publique, l'opinion parlementaire nationale et l'opinion parlementaire européenne sur certains problèmes fondamentaux »[14].

S'il pourrait hélas parfaitement resservir aujourd'hui, ce constat laissa de marbre le Conseil de l'Europe, sans doute « en raison du coût élevé du travail qu'il aurait fallu entreprendre »[15]. Tant et si bien, explique Paul Lévy, que « le

12 *« Euro-Baromètre » : un enfant qui a bien grandi,* intervention de Jacques-René Rabier au Colloque international sur l'Analyse comparative des données socio-politiques, Grenoble, 13–14 novembre 1997.

13 Paul M. G. Levy, « L'opinion publique et l'Europe », dans *Annuaire européen*, vol. X, 1961.

14 *Ibid.*

15 *Ibid.*

sujet fut réétudié au Congrès de 1961 par notre collègue des Communautés »[16] et que Rabier transforma l'essai puisque « les Communautés demandèrent à Gallup International de procéder à un premier travail »[17], coordonné par l'Institut français d'opinion publique, mieux connu de nos jours sous son acronyme Ifop. Le questionnaire fut adopté en janvier 1962, « à l'issue d'une réunion à laquelle prirent part des techniciens du sondage, des agents du Service d'Information des Communautés et des représentants des trois Exécutifs »[18]. Dans les semaines qui suivirent, 1 500 personnes furent interviewées dans chacun des trois grands pays, leur nombre étant de 800 en Belgique et aux Pays-Bas tandis que les Luxembourgeois consultés n'étaient que 200. Ce premier « Sondage international sur l'opinion publique en Europe des Six »[19] fut ponctué par « un rapport de près de 80 pages dont la lecture est passionnante »[20]. Pour le coup, Lévy était donc beau joueur, lui qui salua « un travail de pionniers »[21], même s'il ne manqua pas de décocher aussi une petite pique – pertinente – en relevant que « seule la population adulte (de plus de 20 ans) »[22] avait été prise en compte, « le vrai problème de la jeunesse »[23] ayant par conséquent été négligé…

Rabier ne s'appesantit pas trop, lui, sur ce premier sondage et sur ceux qui suivirent en 1971 – sur « L'opinion des Européens sur les aspects régionaux et agricoles du Marché commun, l'unification politique de l'Europe et l'information du public »[24] – et en juin 72 sur le thème « Les Européens et l'unification de l'Europe ». À ses yeux, ces enquêtes d'opinion ponctuelles, quelles que puissent être leurs qualités et leur pertinence, manquent d'unité, de cohérence ; ce sont presque des coups dans l'eau qui n'apprennent pas grand-chose quant à l'état d'esprit des Européens puisqu'il s'agit de photographies figées. Non, ce qu'il veut, lui, c'est doter l'Europe des Six d'un instrument pérenne et permettant de discerner les tendances dans la durée. En 1969, le politologue suisse Dusan Sidjanski observe ainsi que, depuis le début des années 1960, « des instituts spécialisés ont fait de nombreux travaux qui, cependant, en dehors de quelques enquêtes en commun (Sondage, 1963) se présentent en ordre dispersé qu'un Institut européen d'opinion publique (projet J. R. Rabier) devrait permettre de coordonner »[25]. Et le politologue

16 *Ibid.*

17 *Ibid.*

18 *Ibid.*

19 *Ibid.*

20 *Ibid.*

21 *Ibid.*

22 *Ibid.*

23 *Ibid.*

24 Cité dans « *Euro-Baromètre » : un enfant qui a bien grandi*, intervention de Jacques-René Rabier au Colloque international sur l'Analyse comparative des données socio-politiques, Grenoble, 13–14 novembre 1997.

25 Dusan Sidjanski, « Nouvelles orientations des recherches sur l'intégration européenne », dans *Il Politico*, Università de Pavia, 1969, XXXIV, n° 4, p. 684.

proche de Denis de Rougemont se fait plus précis encore lorsqu'il rend compte du colloque de La Tour-de-Peilz qui, du 16 au 18 novembre 1962, a réuni, sous sa direction et celle de Jean Meynaud, plusieurs spécialistes de la science politique et de l'intégration européenne, parmi lesquels Rabier qui revient sur la « question essentielle »[26] des instruments ou des indicateurs capables de suivre et mesurer l'évolution de l'aventure européenne en ces termes :

> Nous souhaiterions pour des prochaines périodes savoir dans quelle mesure nous avançons, nous stagnons ou nous reculons par rapport au dessein qui était celui des « pères fondateurs » de nos Communautés ; (…) nous voudrions aussi prévoir, et notamment répondre à cette question fondamentale qui nous est souvent posée et que nous nous posons à nous-mêmes : est-ce que l'intégration sera plus facile, par vitesse acquise et milieu modifié, au cours des prochaines étapes, ou est-ce qu'au contraire ces étapes seront plus difficiles à franchir dans les domaines économique, politique et psychologique ? Que disent les augures : les souverainetés auront-elles une mort douce ?[27]

Une mort douce pour les souverainetés… C'est dire si l'entourage de Charles de Gaulle avait de quoi s'étrangler. C'est dire surtout si l'idée travaillait depuis longtemps Rabier ! Pourquoi ? Plusieurs facteurs se conjuguent dans l'esprit de l'homme de l'information européenne et du fidèle de Monnet :

> – La philosophie à la base de l'Eurobaromètre est très simple : c'est d'informer les institutions européennes sur ce que pensent les citoyens et informer les citoyens sur ce que d'autres citoyens, dans des situations comparables d'un pays à l'autre dans la Communauté, pensent et ressentent dans le contexte européen. C'est donc, au minimum, œuvrer à la construction d'une opinion publique européenne, à supposer que les résultats des Eurobaromètres soient bien relayés par les médias. Au mieux, c'est construire une conscience européenne entre citoyens et citoyennes de pays qui se sont autrefois affrontés et qui sont désormais dans une même Communauté ou Union européenne.

Sa conviction était – et demeure plus que jamais – que les institutions européennes, en particulier la Commission, devaient avoir leur propre politique d'étude de l'opinion publique, ce pour une triple raison. Tout comme les institutions nationales ou les grandes organisations privées, elles ont tout d'abord à se tenir informées, « non seulement sur ce que pensent les gens, mais sur les attitudes et les motivations qui sous-tendent les opinions »[28]. Ensuite,

---

26 Dusan Sidjanski, « Intégration européenne et science politique », dans *Science politique et intégration européenne*, par Jean Meynaud et Dusan Sidjanski, Genève 1965.

27 Jacques-René Rabier cité par Dusan Sidjanski, « Intégration européenne et science politique », dans *Science politique et intégration européenne*, par Jean Meynaud et Dusan Sidjanski, Genève, 1965.

28 « *Euro-Baromètre » : un enfant qui a bien grandi*, intervention de Jacques-René Rabier au Colloque international sur l'Analyse comparative des données socio-politiques, Grenoble, 13–14 novembre 1997.

« l'information du public nécessite une bonne connaissance du terrain, de façon à ajuster les messages »[29] – preuve que, chez Rabier, le communicateur reste en permanence aux aguets. Enfin, « la création et le développement d'une "Communauté" à finalité politique exigeaient et exigent toujours un certain consensus parmi les citoyens sur les objectifs à atteindre »[30]. Serait-ce à dire qu'il voit ce qui s'appellera bientôt l'Eurobaromètre comme « un instrument de propagande »[31] ? Non, évidemment non. Mais ce doit bien être, dans son esprit, « un instrument d'intégration, un facteur d'intégration »[32], pourvu que celui-ci soit irréprochable :

> – Cela consiste à recueillir aussi finement que possible, en réponse à des questions, les opinions et les attitudes des publics, sur échantillons représentatifs : questions sur les affaires européennes au sens large, mais aussi sur la façon dont les personnes interrogées se sentent dans la vie, afin que les questions sur l'Europe ne soient pas isolées, donc difficiles à interpréter. (…) Il s'agit de faire connaître au citoyen de chaque pays ce qu'il pense de l'Europe, ce que les citoyens des autres pays pensent sur les mêmes problèmes[33].

À en croire le politologue suisse Dusan Sidjanski, Jacques-René Rabier a inventé au début des années 1960, peut-être avec les professeurs Pierre Duclos et Jean Meynaud, l'expression *eurosphère* qui désignait, dans son esprit, l'ensemble des « personnes physiques ou morales, publiques ou privées, qui interfèrent ou devraient interférer dans le processus d'intégration de l'Europe »[34], en clair « les diverses sphères de personnes ou de groupes qui participent activement à l'intégration ou qui étant directement touchés par ses effets réagissent d'une manière significative »[35]. Au-delà du cercle des fonctionnaires européens ou des fonctionnaires et diplomates nationaux impliqués dans les affaires européennes, il englobait donc par cette expression toutes les personnes ou groupes de personnes qui se trouvaient « engagés de près ou de loin – comme lorsqu'on jette une pierre dans l'eau, ces cercles s'élargissent en devenant de moins en moins intenses – dans une activité de nature ou de portée européenne au titre de l'un quelconque des secteurs de la Communauté »[36], qu'il s'agisse des participants au « dialogue politique (citoyens, partis, institutions en relation avec le pouvoir) »[37], au « dialogue socio-économique (entreprises,

---

29 *Ibid.*

30 *Ibid.*

31 Entretien de Jacques-René Rabier avec le Pr. Gérard Bossuat, « *Jean Monnet Oral Project, Chaires Jean Monnet d'histoire – Histoire des débuts de la construction européenne – Interview des décideurs de l'unité européenne – Programme français* », juin 1998.

32 *Ibid.*

33 *Ibid.*

34 Courrier de Jacques-René Rabier adressé à Euractiv.com le 18 octobre 1998.

35 Dusan Sidjanski, « Intégration européenne et science politique », dans *Science politique et intégration européenne*, par Jean Meynaud et Dusan Sidjanski, Genève 1965.

36 *Ibid.*

37 Courrier de Jacques-René Rabier adressé à Euractiv.com le 18 octobre 1998.

organisations professionnelles et syndicales engagées dans la production de biens et de services) »[38] ou au « dialogue civil (associations de solidarité telles que défense des droits de l'homme, lutte contre la pauvreté et l'exclusion, protection de l'environnement, etc.) »[39]. En clair, avec l'expression d'eurosphère, Jacques-René Rabier avait à sa manière inventé ce qui allait devenir les concepts désormais incontournables de « société civile » et de « société civile organisée ».

Toutefois, l'eurosphère et la société civile, *a fortiori* « organisée », ne concernent que des citoyens actifs. Or, ce qu'il voulait depuis très longtemps et dont il était question lors de son entrevue avec le vice-président Carlo Scarascia, c'était prendre régulièrement le pouls de l'ensemble de la société européenne. Mais voilà, existe-t-il réellement une opinion publique européenne ? À une étudiante canadienne qui le lui demanda un jour, il rétorqua : « C'est une bonne question »[40], tout en lui expliquant dans la foulée « qu'on peut aussi se demander s'il existe une opinion publique nationale »[41], tant il est vrai que, « quand on fait une enquête sur certains problèmes, il n'est pas sûr que l'on retrouve, en Corse et dans le Nord-Pas-de-Calais, sur les mêmes problèmes, la même intensité d'attitudes »[42], le même constat valant pour « les jeunes, les vieux, les hommes, les femmes, etc. »[43] À ses yeux, parler d'une opinion publique européenne est donc une « facilité de langage »[44], une « commodité de langage »[45] à laquelle « les journalistes cèdent souvent »[46]. Mais faut-il le leur reprocher ? Pas vraiment, dans la mesure où « ce n'est pas un artefact, comme l'on dit, moins encore un artifice, c'est une construction, c'est un moyen d'exprimer sous une forme de moyenne des opinions sondées au niveau de chaque pays »[47] qui reflètent, en réalité, « une opinion publique européenne en formation, différemment structurée suivant les problèmes, et que l'on contribue à former en la publiant »[48]. Bâtir une opinion publique européenne, du moins lui donner vie, voilà le vrai défi que Rabier se lance. Trente-cinq ans plus tard, il le reconnaît quand, à la question de savoir s'il existe réellement une opinion publique européenne, il répond :

---

38 *Ibid.*

39 *Ibid.*

40 Entretien de Jacques-René Rabier avec le Pr. Gérard Bossuat, « *Jean Monnet Oral Project, Chaires Jean Monnet d'histoire – Histoire des débuts de la construction européenne – Interview des décideurs de l'unité européenne – Programme français* », juin 1998.

41 *Ibid.*

42 *Ibid.*

43 *Ibid.*

44 *Ibid.*

45 *Ibid.*

46 *Ibid.*

47 *Ibid.*

48 *Ibid.*

– C'est un construit. L'opinion publique européenne existe dans la mesure où, sur un certain nombre de questions, les Européens pensent de la même façon : sur la démocratie, sur les droits de l'homme, le statut de la femme. Il s'agit d'un soutien général, tacite, avec cette distinction toutefois que les jeunes et les personnes les plus instruites sont plus proches les uns des autres dans les différents pays que ne le sont d'autres catégories de la population. Cela s'explique notamment parce qu'ils sont plus politisés et lisent les journaux, etc. Le clivage se situe là, au niveau de l'information et de la formation, d'où la nécessité d'une éducation européenne. Ici le problème de la formation et de l'information de l'opinion publique rejoint celui de l'école[49].

Pour un peu, ces propos annonceraient presque un nouveau combat que se promet d'engager Rabier. Ils sont seulement l'une des leçons que le « oui » du vice-président Carlo Scarascia Mugnozza ce jour-là lui permet de tirer trente-cinq ans plus tard. Car, dès qu'il s'installera dans le fauteuil de directeur général de l'information laissé vacant par la bille qui a sauté, l'une des premières décisions que sera appelé à prendre le diplomate irlandais Sean Ronan sera de « mettre un budget et une secrétaire »[50] à la disposition de son prédécesseur pour qu'il puisse lancer l'Eurobaromètre.

* *
*

La décision de la Commission européenne est laconique : « M. Rabier est nommé conseiller spécial. Il sera assisté d'un secrétariat léger ». Une secrétaire à temps plein, c'est peu pour ce qu'on attend de lui – et donc d'elle. Aussi, le premier des nouveaux combats que livre Rabier consiste à négocier avec l'administration l'obtention d'un renfort lors de la sortie des deux Eurobaromètres semestriels. Avec succès : « tout de même, on ne voulait pas que la secrétaire en titre meure à la tâche, on m'en donnait donc une autre »[51] le temps du bouclage.

L'année 1973 est celle du rodage, avec la confection d'un « premier sondage test dans les neuf pays »[52]. Porte-t-il déjà son nom, lequel n'était pas le fruit d'un « gros effort d'imagination » : « "Euro" parce que c'est l'Europe et "baromètre" parce qu'un baromètre sert à mesurer la pression atmosphé-

49 Entretien avec Mr Jacques-René Rabier, fondateur de l'Eurobaromètre, octobre 2003, dans *Perception de l'intégration européenne par l'opinion publique des États membres de l'Union européenne : 1973–2008*, livret publié par la Commission européenne à l'occasion du 35e anniversaire de l'Eurobaromètre.

50 Entretien de Jacques-René Rabier avec le Pr. Gérard Bossuat, « *Jean Monnet Oral Project, Chaires Jean Monnet d'histoire – Histoire des débuts de la construction européenne – Interview des décideurs de l'unité européenne – Programme français* », juin 1998.

51 Entretien avec Jacques-René Rabier pour la revue électronique du Centre d'histoire de Sciences Po, 16 décembre 2008.

52 Claus Sorensen, directeur général DG Communication, *Discours à l'occasion de la célébration du 90e anniversaire de Jacques-René Rabier*, Bruxelles le 13 octobre 2009.

rique »[53] ? La commissaire Margot Wallström le pense lorsqu'elle fête les « 35 ans d'Eurobaromètre »[54] en 2008. Jacques-René Rabier n'en est pas si sûr, lui pour qui « le premier Eurobaromètre a vu le jour au printemps 1974 »[55]. Il ne se trompe pas, ainsi qu'en témoigne le courrier que lui adresse… Jean Monnet le 6 septembre de cette année-là :

> Cher ami,
> En rentrant de vacances, j'ai pris connaissance de votre « EURO-BAROMETRE » n° 1.
> Je vous remercie de m'avoir fait parvenir cet excellent travail.
>
> Jean Monnet

Ce commentaire élogieux de « l'Inspirateur » n'est pas qu'amical. Il témoigne de la qualité qui caractérise d'emblée l'Eurobaromètre. C'est que Rabier, outre qu'il mûrissait ce projet depuis longtemps, a tenu à s'appuyer sur des spécialistes du monde académique « de façon à bien maîtriser la technique, mais aussi à assurer la rectitude scientifique et éthique d'un sondage patronné et financé par une institution publique »[56]. Même si beaucoup de temps s'est écoulé depuis l'époque de la mise en place, il ne manque ainsi jamais de saluer « l'apport inestimable à l'élaboration du projet »[57] du « fondateur des sondages en France »[58], le Pr. Jean Stœtzel, ce « théoricien et praticien des enquêtes par sondage » qui « éveilla la curiosité de ceux qui voyaient dans ces techniques nouvelles un instrument de connaissance irremplaçable »[59] – la curiosité et l'intérêt, en tout cas, de l'étudiant clandestin dont il avait croisé la route en 1943. Il n'est pas moins élogieux pour son autre mentor, l'Américain Ronald Inglehart, « grand spécialiste de la science politique quantitative »[60] qu'il enseignait à l'Université du Michigan. C'est particulièrement avec ce der-

---

[53] Entretien avec Jacques-René Rabier le 21 octobre 2003 publié dans *Commission en direct* n° 332 du 16 au 22 juillet 2004.

[54] *Perception de l'intégration européenne par l'opinion publique des États membres de l'Union européenne : 1973–2008*, livret publié par la Commission européenne à l'occasion du 35e anniversaire de l'Eurobaromètre.

[55] Entretien avec Jacques-René Rabier le 21 octobre 2003 publié dans *Commission en direct*, n° 332 du 16 au 22 juillet 2004.

[56] « *Euro-Baromètre » : un enfant qui a bien grandi*, intervention de Jacques-René Rabier au Colloque international sur l'Analyse comparative des données socio-politiques, Grenoble, 13–14 novembre 1997.

[57] *Ibid.*

[58] Entretien avec Jacques-René Rabier le 21 octobre 2003 publié dans *Commission en direct*, n° 332 du 16 au 22 juillet 2004.

[59] « *Euro-Baromètre » : un enfant qui a bien grandi*, intervention de Jacques-René Rabier au Colloque international sur l'Analyse comparative des données socio-politiques, Grenoble, 13–14 novembre 1997.

[60] Entretien avec Jacques-René Rabier le 21 octobre 2003 publié dans *Commission en direct* n° 332 du 16 au 22 juillet 2004.

nier, « un ami personnel »[61], qu'il avait d'abord « discuté des premiers aspects méthodologiques au cours d'un séjour » qu'il avait « fait en 1973 à Ann Arbor, dans le Michigan »[62]. Pourquoi lui ? Parce que, à l'évidence, les Américains avaient une longueur d'avance dans le domaine des sondages d'opinion, mais aussi et surtout parce que le Pr. Inglehart « avait fait une thèse sur l'opinion européenne en 1967 »[63] et qu'il était « un quantitativiste intelligent – c'est-à-dire qu'il ne refuse pas les méthodes quantitatives, mais sait les interpréter, sait aussi mettre le quantitatif au service de la théorie et réciproquement »[64].

Concrètement, la coordination générale du sondage-test de 1973 et du premier *Eurobaromètre* véritable, celui du printemps 1974, a d'abord été confiée au gagnant d'un appel d'offres, à savoir l'Institut français d'opinion publique qui « avait fait la meilleure offre, la plus solide scientifiquement – ce qui n'était pas surprenant puisque Jean Stœtzel était le haut conseiller scientifique de cet Institut et qu'il avait amené les sondages en France dès 1938, à son retour des États-Unis ». Jamais Jacques-René Rabier n'abandonnera la technique des appels d'offres pour confier la confection des Eurobaromètres « à des Instituts divers, toujours avec un Institut leader ». À ce dernier est confiée la tâche de « mettre au point le questionnaire en français et en anglais », le but étant que chaque question soit « pertinente pour un public français et pour un public anglais »[65]. En clair, il fallait « éviter tout biais culturel »[66]. Le questionnaire validé dans les deux langues-sources était ensuite envoyé aux Instituts sélectionnés dans les autres pays, « en les priant de s'y conformer au mieux de leur langage, en employant les mots qu'ils voulaient, sans trahir la signification qui, en français et en anglais, nous était apparue pertinente »[67]. L'objectif était donc, dès le premier numéro, « d'avoir une équivalence de signification au-delà des problèmes purement linguistiques », en clair « que les personnes sondées comprennent les mêmes choses dans la formulation d'une question posée ». Déjà à Neuf, ce n'était pas simple, se souvient Rabier en plaignant volontiers ceux qui ont désormais à gérer les vingt-quatre langues officielles de l'Union européenne actuelle…

Sur le fond, les questions retenues sont du seul ressort du concepteur de l'instrument, même si celui-ci a néanmoins l'élégance de toujours soumettre les questionnaires « au directeur général de l'Information puisque l'Eurobaro-

---

61 Entretien de Jacques-René Rabier avec le Pr. Gérard Bossuat, « *Jean Monnet Oral Project, Chaires Jean Monnet d'histoire – Histoire des débuts de la construction européenne – Interview des décideurs de l'unité européenne – Programme français* », juin 1998.

62 *Ibid.*

63 *Ibid.*

64 *Ibid.*

65 *Ibid.*

66 Entretien avec Jacques-René Rabier le 21 octobre 2003 publié dans *Commission en direct* n° 332 du 16 au 22 juillet 2004.

67 Entretien de Jacques-René Rabier avec le Pr. Gérard Bossuat, « *Jean Monnet Oral Project, Chaires Jean Monnet d'histoire – Histoire des débuts de la construction européenne – Interview des décideurs de l'unité européenne – Programme français* », juin 1998.

mètre vivait du budget de cette direction générale ». Et puis, « c'était un instrument de la Commission », pas « l'outil de Rabier »[68]. D'emblée, il y intègre des « questions trend », c'est-à-dire des questions qui, à partir de là, seront répétées d'Eurobaromètre en Eurobaromètre, permettant ainsi de prendre régulièrement le pouls de l'opinion publique des États membres. Ces questions « concernaient les attitudes vis-à-vis de l'Europe, le marché commun, les efforts faits pour unir l'Europe, c'est-à-dire des questions directement liées aux attitudes pro ou anti-européennes »[69]. Il demande, par exemple : « D'une façon générale, pensez-vous que le fait pour votre pays de faire partie de la Communauté européenne (Marché commun) est une bonne chose, une mauvaise chose, ou une chose ni bonne ni mauvaise ? » Remplacez « Communauté européenne (Marché commun) » par Union européenne, et la question reste posée de nos jours.

À ces questions, il en ajoute qui portent sur « la satisfaction de la vie, la démocratie, ainsi que toute une série de variables indirectement liées à la formation (…) d'une "conscience européenne", d'une conscience d'identité »[70], ainsi que quelques « questions permettant d'identifier politiquement les personnes interrogées : êtes-vous employeur, salarié, chômeur, quel âge, comment vous positionnez-vous sur un axe gauche-droite ? » Par la suite viendront encore s'ajouter aux Eurobaromètres « des questions ponctuelles, posées occasionnellement, sur des sujets variés, mais toujours dans le but d'orienter la politique d'information »[71], ainsi que, « de plus en plus souvent » au fil du temps, des questions introduites « à la demande des différentes directions générales, par exemple sur l'agriculture ou la science »[72]. De toute manière, il reste aussi à l'écoute de ses « contacts dans les milieux universitaires » lorsqu'ils lui suggéraient, par exemple, « que des problèmes nouveaux seraient intéressants à approfondir ». Il veille aussi à ce que chacun des questionnaires « n'excède pas 45 minutes ou une heure d'interview » afin de « ne pas lasser les personnes sondées », celles-ci étant toujours, de son temps, réalisée « en face à face, par contact personnel autant que possible ».

Du coup, alors que « la recherche quantitative répugnait à beaucoup »[73] encore en ces temps-là et que bien d'autres ne manquaient pas de se méfier « d'une initiative prise par une institution publique, européenne de surcroît, et qui ne cachait pas que l'un de ses objectifs était de révéler aux Européens ce qu'ils pensaient les uns et les autres, voire les uns des autres »[74], les réserves et

68 *Ibid.*

69 Entretien avec Jacques-René Rabier le 21 octobre 2003 publié dans *Commission en direct*, n° 332 du 16 au 22 juillet 2004.

70 *Ibid.*

71 *Ibid.*

72 *Ibid.*

73 « *Euro-Baromètre » : un enfant qui a bien grandi*, intervention de Jacques-René Rabier au Colloque international sur l'Analyse comparative des données socio-politiques, Grenoble, 13–14 novembre 1997.

74 *Ibid.*

réticences s'effacent bien vite « devant l'évidence » ainsi résumée : « Chaque questionnaire de l'Euro-Baromètre, dûment contrôlé techniquement par des professionnels de différentes nationalités, contenait des questions d'un intérêt majeur pour une connaissance scientifique approfondie de nos sociétés et de nos systèmes politiques, bien au-delà du "oui-non" ou du "tout à fait-pas du tout" relatif à la Communauté européenne et à l'unification de l'Europe »[75]. Jacques-René Rabier ne le cache pas, il est heureux d'avoir commencé ainsi à collecter « des données précieuses pour une meilleure connaissance des faits sociaux : opinions, attitudes et comportements, de façon comparative et régulière »[76] qui restent aujourd'hui recueillies dans l'Union des Vingt-huit. Ce « produit, qui reste un de nos produits phares, ne cessera d'évoluer mais le principe de base demeure aujourd'hui le même »[77], confirmera l'un de ses lointains successeurs à la tête de la DG Communication.

L'accueil fut-il pour autant d'emblée positif ? En tout cas, il se souvient que la Commission Ortoli manifesta aussitôt « un certain intérêt, sinon un intérêt certain », tant il est vrai que si elle « ne savait pas trop ce qui allait sortir de cet instrument, il n'y a rien qui l'a heurtée ou contrariée, bien au contraire ». Même le gouvernement français n'a rien trouvé à y redire. C'est que « la presse française, comme celle des autres pays, à l'intérieur et à l'extérieur de la Communauté, a accueilli avec intérêt les résultats de l'Eurobaromètre ». La sortie du premier Eurobaromètre, « c'était un petit événement, mais un événement d'information » dont Rabier a été l'acteur principal parce qu'il est descendu lui-même en salle de presse de la Commission au Berlaymont pour en présenter les principaux résultats. Par la suite, tous les six mois, ses « successeurs à l'information » auront « la courtoisie » de lui demander de tenir une conférence de presse à la sortie de chaque Eurobaromètre. C'est que « la presse aime bien les sondages » et qu'il y a eu, dès la sortie du premier Eurobaromètre, « des papiers plus moins longs, plus ou moins fins, un peu partout », son rôle pouvant même être de « les critiquer » sur l'un ou l'autre point, l'une ou l'autre question.

Des papiers qui sortent dans les jours qui suivent la première conférence de presse, Jacques-René Rabier retient essentiellement le commentaire d'Emanuele Gazzo, « l'un des journalistes les plus attentifs parmi les observateurs des affaires européennes » qu'il côtoie depuis les débuts de la Communauté européenne du charbon et de l'acier à Luxembourg :

> Ces sondages auront lieu régulièrement au printemps et à l'automne, et ils sont destinés, comme la Commission elle-même l'indique en employant une expression heureuse, un *« baromètre » de l'attitude du public à l'égard des grands sujets d'actualité concernant directement ou indirectement l'évolution de la Communauté européenne* et, plus en général, de l'unification de l'Europe (…). Une pareille

---

75 *Ibid.*

76 *Ibid.*

77 Claus Sorensen, directeur général DG Communication, *Discours à l'occasion de la célébration du 90e anniversaire de Jacques-René Rabier*, Bruxelles le 13 octobre 2009.

initiative a une valeur *du point de vue de la « connaissance »*, mais également, et peut-être davantage, *du point de vue des choix politiques à faire* (…). Ajoutons que, pour les journalistes, l'instrument que fournit ce « baromètre » est également précieux. Ne sommes-nous pas nous-mêmes confrontés chaque jour à la nécessité de ne pas perdre le contact, de nous assurer que nos papiers tout à la fois informent, corrigent, suscitent, encouragent ?[78]

Visiblement, ces deux grognards de l'information européenne sont sur la même longueur d'onde, unis par une complicité amicale et une fidélité absolue aux enseignements puisés dans la Déclaration Schuman. La suite de l'histoire le confirmera encore…

Au-delà de la presse, « les universitaires, enseignants et chercheurs n'ont pas tardé », eux aussi, « à s'intéresser à ce nouvel instrument de travail »[79] qui a été, à sa manière, un outil de transparence avant l'heure : « Tout ce qui était publiable était publié. Les choses trop techniques étaient remises aux banques de données et tout un chacun pouvait se les procurer, les utiliser et même critiquer les interprétations que nous avions pu faire ». Donc, dans son esprit, l'Eurobaromètre était à la fois un « outil de gouvernance » à la disposition des responsables de la Commission et des autres institutions européennes, le Parlement en tout premier lieu, mais aussi « un objet d'études pour de nombreuses thèses, des enseignements, etc. ». Aux députés européens, il offrait « le reflet de ce que pensaient les citoyens-électeurs » et aux universitaires un outil dont ils pouvaient même user en suggérant des questions ; il n'était évidemment pas question de « transformer cet instrument en un instrument de pure recherche universitaire », mais il a toujours veillé « à ce que des questions posées par des universitaires, intéressant naturellement la construction de l'Europe, soient incluses dans les Eurobaromètres ».

Que l'Eurobaromètre soit « devenu une référence »[80], il l'admet bien volontiers, se félicitant ouvertement qu'il soit « de plus en plus cité dans la presse nationale ou internationale où des formules telles que "l'Eurobaromètre montre que…" se rencontrent fréquemment »[81]. Tout est-il pour autant pour le mieux dans la meilleure des Europe ? Non ! Non car le perfectionniste qu'il est voit mieux que quiconque les petits défauts qui rendent l'instrument qu'il a créé encore perfectible.

---

78 Emanuele Gazzo, éditorial de l'Agence Europe, 18 juillet 1974. Cité dans « *Euro-Baromètre » : un enfant qui a bien grandi*, intervention de Jacques-René Rabier au Colloque international sur l'Analyse comparative des données socio-politiques, Grenoble, 13–14 novembre 1997.

79 « *Euro-Baromètre » : un enfant qui a bien grandi*, intervention de Jacques-René Rabier au Colloque international sur l'Analyse comparative des données socio-politiques, Grenoble, 13–14 novembre 1997.

80 Entretien avec Jacques-René Rabier le 21 octobre 2003 publié dans *Commission en direct*, n° 332 du 16 au 22 juillet 2004.

81 *Ibid.*

Il n'a cure des « éternelles critiques faites aux sondages »[82], tant il est vrai qu'elles « sont souvent des querelles théologiques »[83]. Pour sa part, sa conscience le dégage de tout sentiment de culpabilité :

> Ce qu'il faut faire, ce sont de bons sondages, expliciter sa méthode et rendre compte dans le temps des variations aberrantes ; quand quelque chose bouge dans un sens aberrant, ce n'est pas l'opinion publique qui a fait un saut, c'est l'auteur du questionnaire ou l'institut de sondages qui s'est trompé. Cela peut arriver[84].

Mais il ne pense pas que cela lui soit arrivé. Par contre, reconnaît-il, l'Eurobaromètre n'est plus tout à fait sans tâche depuis qu'une question mal formulée à propos des pays représentant « le plus grand danger pour la paix mondiale » a vu une majorité des sondés désigner les… États-Unis. Comme il n'y était pas question des Palestiniens, la question ne portant que sur des États, des organes de presse israéliens, anglais, français ont monté l'affaire en épingle jusqu'au point d'accuser le président « Prodi d'antisémitisme »[85]. Or, cette affaire qu'il appelle « Tempête sur la mer Morte »[86] est seulement née parce que « la question a été mal lue, mal interprétée et exploitée d'une façon inconsciente peut-être, ou idéologique à la limite »[87]. En clair, cette question « a été exploitée d'une façon honteuse »[88] par certains, mais – petite pierre dans le jardin de ses successeurs… – « un minimum de flair aurait évité d'entrer dans le conflit du Moyen-Orient »[89].

Lui s'enorgueillit en tout cas de ne jamais avoir admis de questions biaisées. S'il y eut des biais de son temps, assure-t-il, « ils ne pouvaient qu'avoir été involontaires, échappant à la vigilance des responsables et des professionnels associés à l'établissement des questions et à la formulation (en diverses langues) des questions »[90]. Pour preuve de son intransigeance sur ce plan, comme à contrecœur, il se résout à raconter une anecdote navrante. Un beau jour, son « honorable collègue Schuster »[91], à l'époque directeur général de la Science, lui demande un sondage avec des questions portant notamment sur

82 Entretien de Jacques-René Rabier avec le Pr. Gérard Bossuat, « *Jean Monnet Oral Project, Chaires Jean Monnet d'histoire – Histoire des débuts de la construction européenne – Interview des décideurs de l'unité européenne – Programme français* », juin 1998.

83 *Ibid.*

84 *Ibid.*

85 *Conshist.Com*, « Histoire interne de la Commission européenne 1958–1973 », entretien accordé par Jacques-René Rabier à Yves Conrad et Julie Cailleau, Bruxelles, 8 janvier 2004.

86 *Ibid.*

87 *Ibid.*

88 *Ibid.*

89 *Ibid.*

90 « *Euro-Baromètre » : un enfant qui a bien grandi*, intervention de Jacques-René Rabier au Colloque international sur l'Analyse comparative des données socio-politiques, Grenoble, 13–14 novembre 1997.

91 *Conshist.Com*, « Histoire interne de la Commission européenne 1958–1973 », entretien accordé par Jacques-René Rabier à Yves Conrad et Julie Cailleau, Bruxelles, 8 janvier 2004.

le nucléaire, ce qui est « toujours un sujet délicat, parfois même explosif »[92]. Rabier prépare les questions et, comme il en a pris l'habitude, les soumet au commanditaire, la direction générale Science en assumant le coût. Et ne voilà-t-il pas que son « honorable collègue » lui demande de modifier la formulation d'une question « de telle façon que les gens aient une tendance à répondre dans le sens de ce qu'il souhaitait »[93]. Il oppose un refus ferme à cette « question tordue » qui aurait constitué « une forme de manipulation », quand bien même Schuster était « un très bon directeur général »[94] qui, avant tout, « pensait aux intérêts de sa DG »[95]. Mais le « patron » de l'Eurobaromètre n'entendait pas, lui, qu'une « question tordue » puisse venir entacher son parcours de fonctionnaire aussi intègre que militant…

Tout au plus Jacques-René Rabier avoue-t-il avoir commis lui-même une bévue lorsque, avant les premières élections du Parlement européen au suffrage universel direct en 1979, il avait demandé aux personnes sondées si elles iraient voter et, dans l'affirmative, pour quel parti. Là où, pour les scrutins nationaux, les instituts de sondage agrémentent leurs sondages de « savants redressements » à la lumière, entre autres, des résultats de votes antérieurs et d'autres sondages, « nous, innocents, avons publié les réponses »[96] sans leur appliquer le moindre filtre. Voilà qui réveilla ses « vieux amis gaullistes »[97] et lui valut « une question écrite féroce »[98] de Christian de La Malène. La Commission étant « furieuse, à juste titre »[99], il fut contraint de retirer les pages litigieuses. Ses sondages étaient-ils proches des résultats du premier scrutin européen ? « Cela ne devait pas être très loin, probablement. Ce n'est jamais très loin mais dans ce genre d'affaire, 2 % ça change une majorité »[100], se repent-il en invitant ses successeurs à laisser aux Instituts nationaux ce qui leur appartient…

Pour autant, tous les spécialistes s'accordent pour juger, comme Bruno Cautrès récemment, que les données de l'Eurobaromètre, « répliquées au sein d'un même dispositif pour assurer leur pérennité et leur comparabilité (…) constituent une source irremplaçable pour analyser les dynamiques de l'opinion publique concernant l'intégration européenne depuis le début des années 1970 »[101]. Tout au plus cet enseignant à Sciences Po et chercheur au CNRS confirme-t-il que ce « thermomètre indispensable »[102] doit « être

---

92 *Ibid.*
93 *Ibid.*
94 *Ibid.*
95 *Ibid.*
96 *Ibid.*
97 *Ibid.*
98 *Ibid.*
99 *Ibid.*
100 *Ibid.*
101 Bruno Cautrès, *Les Européens aiment-ils (toujours) l'Europe ?*, Le Documentation française, 2014.
102 *Ibid.*

complété par d'autres outils empiriques »[103] pour apprécier au plus juste le rapport des citoyens à l'Union européenne, tant il est vrai, précise-t-il, que « les enquêtes Eurobaromètre souffrent de certaines imperfections, liées aux limites des indicateurs utilisés qui situent la mesure des opinions à l'égard de l'intégration européenne à un niveau assez général, sur un continuum allant du soutien "diffus" au soutien "spécifique" »[104].

Ne comptez pas sur Rabier pour contredire cet universitaire français, même si le rencontrer lui permettrait sans doute d'apporter des nuances à son analyse. Pour autant, sans doute abonderait-il aussi dans son sens. Par exemple lorsqu'il est question « de la confiance entre les peuples, qui est à l'origine des enquêtes de l'Eurobaromètre »[105], Bruno Cautrès soulignant qu'elle est carrément « à l'origine des enquêtes de l'Eurobaromètre »[106], comme aime à le rappeler leur initiateur. Or, l'un des « regrets » majeurs de ce dernier, c'est que cette question ne soit plus « posée depuis… 1997 »[107], l'ayant été « pour la dernière fois dans l'EB 47 »[108].

Pourtant, il tenait à cette question presque comme à la prunelle de ses yeux. Avec son complice américain Ronald Inglehart, il avait expliqué longuement, dans le numéro de février 1984 de la *Revue française de science politique*, pourquoi cette question s'avérait « extrêmement instructive du point de vue de la science politique et de la sociologie en général »[109], les deux spécialistes indiquant d'emblée :

> La confiance et son antonyme la méfiance permettent de se faire une idée de l'autre lorsque l'information disponible sur lui est imparfaite ; elles peuvent s'avérer déterminantes lorsque les dirigeants d'une nation interprètent les actions d'une autre nation. Avoir confiance, cela veut dire s'attendre à ce que le comportement de l'autre soit plutôt amical ; se méfier, c'est s'attendre à ce que le comportement de l'autre soit hostile, ou pour le moins imprévisible. Ainsi, la confiance ou la méfiance prédispose un peuple à interpréter les actions d'un autre peuple comme amicales ou menaçantes lorsqu'il existe une certaine ambiguïté dans leurs rapports. Cela peut être très lourd de conséquences[110].

---

103 *Ibid.*

104 *Ibid.*

105 *Ibid.*

106 *Ibid.*

107 Lettre de Jacques-René Rabier adressée au Prof. Dr. Roland Schröder, Erich-Brost-Institut, Universität Dortmunt le 11 janvier 2007.

108 Lettre de Jacques-René Rabier adressée au Professeur Pierre Brechon, Institut d'études politiques de Grenoble, le 1er août 2006.

109 Entretien avec Jacques-René Rabier pour la revue électronique du Centre d'histoire de Sciences Po, 16 décembre 2008.

110 « La confiance entre les peuples : déterminants et conséquences », de Ronald Inglehart et Jacques-René Rabier, dans la *Revue française de science politique*, Presses de la Fondation nationale des sciences politiques, février 1984, vol. 34.

Cela pouvait-il même être trop lourd de conséquences aux yeux de l'un ou l'autre responsable politique de la Commission européenne, voire de l'un ou autre État membre de l'Europe communautaire ? « Bien sûr, ce genre de question, il faut avoir le courage de la poser »[111], observe Rabier. Après tout, il peut y avoir des vérités ou, du moins, des ressentis populaires qui dérangent. À demander à chaque personne interrogée si elle a « grande confiance », « plutôt confiance », « plutôt pas confiance » ou « pas du tout confiance » en chacun des pays européens, y compris le sien, on prend fatalement quelques risques de ne pas faire plaisir à certains, c'est l'évidence… Et l'exercice était d'autant plus audacieux que l'équipe de Jacques-René Rabier avait d'emblée « inclus la confiance à l'égard des Américains, des Russes et des Chinois, pour pouvoir faire des comparaisons »[112]. C'était évidemment jouer avec le feu…

Toutefois, Rabier n'en démord pas, le jeu en valait – et en vaut plus que jamais – la chandelle ! À l'époque, il a par exemple découvert que « la confiance entre les Allemands et les Français, et réciproquement, était plus grande que la confiance des Allemands et des Français vis-à-vis des Britanniques ». Un autre exemple qu'il aime à citer est que « les Italiens étaient le peuple qui avait le moins de confiance en lui-même », sans compter que « les Italiens du Sud – j'avais poussé l'analyse jusqu'à ce raffinement – avaient encore moins confiance dans les Italiens que les Italiens du Nord ». Quant aux Suisses, ils composaient systématiquement, à l'époque, le peuple qui inspirait la plus grande confiance dans les pays membres de l'Europe communautaire.

Cette question était donc révélatrice « des attitudes profondes »[113] des Européens et s'interdire de la poser encore prive d'un « indicateur » précieux, « non seulement de science politique mais de politique tout court ! »[114] Il est vrai que cette question est « complexe d'un point de vue technique et coûteuse »[115] mais, qu'on ne s'y trompe pas, « le coût est un prétexte, naturellement », pour ne plus la poser. En réalité, « la peur est mauvaise conseillère dans tous les domaines » et il est « des sujets d'étude qu'il vaut mieux aborder sans préjugés plutôt que de les repousser avec un préjugé, parce qu'on a peur des résultats »… En fait, enrage Jacques-René Rabier, certains ont « peur de savoir ce que les Européens pensent de "soi" » car ils ont « évidemment le souci de ne pas créer des animosités entre des pays membres de l'Union ou candidats à l'adhésion ». C'est une erreur car, argue-t-il, les réponses à cette question ne sont jamais à présenter comme « des

111 Entretien avec Jacques-René Rabier pour la revue électronique du Centre d'histoire de Sciences Po, 16 décembre 2008.

112 Entretien avec Jacques-René Rabier le 21 octobre 2003 publié dans *Commission en direct*, n° 332 du 16 au 22 juillet 2004.

113 *Ibid.*

114 Entretien avec Jacques-René Rabier pour la revue électronique du Centre d'histoire de Sciences Po, 16 décembre 2008.

115 Entretien avec Jacques-René Rabier le 21 octobre 2003 publié dans *Commission en direct*, n° 332 du 16 au 22 juillet 2004.

vérités révélées » mais seulement comme « des données recueillies suivant des méthodes statistiques rigoureuses » qui conduisent à prendre le pouls de la société européenne et à saisir les effets du processus d'intégration. Ainsi, il est évident que si la question de la confiance envers les Allemands avait été posée aux Français lorsqu'il avait vingt ans, « les résultats eussent été très différents ». Par conséquent, il plaide pour que cette question soit à nouveau posée, par exemple « tous les cinq ans ». Savoir si les Grecs ont, en 2017, le même niveau de confiance envers les Allemands que cinq ou dix ans plus tôt ne serait pas inutile, en effet, même pour Berlin.

De même, il serait utile de savoir si, dans l'esprit des citoyens européens, les Suisses restent encore « au-dessus de tout soupçon »[116] maintenant que certaines de leurs pratiques bancaires ont ébranlé « une image à la fois de neutralité, de sécurité, de Croix Rouge et peut-être – pourquoi pas ? – de chocolat au lait » qui était accolée à leur pays…

D'une certaine manière, Rabier voit même dans cette question de la confiance un instrument de participation citoyenne : en disant s'ils ont ou non confiance en la Turquie, les citoyens ne donneraient-ils pas des signaux clairs, positifs ou négatifs, à ceux qui sont chargés des relations avec la Turquie ; et, à l'inverse, ne serait-il pas utile pour les dirigeants des pays membres de l'Union et pour celle-ci en tant que telle de savoir ce que les ressortissants turcs pensent de leurs pays ? En réalité, « il faut voir la confiance de manière diachronique, en fonction du temps » qui s'écoule, tant il est vrai que « la confiance envers les Américains ne serait probablement pas la même sous Obama qu'elle pouvait l'être sous Bush, avant la guerre en Irak et après ». Mais comment le savoir puisque la question n'est plus posée, au grand désarroi de Rabier : « Je ne comprends pas comment on peut concevoir une politique extérieure, au niveau national ou au niveau européen, sans avoir, parmi d'autres, cet indicateur de la confiance entre les peuples »… Après tout, n'eût-il pas été instructif de connaître les opinions des citoyens européens « sur l'engagement de tel ou tel de nos pays dans la guerre en Irak » ? Mais voilà, ce sont autant de « questions brûlantes qui font peur à tout le monde » ou, du moins, à des dirigeants politiques qui ont « peur de s'y brûler » – voire, sans doute, d'y perdre leur monopole de la décision…

Des regrets, Jacques-René Rabier en a d'autres encore, comme l'oubli des autorités européennes de consulter les citoyens sur ce qu'ils auraient voulu voir sur les pièces et billets en euros :

> Une monnaie, c'est très important. On l'a dans la poche, on s'en sert tous les jours. C'est extraordinaire d'avoir une monnaie européenne ! Mais l'illustration n'est pas très stimulante : des ponts, une carte géographique, c'est plutôt froid. On aurait pu faire figurer sur cette monnaie des grandes personnalités. La Grèce a mis sur la pièce d'un euro la chouette d'Athéna, et sur la pièce de deux euros l'Enlèvement

[116] Jacques-René Rabier, « L'Europe et les Européens », dans *Europe. Rêve – Aventure – Réalité*, Bruxelles, Elsevier, 1987.

d'Europe, qui est un mythe grec. Ce type d'illustration est très évocateur pour les Grecs. J'aurais souhaité que l'Eurobaromètre fasse une enquête sur les différents types d'illustration possibles pour savoir vers quoi les gens tendaient : des images neutres ou plus colorées, plus significatives[117].

Il est possible d'y voir, bien entendu, un souci esthétique lié à la passion qu'il voue depuis longtemps à l'iconographie s'étant développée autour du mythe de l'Enlèvement d'Europe. Il est plus judicieux d'y trouver la preuve que l'Eurobaromètre constitue, dans son esprit, un prodigieux outil de consultation participative des citoyens, ce qui devrait être considéré comme une boussole précieuse par les dirigeants politiques. Ce n'est pas le cas. Pas assez en tout cas, selon lui, même s'il se déclare heureux que cet instrument, même s'il manque parfois « d'un peu de piment », ait « résisté à beaucoup d'épreuves, ne serait-ce que l'épreuve du temps »…

En réalité, sa conviction est depuis fort longtemps que les dirigeants de l'Europe, à commencer par ceux de la Commission, se servent mal du potentiel offert par les Eurobaromètres. Il confesse ainsi avoir des doutes sur le « poids politique » qui leur est reconnu par les différents Collèges. Et si sa complice Jacqueline Lastenouse fondait en son temps toutes les notes qu'elle établissait en vue d'obtenir « plus de budget dans le domaine universitaire » et, à cet effet, le soutien du Parlement européen sur les signaux émis par les Eurobaromètres, Jacques-René n'a jamais été sûr, lui, que ses successeurs à l'information en retiraient de quelconques enseignements. À tort, accuse-t-il à visière découverte : « Le but de la politique d'information n'est pas de faire plaisir aux uns ou aux autres mais de savoir à qui l'on parle, de quoi l'on parle et comment on en parle. On a encore trop souvent peur d'attaquer les problèmes auxquels pensent les gens ; or, pour savoir ce qu'ils pensent, il faut le leur demander, il faut faire des sondages ». À l'en croire, tout au contraire, il se trouva même « un certain commissaire »[118] pour poser la question de savoir « À quoi ça sert ? »[119], l'Eurobaromètre, « Est-ce vraiment utile ? »[120] alors qu'il y a des sondages dans chaque pays. D'une plume rageuse, il s'adressa alors en ces termes au président Prodi : « Il y a des bruits qui courent sur l'Eurobaromètre, je vous prie de veiller à ce que cet instrument soit sauvegardé. Si un jour l'Eurobaromètre venait à être supprimé, j'irais au Parlement européen et je démontrerais l'absurdité d'une telle suppression car il s'agit d'un instrument de gouvernance »[121]. Même si son compagnon de route Wilhelmus Schuijt n'était déjà plus de ce monde, sans doute y aurait-il trouvé sans conteste beaucoup d'autres oreilles attentives.

---

117 Entretien avec Jacques-René Rabier le 21 octobre 2003 publié dans *Commission en direct*, n° 332 du 16 au 22 juillet 2004.

118 *Ibid.*

119 *Ibid.*

120 *Ibid.*

121 *Ibid.*

Son combat depuis toujours consiste, en fin de compte, à donner à l'Europe telle que voulaient la construire Monnet et Schuman – mais beaucoup moins la plupart de ceux qui les ont suivis... – des citoyens, à donner vie à des citoyens européens et à une société européenne qui soit consciente d'elle-même au-delà des frontières nationales. N'était-il pas conscient que c'était une mission impossible puisque « tout se passe comme si les gouvernements nationaux, et plus encore leurs bureaucraties, considéraient que ce qui serait "gagné" par l'Europe serait "perdu" pour l'identité de chaque pays membre »[122] ? Si, il en était parfaitement conscient, mais pas disposé pour autant à baisser les bras, tant il a toujours été persuadé « que civisme européen et civisme national sont – sauf cas aberrants – deux aspects d'un même système d'attitudes et de valeurs »[123].

Le fait que le rapport de forces lui soit fortement défavorable n'affecte pas sa combativité, sa persévérance dans l'effort au service de la cause qu'il a découverte au temps de Jean Monnet. Et la « méthode Monnet », il la comprend mieux que quiconque : la lettre qu'il adresse à Emanuele Gazzo, le rédacteur en chef de l'Agence Europe, le 24 septembre 1984 en témoigne de manière éclatante :

> Caro Emanuele,
>
> J'ai longuement réfléchi, ainsi que tu le sais, aux lacunes du système actuel d'information de la Commission. Peut-être avons-nous une chance, avec Delors, de changer les choses.
> J'ai préparé le mémo ci-joint, mais je pense que tu pourras utilement le critiquer et l'enrichir. Mieux encore, il serait peut-être plus habile qu'il ne fût pas signé par moi, mais provînt, sous une forme ou sous une autre, de l'éditorialiste européen le plus ancien quant à la fonction, le plus jeune quant à la pensée, le plus indépendant et le plus courageux. Vois-tu à qui je pense ?
> Reparlons-en si tu veux.
> En toute amitié.
>
> Jacques[124]

Rappelez-vous, Jean Monnet aimait, lui aussi, recevoir de temps en temps des journalistes, pour leur expliquer ses idées du moment, pour les peaufiner éventuellement en fonction de leurs réactions. La leçon n'avait pas été perdue. L'essentiel est toutefois dans le contenu de ce mémo intitulé « Informer les Européens pour unir l'Europe » et qui était au départ destiné à Jacques Delors, appelé à devenir le nouveau président de la Commission le 1er janvier 1985. La quintessence de sa réflexion sur les causes du divorce qu'il pressent dès alors entre l'Europe et ses citoyens s'y retrouve formulée en quelques lignes :

---

122 Jacques-René Rabier, « Être ou ne pas être "Européen" ou l'Europe comme représentation et comme absence de volonté », dans *Revue du Marché commun* n° 309, août-septembre 1987.

123 *Ibid.*

124 Lettre adressée par Jacques-René Rabier à Emanuele Gazzo le 24 septembre 1984.

Où est donc le blocage ? Il est, d'une part, dans la méconnaissance qu'a le public des objectifs fondamentaux de la Communauté et des obstacles – précisément désignés – qui empêchent de les atteindre. Il est, d'autre part, dans l'insuffisante connaissance qu'ont les institutions européennes des besoins, aspirations et attitudes des différents publics européens : les jeunes, les vieux, les travailleurs, les enseignants et les chercheurs scientifiques, les chômeurs, les consommateurs, etc. Nous n'oublions pas l'existence de l'Euro-Baromètre, ce sondage fait chaque semestre, depuis plus de dix ans, à l'initiative de la Commission des Communautés européennes. Sa valeur est inestimable, mais il semble que les résultats de ces sondages soient mieux connus et utilisés à l'extérieur des institutions que dans les services de la bureaucratie européenne, et mieux dans ces services eux-mêmes qu'au niveau de la Commission, du Conseil ou des groupes politiques du Parlement. En outre, certains sujets n'ont jamais été traités dans ces enquêtes ou ne l'ont été qu'incidemment : les besoins de consommation insatisfaits, faute de moyens, dans de larges secteurs de la population ; les attitudes à l'égard de nouvelles formules de partage du temps de travail ; les difficultés pour les jeunes du passage de l'école ou de la formation professionnelle à la vie du travail ; les aspirations des consommateurs et des agriculteurs, etc. Que dire enfin des grands sujets qui semblent considérés comme « tabou » : les menaces qui pèsent sur l'Europe et donc sur chacun de nos pays, la sécurité, la défense ? Le fait que ces sujets n'entrent pas dans les compétences communautaires définies par les traités européens ne signifie pas qu'ils n'intéressent pas le public ni ne conditionnent ses attitudes à l'égard de la Communauté elle-même[125].

Sans doute certaines des lacunes relevées par Rabier dans ce mémo ont elles été comblées depuis, au fil des Traités qui se sont succédé, mais beaucoup d'autres demeurent bel et bien, en particulier dans le contexte d'austérité qui prévaut désormais au sein de l'Union. En tout cas, qui pourrait démentir la pertinence de ce jugement :

En bref, l'information passera – ou passera mieux – si deux conditions sont remplies :

– *une meilleure connaissance des attitudes et opinions des différentes catégories de la population*, dans chacun des pays, à l'égard des objectifs fondamentaux de la Communauté, de ses réalisations, des obstacles, des échecs mêmes ;

– *une autorité courageuse et responsable qui soit capable de communiquer avec les forces politiques organisées et de s'adresser directement aux citoyens de l'Europe communautaire*[126].

Pour remplir ces deux conditions, reconnaissons-le, beaucoup reste à faire aujourd'hui, en dépit de réels progrès réalisés. Il n'empêche, le fossé entre l'Europe et ses citoyens demeure, la crise existentielle des dernières années ayant même conduit à le creuser davantage encore. Ce triste constat donne plus de

125 Jacques-René Rabier, mémo « Informer les Européens pour unir l'Europe », 24 septembre 1984.

126 *Ibid.*

poids encore aux regrets qu'exprimait déjà Rabier dans ce mémo, quand il accusait ses successeurs de négliger « scandaleusement les problèmes les plus brûlants, par exemple les attitudes comparées des agriculteurs et de la masse des consommateurs face aux aberrations de la politique agricole commune, les limites de la protection sociale, ou encore les attitudes des frontaliers et des touristes devant le maintien des contrôles douaniers archaïques »[127]. Une fois encore, l'Union européenne a désormais gommé (la plupart de) ses frontières intérieures, mais se trompait-il vraiment en regrettant que « des sujets tels que la défense des consommateurs, les attitudes à l'égard du chômage, de l'âge de la retraite, de la pauvreté, de l'environnement »[128] soient traitées en catimini, sans trop y revenir ?

Sans doute certaines des réponses apportées à l'une ou l'autre de ces questions en ces temps de crise et de regain d'égoïsmes mettraient-elles mal à l'aise les dirigeants nationaux qui s'érigent désormais en princes qui gouvernent l'Europe. Mais la Commission européenne présidée par Jean-Claude Juncker et les parlementaires européens attachés à l'idéal européen davantage qu'à l'assurance de leur réélection seraient bien inspirés de méditer le message essentiel qui avait été envoyé par Rabier dans le premier paragraphe de son mémo : « "Public sentiment is everything. With public sentiment nothing can fail, without it nothing can succeed". Ces mots d'Abraham Lincoln devraient être inscrits au-dessus de l'entrée principale du Berlaymont, l'immeuble où siège, à Bruxelles, la Commission des Communautés européennes »[129]. La Commission y siège toujours, dans un immeuble désamianté, comme l'Union européenne devrait être rénovée d'urgence en écoutant – enfin – Lincoln afin de renouer le contact avec ses citoyens avant qu'il ne soit trop tard...

* *
*

En 1987, Jacques-René Rabier est cette fois bel et bien arrivé à un âge où la retraite n'est plus une injure à l'enthousiasme professionnel d'un homme. Il décide d'autant plus volontiers de prendre du champ qu'il sait mieux que quiconque qu'un Eurobaromètre fonctionnant avec « un secrétariat léger, (...) un ex-fonctionnaire, un fonctionnaire retraité, honoraire mais retraité, non rémunéré, cela laissait tout de même cet instrument important à la merci d'un infarctus ou d'une autre maladie »[130]. Afin que son bébé lui survive, il a pris langue avec le Secrétaire général de la Commission, Émile Noël, l'invitant à « créer un poste »[131] afin que ce soit un fonctionnaire en activité qui prenne en charge Eurobaromètre. Il est entendu : un concours est organisé et un certain

---

127 *Ibid.*

128 *Ibid.*

129 *Ibid.*

130 *Conshist.Com*, « Histoire interne de la Commission européenne 1958–1973 », entretien accordé par Jacques-René Rabier à Yves Conrad et Julie Cailleau, Bruxelles, 8 janvier 2004.

131 *Ibid.*

Reif est nommé avant qu'Anna Melich, une universitaire catalane, ne prenne durablement sa succession. Rabier peut partir, l'esprit serein.

Il n'en a pas pour autant fini avec les sondages, ni avec Eurobaromètre. Un chef d'unité français, Michel Richonnier, a la charge de développer le programme « L'Europe contre le cancer » que la Commission vient de lancer. Ce fonctionnaire « intelligent, ambitieux, autoritaire et sympathique » lui demande un jour de venir le voir – « Je ne coûtais rien puisque j'étais retraité »… – et lui demande de suivre les attitudes et les comportements de santé. Inutile de vous dire qu'il ne résiste pas longtemps la proposition, l'inventeur de l'Eurobaromètre en devenant ainsi un… client fidèle.

À raison d'un sondage environ par an, il conseillera ainsi jusqu'en 1992 la Direction générale Santé pour les questions à poser sur les régimes alimentaires, le tabac, l'alcool, l'obésité, « toutes questions qui ont été fort appréciées dans les milieux médicaux parce qu'il y avait bien sûr, dans chacun de nos pays, des enquêtes sur ces questions, mais il n'y avait pas de vue européenne ».

Cette nouvelle mission le passionne. Resté svelte comme un gamin de vingt ans, il s'intéresse ainsi à l'obésité en demandant aux personnes quelle est leur taille et leur poids. Il calcule ensuite « l'indice que les médecins » lui avaient suggéré, ce qui lui permet de donner « une vue de l'obésité par pays, par milieux, par sexe, etc. » C'est de la sorte une cartographie de l'état de santé ressenti subjectivement par les citoyens européens qui s'esquisse d'année en année. De la sorte, il croit « jeter quelques lumières sur l'un des aspects les plus importants et les plus mal connus de la qualité de la vie : comment les gens se sentent – ou plutôt disent qu'ils se sentent – ici et maintenant, lorsqu'on les interroge, tout simplement sur leur état de santé »[132]. Ces enquêtes font ressortir, selon lui, que « la nationalité apparaît, après l'âge, comme le principal déterminant »[133] de la perception de l'état de santé par chacun des Européens. Pourquoi ? Il est tentant de croire « que le niveau de développement socio-économique détermine l'état de santé des populations et, en conséquence, l'évaluation qu'elles en font »[134]. Mais alors, pourquoi les Irlandais étaient-ils, en 1987, aussi satisfaits de leur état de santé que les Danois alors que le produit intérieur brut par habitant était, à l'époque, « presque de 40 % inférieur en Irlande par rapport au Danemark »[135]. La réponse à cette question résiderait-elle dans « la relation que l'on observe, au niveau individuel et au niveau des pays comparés les uns aux autres, entre l'évaluation de l'état de santé et le sentiment de satisfaction de la vie »[136], tant il est vrai que, « dans l'un et l'autre cas, il s'agit de variables socio-culturelles, c'est-à-dire de systèmes d'attitudes,

---

132 Jacques-René Rabier, « L'état de santé des Européens tel qu'ils le perçoivent », dans *L'Europe et la santé. Hasard et/ou nécessité*, Academia, collection « Eurospectives », 1988.

133 *Ibid.*

134 *Ibid.*

135 *Ibid.*

136 *Ibid.*

de valeurs et de connaissances qui sont largement partagés par les membres d'une même société et transmis de génération en génération »[137].

Ces quelques questions suffisent pour démontrer l'intérêt scientifique de ce type d'enquêtes d'opinion. En conclusion, Jacques-René Rabier soulignait la nécessité d'aller plus loin dans l'exploration en jouant sur la durée, expliquant :

> En effet, les situations objectives des nations et celles des individus au sein de chaque nation évoluent. De même sans doute (encore que la relation soit complexe), les perceptions subjectives correspondant à ces situations. D'où la nécessité de mesurer de période en période les différents aspects de la qualité de la vie, afin de pouvoir comparer, non seulement « le même pays » en plusieurs points du temps, mais « les mêmes pays » les uns par rapport aux autres dans leurs évolutions respectives[138].

En ces temps où la précarité et la pauvreté remontent dangereusement, il serait bien utile, en effet, de disposer de cet instrument de mesure. Mais en 1992, Rabier s'est dit : « Cela suffit, place aux jeunes ! » Et le programme « L'Europe contre le cancer » a disparu. Les questions posées aux citoyens concernant leur santé sont, elles, oubliées. Oubliée aussi, hélas, cette question du « père » de l'Eurobaromètre : « Y a-t-il tâche plus fascinante pour les chercheurs de différentes disciplines complémentaires, aussi bien que pour les décideurs politiques qui ont charge de contribuer à l'amélioration des conditions de la vie, donc à la santé, des populations et – indirectement – à la perception subjective que celles-ci prennent de leur "bien-être" »[139]. À l'évidence, cette question serait déplacée en ces temps de culte de l'austérité...

---

137 *Ibid.*

138 *Ibid.*

139 *Ibid.*

Chapitre VII

La Personne

Il arrive toujours un moment où, si vie lui est prêtée, l'homme se retrouve nu face à lui-même. Des années qui s'ouvrent devant soi quand le privilège de l'âge est de n'avoir plus à satisfaire à des obligations, chacun en dispose selon son bon vouloir. La vérité d'une personne se cristallise sans doute dans ces années dont elle est la seule responsable.

Le 28 août 1999, lors de la fête organisée par ses enfants quelques jours, rentrée scolaire oblige, avant la date exacte de son 80e anniversaire, Jacques-René Rabier refuse de parler « de troisième ou de quatrième âge ». À ses proches et amis, il lance joyeusement : « Je considère que je vais peut-être entrer bientôt dans l'âge adulte. Je suis encore une sorte d'adolescent prolongé, puisque capable d'apprendre (ce que je fais tous les jours), éventuellement d'aider à apprendre, certainement d'aimer et de m'émerveiller ». C'est vrai, mais ce qu'il oublie de dire, c'est qu'il est un coureur de fond, un marathonien de la vie qui ne lâche jamais rien des combats qu'il a, un jour, décidé de mener. Le temps du grand âge lui permet seulement de s'y consacrer enfin à plein temps, de les mener de front, avec constance et opiniâtreté.

Le premier de ces combats, nul n'en sera surpris, c'est celui de l'info européenne. Que peut-il faire encore sur ce plan à l'heure de la retraite ? Plus grand-chose, c'est vrai, mais l'important n'est-il pas la fidélité aux idées dont on s'est voulu le héraut ? Parmi celles-ci, il y a sa conviction d'informateur au long cours que « l'information-formation – les deux sont liées ! – implique la diffusion de nouvelles, de "news" sur ce que font les institutions, de valeurs et de symboles ». Les news ne sont plus de son ressort, mais les valeurs et les symboles, si !

Les valeurs sont, par exemple, le fondement de l'élargissement big bang aux pays ayant eu à vivre sous la domination soviétique car, si l'Union européenne s'est élargie aux pays de l'Est, « ce n'est pas seulement pour ouvrir un grand marché, c'est aussi parce que, dans la situation politique où étaient ces pays à la chute du rideau de fer, ce qui avait réussi pour nous ne pouvait pas leur être refusé ». Et peu importe si, depuis, certains de ces nouveaux membres renâclent à jouer pleinement le jeu, donnant même parfois l'impression de voir en « Bruxelles » une réincarnation de Moscou. En réalité, tonne Rabier, les responsabilités incombent en la matière aux « vieux » Européens : « C'était à nous de tirer les conséquences institutionnelles de cette arrivée massive de nouveaux pays membres. Il fallait élargir en renforçant les institutions, ce que nous n'avons pas fait ». Tel est le sentiment du citoyen européen Rabier qui, en tant que bon communicateur, fut-il retraité, entend bien le faire connaître autour de soi.

Les symboles sont, eux, d'inlassables compagnons de route de Jacques-René Rabier. Pourquoi ? Parce que la symbolique a toujours été, à ses yeux, un outil indispensable : « On ne peut pas être purement rationnel quand on fait de l'information. Il ne faut pas être démagogue, il ne faut pas être idéologue, etc. Mais les symboles sont porteurs des concepts »[1]. Cela, il le pensait déjà au début des années 1960, quand il confie « à un nommé Pierre Duclos, professeur à Sciences Po, une recherche qui a été ronéotypée, à diffusion restreinte, sur les symboles »[2]. Mais s'il pensait déjà alors, avec son petit entourage de fonctionnaires militants, que « tout groupement humain qui se constitue et souhaite perdurer a besoin de symboles », ses plaidoyers afin qu'il en soit donnés à l'Europe communautaire trouvèrent très longtemps encore fort peu d'écho chez les décideurs politiques européens. D'où son amertume dans ces lignes écrites à l'été 1987 :

> – En bref, l'Europe manque encore de citoyens. Elle ne s'est pas encore dotée des moyens les plus élémentaires pour symboliser son identité, et lorsque ces moyens ont été obtenus, souvent au terme de discussions aussi prolongées que ridicules (par exemple dans le cas du passeport uniforme), la publicité donnée à ces « acquis communautaires » a été très insuffisante. Tout se passe comme si les gouvernements nationaux, et plus encore leurs bureaucraties, considéraient que ce qui serait « gagné » par l'Europe serait « perdu » pour l'identité de chaque pays membre. C'est une grave erreur, et toutes les études montrent que civisme européen et civisme national sont – sauf cas aberrants – deux aspects d'un même système d'attitudes et de valeurs[3].

Le Conseil européen réuni à Milan en juin 1985 a finalement décidé de donner à l'entité qui ne s'appelait pas encore Union européenne à la fois son drapeau, son hymne et la Journée de l'Europe – que des esprits facétieux ont baptisé « la Saint Schuman ». Le drapeau azur aux douze étoiles d'or à cinq branches trône désormais aux côtés des emblèmes nationaux. Leur a-t-il fait perdre des couleurs ? Non. Les craintes des gardiens de la souveraineté nationale étaient donc injustifiées. Il n'est pas certain pour autant que l'Union européenne ait gagné beaucoup de légitimité dans l'aventure…

Sans doute un député européen membre de la commission des affaires constitutionnelles peut-il désormais affirmer sans trop de crainte d'être contredit que « les drapeaux, les emblèmes, les hymnes, les devises, les couleurs et les autres types de symboles sont (…) essentiels pour que tout type d'organisation

---

1 *Conshist.Com*, « Histoire interne de la Commission européenne 1958–1973 », entretien accordé par Jacques-René Rabier à Yves Conrad et Julie Cailleau, Bruxelles, 8 janvier 2004.

2 *Ibid.*

3 Jacques-René Rabier, « Être ou ne pas être "Européen" ou l'Europe comme représentation et comme absence de volonté », dans *Revue du Marché commun*, n° 309, août-septembre 1987.

humaine, de nature politique, ethnique, culturelle, sportive, etc. soit reconnue par la population »[4]. Mais il a commis dans la foulée deux erreurs. La première est d'avoir jugé qu'il n'y avait dès lors « rien d'étonnant à ce que, depuis leur formation, les Communautés européennes, puis l'Union européenne se soient efforcées de se doter également de symboles susceptibles de permettre à la population de s'y identifier »[5]. Dans ce long combat finalement couronné de succès, Jacques-René s'est souvent senti bien seul ou, du moins, fort peu soutenu. Il n'est jamais simple d'avoir raison trop tôt…

Ensuite, y a-t-il eu réellement reconnaissance du fait européen « par la population » ? Pour le spécialiste des symboles qu'est le Pr. Carlo Curti Gialdino, « en chantant le même hymne, en honorant le même drapeau, en utilisant la même monnaie, en célébrant la même fête, les citoyens, à l'unisson, font preuve d'une sensibilité commune »[6]. Et cet expert d'ajouter dans foulée : « Tout symbole politique est donc un signe tangible d'identité qui codifie les valeurs partagées que le symbole représente et qui, en règle générale, sont explicitées dans la Charte constitutionnelle »[7]. Sans doute, mais… Qui chante l'Ode à la joie, cette partie de la 9e symphonie de Beethoven qui est devenue l'hymne de l'Union ? Qui sait que « Unie dans la diversité » a été validée comme devise européenne ? Qui songe réellement à la construction européenne lors de la journée de fête des Européens du 9 mai ? Là, Carlos Carnero González ne se trompe pas en estimant que « sa signification profonde ne pourra être véritablement enracinée dans la mémoire affective des Européens que si les États membres eux-mêmes conjuguent leurs efforts dans ce sens, en reconnaissant la journée de l'Europe comme véritable jour férié européen »[8].

Et puis, il y a la monnaie unique, l'euro « qui n'est pas seulement un instrument monétaire », mais un symbole qui se trouve dans la poche de tous les Européens – y compris dans celle des ressortissants de pays qui n'appartient pas, ou pas encore, à la zone euro. Aujourd'hui, partout dans le monde, les populations identifient l'Union européenne avec l'euro, « de même qu'elles identifient les États-Unis avec le dollar »[9]. En réalité, la monnaie a « toujours été plus qu'un puissant instrument de communication permettant de trans-

---

4 Carlos Carnero González, projet de rapport sur l'insertion, dans le Règlement du Parlement européen, d'un article 202 bis concernant l'utilisation par le Parlement des symboles de l'Union européenne (2007/2240-REG), 30 janvier 2008.

5 *Ibid.*

6 Carlo Curti Gialdino, *Les symboles de l'Union européenne : le choix du drapeau*, traduit par le Centre Virtuel de la Connaissance sur l'Europe, European Navigator, http://www.ena.lu/mce.swf?doc=19671&lang=1.

7 *Ibid.*

8 Carlos Carnero González, projet de rapport sur l'insertion, dans le Règlement du Parlement européen, d'un article 202 bis concernant l'utilisation par le Parlement des symboles de l'Union européenne (2007/2240-REG), 30 janvier 2008.

9 *Ibid.*

mettre des messages à une zone de réception pratiquement illimitée »[10], sans compter qu'elle est en tout premier lieu « un instrument identitaire important et d'une grande efficacité »[11] puisque « son message est fédérateur »[12], étant « le plus petit dénominateur commun du groupe qui l'utilise »[13]. Voilà donc bien le symbole par excellence de l'Union. Et pourtant…

Et pourtant, l'euro laisse froid, n'a parlé au cœur des Européens que la nuit de son introduction, quand ils faisaient la file aux distributeurs pour pouvoir le toucher. « On a raté une occasion ! », regrette Rabier en se désolant des choix opérés :

– En ce qui concerne les billets, on a vraiment manqué le coche de l'histoire : il n'y a rien de plus triste qu'un billet de 5, 10, 20 euros… Ils sont asexués, c'est froid, on voit des chantiers en construction qui ne parlent à personne. Non, on a raté l'affaire ! Et ce n'est pas faute qu'un certain nombre d'universitaires en aient parlé au moment où se discutait le choix des figures à mettre sur les billets. Se mettre d'accord sur les symboles, c'était toutefois très difficile ; alors, les financiers ont choisi l'absence de symboles ou ont opté pour les symboles les plus neutres, les plus passe-partout. C'est dommage…

Sur cette question, la Grèce trouve grâce à ses yeux, elle qui a choisi de placer la chouette de la déesse Athéna sur les pièces de 1 euro et, mieux encore, la reproduction libre d'une mosaïque du IIIe siècle après J.-C. représentant le mythe de l'enlèvement d'Europe sur les pièces de 2 euros. Voilà qui a constitué, pour Jacques-René, un véritable cadeau. En attendant, il a raison : il y a bel et bien eu refus de puiser dans la mythologie les thèmes susceptibles d'orner les pièces et billets. Selon Carole Lager, le thème de la mythologie a ainsi « été écarté pour la curieuse raison qu'il ne véhiculait aucun message, ni aucune valeur d'actualité »[14]. Et cette spécialiste des symboles de formuler une accusation nettement plus ciblée – et plus assassine aussi – concernant l'enlèvement d'Europe :

– L'Union européenne a écarté le mythe de l'enlèvement d'Europe comme « symbole européen » pour diverses raisons. La première est que ce mythe a parfois connu dans le passé une interprétation géopolitique et une récupération à des fins politiques, et cela dès l'Antiquité ; par conséquent, ce thème a été jugé comme étant passible d'être récupéré par des propagandes nationalistes et racistes. D'autres raisons ont été évoquées, comme par exemple que ce mythe relatait un événement violent, et que la nudité d'Europe pouvait choquer. Troisièmement, des associations d'idées sont apparues comme la crise de la « vache folle », ou l'allusion à l'enlèvement d'Europe par un bison américain. Enfin, il a même été stupidement argumenté que ce mythe était peu connu du public…[15]

---

10 Carlo Curti Gialdino, *Les symboles de l'Union européenne : le choix du drapeau*, traduit par le Centre Virtuel de la Connaissance sur l'Europe, European Navigator, http://www.ena.lu/mce.swf?doc=19671&lang=1.

11 *Ibid.*

12 *Ibid.*

13 *Ibid.*

14 Carole Lager, *Europe et l'euro grec*, Paris, Maison de la Grèce, 29 novembre 2001.

15 *Ibid.*

Ce bric-à-brac de justifications n'a pu qu'affliger Jacques-René Rabier, lui qui voue à l'Enlèvement d'Europe une passion revendiquée, même si un « professeur de je ne sais pas quoi, sexualité et psychanalyse, prétend pour me taquiner que c'est un effet du troisième âge »[16]. Il aurait alors été précoce sur ce plan aussi puisque c'est un certain Denis de Rougemont qui lui a transmis le virus dans le courant des années 1960. Celui qui aimait se définir « comme un écrivain français de nationalité suisse » était lui aussi très intéressé par ce mythe. Est-ce parce qu'il était originaire de Neufchâtel où « le premier bouquin en langue française »[17] à lui avoir été consacré avait été édité en 1946 « par un nommé Alfred Lombard »[18] ? En tout cas, le penseur suisse citera cet auteur dans le chapitre qu'il consacrera par la suite à l'enlèvement d'Europe dans son monumental « 28 siècles d'Europe », mais il avait entre-temps eu l'occasion d'échanger à ce propos avec Rabier, éveillant chez son jeune ami l'envie d'aller voir ce qui se cachait derrière ce mythe.

Dans ces années-là, une autre personne qui lui parle d'enlèvement d'Europe, « à propos des symboles »[19], c'est Hendrik Brugmans, le premier recteur du Collège d'Europe à Bruges qui, un jour, en profite pour chanter les louanges d'une de ses étudiantes, une jeune belge néerlandophone. Il engage donc cette demoiselle Knappen qu'il affecte « à la photothèque, à l'iconographie de la Direction générale »[20] de l'information. Le mythe de l'enlèvement d'Europe le travaille pourtant de plus en plus et, un beau jour, il n'y tient plus, convoque cette jeune personne et lui tient ce discours : « Vous allez aller au moins à la Nationale à Paris, et ailleurs si vous voulez. Sortez-moi ce qui existe comme reproductions de gravures sur l'enlèvement d'Europe »[21]. Il en résulta bientôt « un tiroir de classeurs »[22].

Ainsi a commencé sa « carrière » de collectionneur des représentations de l'enlèvement d'Europe, avec des gravures – il s'y intéresse « quand elles passent dans une vente et qu'elles ne sont pas à des prix prohibitifs » –, des objets d'art, des photos et des caricatures aussi. Avec sa centaine de pièces, il fait toutefois pâle figure par rapport à l'un de ses gendres, Alain Roba à qui, explique-t-il avec malice, « j'ai donné non seulement ma fille – et, d'ailleurs, il l'a enlevée ! – mais qui a une collection nettement plus large que la mienne parce que, lui, est très collectionneur ». En réalité, Jacques-René Rabier s'intéresse « plus à la signification de l'objet qu'à sa possession », cherchant surtout à voir et à comprendre « pourquoi tel artiste a peint ou sculpté de telle façon le mythe d'Europe à tel moment ».

16 *Conshist.Com*, « Histoire interne de la Commission européenne 1958–1973 », entretien accordé par Jacques-René Rabier à Yves Conrad et Julie Cailleau, Bruxelles, 8 janvier 2004.

17 *Ibid.*

18 *Ibid.*

19 *Ibid.*

20 *Ibid.*

21 *Ibid.*

22 *Ibid.*

Surtout, dès le départ, il se passionne pour l'origine du mythe et pour les chemins qu'il a empruntés pour conquérir le monde :

> Très vite, l'idée de rechercher d'où venait ce mythe et comment il s'était développé dans toute la partie occidentale de l'Europe m'a intéressée. Lorsque j'étais aux affaires, je n'avais évidemment pas beaucoup de temps de m'en occuper, mais lorsque j'ai quitté le service actif, j'ai essayé d'approfondir mes connaissances sur ce mythe, son origine, ses origines – les spécialistes sont encore en train d'en discuter – et sa signification, puisque la fille et le taureau, c'est une espèce d'invariant culturel à travers des interprétations extrêmement diverses tout au long de 3 000 ans d'histoire.

Lorsqu'il était aux affaires, il n'avait pas beaucoup le temps de s'en occuper, mais, se souvient sa complice Jacqueline Lastenouse, lorsqu'il recevait dans son bureau des visiteurs du nord ou de l'est de l'Europe, il s'empressait quand même de leur en parler à un moment ou à un autre, son obsession étant « de savoir jusqu'où ce mythe remontait dans les mémoires collectives sur le territoire européen ». Il le confirme bien des années plus tard : « Si j'avais à écrire les mémoires de Zeus comme il y a celles d'Hadrien, j'essaierais d'expliquer pourquoi et comment, à travers quelles vagues de civilisation, ce mythe s'est répandu en Crête, à Chypre, en Sicile et dans toute l'Europe occidentale ». À vrai dire, il n'écrira jamais les mémoires de Zeus ou, du moins, pas seul : se hisser au faîte de l'Olympe et de ses mystères impose, en effet, de voyager en cordée, avec des partenaires intellectuellement solides et aussi passionnés que soi. C'est pour cette raison qu'est née l'association internationale « D'Europe à l'Europe : mythe et symboles ». Présidée par le professeur Odile Wattel et Jacques-René Rabier en étant le vice-président, elle réunit un petit groupe plurinational et pluridisciplinaire de chercheurs qui travaillent sur le mythe et la symbolique d'Europe. Elle a jusqu'à présent organisé « quatre colloques dont les actes ont été publiés », ses membres ayant aussi multiplié les exposés sur différents aspects du mythe d'Europe dans l'art, la littérature, etc.

D'où vient ce mythe ? La réponse de Rabier est prudente :

> « Il y a deux grandes écoles entre lesquelles je me garderais bien de trancher. Les uns disent que c'est un mythe qui vient de la Mésopotamie, une déesse cavalière sur taureau ou sur cheval, mythe qui aurait été récupéré par les Phéniciens et les Grecs. D'autres, et ceci n'est pas contradictoire, disent que ce sont les Grecs qui ont inventé tout cela pour se créer un héritage allant aussi loin que possible vers l'Est ».

Quoi qu'il en soit, pensait Denis de Rougemont, « l'histoire de l'Europe, depuis trois millénaires, est celle d'un mythe devenu réalité, et d'un cap de l'Asie devenu centre du monde »[23]. Et le penseur suisse ajoutait :

[23] Denis de Rougemont, directeur du Centre européen de la Culture, « Découvrons l'Europe », revue *Europe 61*, n° 1.

> Europe était le nom de la fille d'un roi de Tyr, qui fut enlevée par Zeus lui-même sous la forme d'un taureau blanc. Conduite en Crète, elle y fonda la dynastie des Minoens. Puis son nom fut donné par les Grecs aux terres mal connues du Couchant, et c'était bien le nom qui leur convenait puisque Europe vient sans doute du mot Ereb, qui dans la langue sémitique des Tyriens veut dire précisément « pays du soir »[24].

Du coup, renchérit Carole Lager, « ce mythe peut être vu comme un symbole d'ouverture et d'union entre les peuples (Europe était une "Orientale" venue en Occident), un symbole du parcours initiatique des Européens pour créer l'Union européenne (le voyage d'Europe fut difficile) »[25]. Pour Rabier, ce mythe nous conduit évidemment « à méditer sur nos propres origines, et particulièrement sur nos origines méditerranéennes »[26], mais il convient aussi, affirme-t-il, de résister à la tentation de par trop le récupérer :

> – Enfin – et surtout – il est hautement probable que l'irruption, dans l'histoire contemporaine, de l'Europe – je veux dire de l'Europe instituée, et même institutionnalisée, dont les médias nous parlent presque tous les jours depuis le milieu des années cinquante – a eu et continue à avoir pour effet de susciter un regain de notoriété pour ce « mythe des origines ». Soyons clairs sur ce point. Ceux qui œuvrent dans un esprit de recherche scientifique sur ce sujet ne veulent en aucune façon « récupérer » le vieux mythe pour en faire un instrument de propagande en faveur d'une idéologie ou d'un projet politiques. Pas même un moyen de faire valoir l'Euro, la future monnaie européenne. Leur but, en tout cas le mien, est de prendre en compte cet élément caractéristique de notre patrimoine culturel commun, de le faire mieux connaître de nos contemporains, notamment des jeunes générations, dans son invariance essentielle comme dans ses multiples surdéterminations historiques, voire ses détournements, selon les époques et les circonstances[27].

Point d'instrumentalisation du mythe donc, chez Rabier, seulement une vigilante attention accordée à « la Tradition d'un mythe qui – plus ou moins répandu selon l'époque – perdure dans l'imaginaire collectif des artistes et des écrivains imprégnés de la culture gréco-romaine »[28] et aux résurgences du mythe à travers les époques et les arts, de la littérature à la gravure en passant par la sculpture, la peinture, mais aussi, au XXe siècle, la philatélie, la numis-

---

24 *Ibid.*

25 Carole Lager, *Europe et l'euro grec*, Paris, Maison de la Grèce, 29 novembre 2001.

26 *La notoriété actuelle du mythe de « l'enlèvement d'Europe »*, communication de Jacques-René Rabier au colloque international « Les intellectuels et l'Europe » organisé du 16 au 18 octobre 1997 par l'Institut d'histoire du temps présent (Paris) et l'Universitad de Salamanca.

27 *Ibid.*

28 *Tradition et résurgences d'un mythe : le ravissement d'Europe*, communication de Jacques-René Rabier à la conférence sur « Figures d'Europe » organisée, du 11 au 13 avril 2002, par l'Institut universitaire européen et la Ville de Florence. Cette communication est reprise dans l'ouvrage *Figures d'Europe. Images and Myths of Europe*, Luisa Passerini (dir.), P.I.E. Peter Lang, 2003.

matique, l'édition et la publicité. Il livre ainsi, selon Bertrand Vayssière, « une ébauche de l'histoire de ce mythe, christianisé pour lutter contre l'influence du vieux mythe païen, récupéré par l'amour courtois qui le moralise, mis en œuvre dans de multiples tableaux et peintures de la Renaissance où sa sensualité est complaisamment orchestrée »[29]. Cet historien, maître de conférences à l'Université Toulouse 2 Jean Jaurès, considère toutefois, au passage, que « le résumé de Rabier est instructif, mais parfois un peu rapide », allant « un peu vite aux résurgences du mythe au XXe siècle ». Peut-être. Mais certaines de ces résurgences pointées par Jacques-René Rabier sont tellement savoureuses qu'on est en peine de lui reprocher d'avoir hâté le pas…

Commençons par Salman Rushdie. Dans une « tribune libre » publiée notamment par « Libération » le 14 février 1997, cet écrivain qui est la « victime désignée (…) d'une condamnation à mort prononcée par les "ayatollahs" iraniens, (…) compare son sort à celui de la jeune asiatique enlevée par un dieu »[30] non sans une pointe d'optimisme :

> Au tout début de l'idée d'Europe, surgit un combat inégal entre les humains et les dieux, et une leçon encourageante : le dieu taureau peut gagner la première escarmouche, mais c'est la jeune fille continent qui triomphe avec le temps[31].

Beaucoup plus jouissif, il y a cet articulet acide paru dans *Le Canard enchaîné* du 26 novembre 1997 qui conte « L'enlèvement d'Europe 97 » suite à un Conseil européen sur l'emploi tenu au Luxembourg et au regard des dix-huit millions de chômeurs que comptent les quinze pays membres de l'Union européenne de l'époque :

> La jeune Europe, un jour, cueillait des fleurs au jardin du Luxembourg quand une Voix d'en haut se mit à vachement l'enguirlander : « T'as rien d'autre à branler, par Zeus ? »
>
> C'était lui-même en personne qui avait pris (l'amour rend bête) la forme d'un taureau pour mieux la saillir de demandes d'emploi.
>
> Et comme cette idée la travaillait – à la fleur de l'âge, quelle meilleure occupation que de se faire conter fleurette et travailler au corps ? – elle prit amoureusement le taureau par les cornes d'abondance et se fit divinement besogner[32].

---

29 *Journal of European Integration History – Revue d'histoire de l'intégration européenne – Zeitschrift für geschichte der Europäischen Integration*, rubrique « Books reviews – Comptes rendus – Buchbesprechungen », 2006, n° 1.

30 *La notoriété actuelle du mythe de « l'enlèvement d'Europe »*, communication de Jacques-René Rabier au colloque international « Les intellectuels et l'Europe » organisé du 16 au 18 octobre 1997 par l'Institut d'histoire du temps présent (Paris) et l'Universitad de Salamanca.

31 Salman Rushdie, Tribune libre publiée dans *Libération*, 14 février 1997. Cité dans *La notoriété actuelle du mythe de « l'enlèvement d'Europe »*, communication de Jacques-René Rabier au colloque international « Les intellectuels et l'Europe » organisé du 16 au 18 octobre 1997 par l'Institut d'histoire du temps présent (Paris) et l'Universitad de Salamanca.

32 *Le Canard enchaîné*, mercredi 26 novembre 1997.

Avec ce billet bien troussé du dénommé « Ovide fait bien fait, Roland Bacri »[33], comment ne pas convenir avec Jacques-René Rabier que « nous sommes loin (…) de "L'Ovide moralisé" du XVIe siècle, mais pas tellement de "L'Art d'aimer", ou de certaines représentations coquines de l'antique scène mythologique… »[34]. Et sans doute s'en trouvera-t-il aussi certains à frémir à l'idée que cet « Ovide » d'un genre particulier puisse reprendre la plume pour décrire l'enlèvement d'Europe alors que l'Olympe semble avoir pris les formes, en Grèce, de la Troïka !

La Commission s'est-elle, à un moment ou à un autre, intéressée à cette quête de Rabier ? L'a-t-elle soutenu dans cette entreprise ? La réponse fuse : « Non, non… Non, la Commission ne s'y est pas intéressée. C'est un monstre froid, la Commission ! » Un soupçon de dépit un tantinet désabusé transpire de ce commentaire. Parfois, il se transforme même en colère, en rage à peine contenue tant la Commission a un problème avec les symboles qui peut rendre Rabier furibond. À raison. Donnons-en trois exemples.

Automne 2006. La Commission prépare le cinquantième anniversaire de la signature des Traités de Rome en 1957. Fort bien. Elle organise un concours largement ouvert aux jeunes graphistes en vue de trouver un logo. Un jury interinstitutionnel adopte celui d'un jeune Polonais : « TöGEthé® since 1957 » ! La réaction du fondateur du Service de presse et d'information fuse, portant sur la forme comme sur le fond : « La surprise est grande : pourquoi un mot en anglais, langue fort respectable, mais non unique dans nos institutions ? », s'interroge-t-il dans un courriel qu'il adresse à la Commission. Passe encore, à ses yeux, qu'on n'ait pas pensé au latin, à « Europa unita », mais pourquoi le graphiste a-t-il en plus « jugé astucieux de désarticuler les syllabes en "TöGEthé®" : une sorte de "volapük", cette langue artificielle bien vite oubliée qui, déjà, s'efforçait de mélanger deux mots anglais : world et puk (altération de speak) » ? Cette volée de bois vert s'accompagne d'un reproche plus feutré sur la date car, si 1957 est bien l'année de la signature des Traités de Rome, « n'oublions pas que la conception de l'Europe communautaire remonte au 9 mai 1950, date à laquelle fut lancé par Robert Schuman, inspiré par Jean Monnet, l'appel au gouvernement et aux peuples d'Europe » en vue de jeter les bases de la Fédération européenne. Et de conclure son message par un flamboyant : « Aujourd'hui, on peut être pour ou contre cet objectif initial. Mais alors il faut le dire clairement, "together" ou non. Sans charabia ni volapük… » On est là, en quelque sorte, dans les quatre mousquetaires de Dumas, avec l'élégance du propos et le panache du vieux bretteur au service de ses idées. La réponse est, elle, couleur grisaille : « J'aurais imaginé autre chose, mais je ne le trouve pas si mal que ça. Et puis, on a déjà vu pire : à savoir la tentative de remplacer le drapeau européen par le logo/drapeau "code

---

33 *Ibid.*

34 *La notoriété actuelle du mythe de « l'enlèvement d'Europe »*, communication de Jacques-René Rabier au colloque international « Les intellectuels et l'Europe » organisé du 16 au 18 octobre 1997 par l'Institut d'histoire du temps présent (Paris) et l'Universitad de Salamanca.

barres" ». Telle est la réponse que lui adresse une fonctionnaire de la Commission en précisant aussitôt que le logo l'indiffère : « La raison pour laquelle j'écris est la suivante : vous indiquez que vous êtes "Directeur général honoraire de l'Information". Qu'est-ce que c'est comme titre ? Je veux dire quelle Information ? Peut-être celle de l'Association Internationale des Anciens des Communautés européennes ? » Voilà qui prouve à tout le moins que les problèmes de mémoire affectent aussi les institutions européennes. Retenons-en plutôt de cette affligeante passe d'armes que Rabier a aussi suggéré de « soumettre le nouveau "logo" au jugement du public des États membres dans un prochain "Eurobaromètre" ». Sans doute cette question était-elle trop osée ou dérangeante, elle n'a jamais été posée…

Nul n'en sera surpris, Jacques-René Rabier a aussi très mal vécu le fait que, après les « non » des Français et des Néerlandais au projet de Traité constitutionnel en 2005, certains se soient échinés à gommer toutes les références aux symboles européens. Le 18 août, en sa qualité de vice-président de l'association internationale « D'Europe à l'Europe, mythe et symboles », il s'en plaint fort courroucé dans un courrier qu'il adresse à un chroniqueur de *La Libre Belgique* qui vient de consacrer une réflexion aux symboles :

> Dans mes anciennes fonctions à la Commission européenne, et notamment comme observateur de l'opinion publique au moyen de l'Eurobaromètre, j'ai pu apprécier l'importance des symboles dans la relation complexe entre les citoyens et « l'Europe ». Je suis scandalisé, mais non surpris, que certains États membres (ou plus précisément le Royaume-Uni), aient demandé l'exclusion de ces porteurs de sens dans le traité « raccourci ». Les autres gouvernements ont accepté cette exclusion, par ignorance, par lassitude ou par lâcheté[35].

Une fois encore, la charge est rude et dit bien l'indignation de son auteur qui, relatant cet échange épistolaire dans un courrier qu'il adresse trois jours plus tard au responsable de la revue interne « Commission en direct », noie son amertume dans la gouaille du Gavroche qu'il demeure envers et contre tout : « Si je me laissais aller à mon penchant pour l'humour, je proposerais volontiers que le drapeau aux douze étoiles fût remplacé par un drapeau blanc, en signe de capitulation, et l'hymne à la joie par la "Symphonie inachevée" ».

Le pire reste toutefois à venir, et l'humour cette fois s'effacera pour céder la place, chez Rabier, à l'écœurement. Au début des années 2000, le stock de médailles à l'effigie de Robert Schuman que reçoit chaque fonctionnaire européen lors de ses vingt années de service s'épuise. En 2004, un appel d'offres est lancé pour les remplacer. Un appel d'offres ? « Avec les modifications dans le domaine juridique, qui s'étendent aussi aux réglementations financières, l'acquisition des médailles doit aujourd'hui obéir aux règles en matière de marchés publics »[36], explique Claude Chêne, le patron de la Direction générale

[35] Courrier de Jacques-René Rabier à Xavier Zeegers, *La Libre Belgique*, 18 août 2007.

[36] « *La médaille des 20 ans de service*. Réponse de Claude Chêne, Directeur général DG ADMIN, au nom du président Barroso », *Newsletter Aiace* n° 75, juin-septembre 2006.

ADMIN, en s'exprimant au nom du président Barroso. Il est donc bien loin le temps où une poignée de fonctionnaires militants déterminés dénichait un nid pour une libraire privée dans un immeuble de la Commission... Un comité de sélection se réunit ensuite plusieurs fois « afin d'identifier, parmi les différentes propositions reçues, celle qui répondait le mieux aux critères de l'appel d'offres »[37], jusqu'au moment où le verdict tombe : « Finalement, à l'unanimité, le comité a choisi la colombe, qui représente la paix durable en Europe, garantie par les Traités européens et l'existence même de l'Union européenne »[38]. « Stupeur et tristesse »[39] dans les rangs des anciens de la Fonction publique européenne ! Voir arbitrairement rayée « la mémoire, chère à tous les serviteurs de l'Europe, d'un des hommes qui, avec les Monnet, de Gasperi, Adenauer, ont permis à l'Europe de connaître la paix et un développement extraordinaire »[40] est insupportable, fulmine Ludwig Schubert, le président de l'Association internationale des anciens de l'Union européenne. Il va sans dire, Jacques-René Rabier n'est pas le dernier à monter aux barricades de l'indignation. Le 16 avril 2006, il prend sa plus belle plume et s'adresse en ces termes à Catherine Day :

> Madame le Secrétaire général et chère Collègue,
>
> Mon attention a été attirée par un article paru dans le bulletin belge de l'Association Internationale des Anciens des Communautés européennes, *L'Écrin*, n° 33, janvier-mars 2006. Cet article, signé par le président, M. Guggenbühl, était intitulé « Exit Schuman ». J'ai d'abord cru qu'il s'agissait d'une plaisanterie – un peu anticipée – du 1er avril. Mais non. À la lecture, l'article était sérieux. Il faisait savoir aux Anciens de nos Institutions, dont quelques-uns (dont je suis), ont connu personnellement Robert Schuman, que l'effigie de ce « Père de l'Europe » allait disparaître de la médaille des « Vingt ans de service », pour être remplacée par « une colombe stylisée tenant dans ses pattes un rameau d'olivier et embrassant de ses grandes ailes un cercle d'étoiles ». Je n'ai rien contre les colombes, symboles de paix, ni contre l'olivier, symbole de gloire, mais appliquer à Schuman une sorte d'« article 50 », un peu plus d'un demi-siècle après la célèbre Déclaration du 9 mai 1950 qui a fondé historiquement notre Communauté – devenue Union – européenne, cela dépasse l'entendement.
>
> Je me pose une question – et je prends la liberté de vous la poser. Si cette information est vérifiée, s'agit-il de l'initiative irréfléchie d'un jeune fonctionnaire ou agent local, peut-être originaire d'un nouvel État membre, qui n'a pas encore eu le temps d'apprendre un minimum d'histoire de nos institutions, ni de se familiariser avec les objectifs de notre aventure ? Dans ce cas, l'erreur étant humaine, la colombe peut regagner paisiblement son colombier et l'olivier être transplanté discrètement dans son oliveraie.

37 *Ibid.*

38 *Ibid.*

39 « *La médaille des 20 ans de service*. Lettre de Ludwig Schubert, président international, à José Manuel Barroso, président de la Commission européenne », *Newsletter Aiace* n° 75, juin-septembre 2006.

40 *Ibid.*

> S'agit-il, ce que j'ai peine à croire, d'une initiative venue de haut dans la hiérarchie, et dans ce cas on ne peut que suspecter une décision de caractère politique, dont les auteurs doivent être priés de s'expliquer clairement, tant vis-à-vis des attributaires ou futurs attributaires de cette médaille que des citoyens et de leurs représentants au Parlement européen.
>
> Je vous prie, Madame le Secrétaire général et chère Collègue, de ne voir dans cette lettre aucune motivation autre que le respect de l'engagement que j'ai pris le 4 février 1953, en entrant dans la fonction publique européenne, d'avoir exclusivement en vue l'intérêt de la Communauté »[41].

Cette lettre d'un ancien fonctionnaire resté plus que jamais militant et la réponse, administrative, de Claude Chêne montre l'altération du rêve européen.

> Là où, au début, l'Europe était perçue surtout comme l'œuvre de quelques hommes remarquables, aujourd'hui, plus d'un demi-siècle plus tard, nous savons que l'Europe, sans diminuer le mérite des pères fondateurs, n'aurait pu évoluer sans les efforts inlassables de ce grand nombre d'hommes et de femmes qui, par leur travail quotidien, ont permis que nous soyons aujourd'hui arrivés à cette réalité évidente qu'est l'Europe[42],

a tenté de se justifier Claude Chêne au nom du président José Manuel Barroso. Sans doute, mais cela impliquait-il de « couper la tête » de celui qui, avec Monnet, permit de lancer le processus ? Jacques-René Rabier aime à rappeler ce trait d'humour de René Mayer, président de la Haute Autorité juste après Monnet : « L'Europe, l'Europe, oui, ils l'ont enlevée, mais on ne sait pas où ils l'ont mise ». Aurait-il tort de penser que Schuman et Monnet l'avaient retrouvée, mais que d'autres se sont depuis efforcés de la perdre à nouveau ?

* * *

Et puis vient le temps où le fonctionnaire s'efface et où le militant agit à visière découverte car, bien sûr, « on peut avoir été "fonctionnaire militant" et rester militant lorsqu'on n'est plus fonctionnaire »[43]. Et c'est alors un temps où les engagements philosophiques les plus anciens trouvent aussi à s'exprimer de manière concrète. Jacques-René Rabier et sa femme n'avaient jamais rompu les ponts avec le personnalisme d'Emmanuel Mounier, avec cet environnement de personnes voulant que « chacune n'est pas seulement un individu dans la statistique, mais, quelles que soient les références religieuses ou pas religieuses,

---

41 Lettre de Jacques-René Rabier à Catherine Day, Secrétaire général de la Commission européenne, 16 avril 2006.

42 « *La médaille des 20 ans de service*. Réponse de Claude Chêne, Directeur général DG ADMIN, au nom du président Barroso », *Newsletter Aiace* n° 75, juin-septembre 2006.

43 Entretien avec Jacques-René Rabier pour la revue électronique du Centre d'histoire de Sciences Po, 16 décembre 2008.

une unité qui ne peut pas être confondue avec une autre, chacune ayant sa spécificité et devant s'efforcer de la conserver ». C'est dans cet esprit qu'ils fréquentent, à Paris d'abord, à Luxembourg ensuite (où Jacques-René contribue à la création d'une petite antenne), à Bruxelles enfin, « La vie nouvelle », un mouvement d'éducation d'adultes où Jacques-René croise notamment Jacques Delors. Créé par des catholiques, ce mouvement « se voulait non confessionnel »[44] car on y trouvait « des gens de toutes les paroisses et même des gens sans paroisse, inspirés par la philosophie de Mounier et essayant de se donner, en tant qu'adultes, une formation aussi complète que possible, aussi honnête et complète que possible dans le domaine économico-social, politique, culturel, etc. »[45]. Très vite après son arrivée dans la capitale belge, il s'en dégage toutefois et cesse aussi de fréquenter le groupe *Esprit* qui y est actif parce que, explique-t-il, « mes fonctions de responsable de l'information européenne me paraissaient difficilement compatibles avec la militance dans des mouvements engagés »[46]. Ce qu'il oublie, c'est que… les voies du Seigneur sont impénétrables.

Robert Pendville, qui devient son assistant administratif à cette époque, fréquente lui aussi « La vie nouvelle ». Et ce chrétien se revendiquant « engagé » – il truffe ses propos de références à « la main qui conduit », celle qui l'a conduit, par exemple, à croiser la route de Rabier et à le rencontrer « aussi sur le plan de la foi, une foi raisonnée »… – sera, dans cette affaire, l'éclaireur, l'élément déclencheur. Par le canal de « Vie nouvelle », il est mis en contact un beau jour avec « un gars de l'Otan qui rentrait à Bruxelles parce que Paris avait chassé l'Otan ». Lors de leur première rencontre « au Foyer européen », cette personne, Ludovic Ravet[47], lui « parle d'ATD-Quart Monde, de grande pauvreté ». Il lui répond de manière abrupte : « La pauvreté, ça n'existe pas ! » Cinquante ans plus tard, il explique un peu honteux, mais sans même tenter de se justifier : « C'était les années d'or où tout le monde gagnait sa vie », et même très bien quand on était un homme jeune faisant ses premiers pas dans la fonction publique européenne. Son interlocuteur lui propose alors de l'accompagner. Il accepte et se retrouve ainsi « dans la rue de Ransfort, une impasse qui a disparu ». Il y entame son « chemin de Damas », découvrant tout à coup « un monde souterrain, un monde de misère, à Molenbeek-Saint-Jean, en plein cœur de Bruxelles ! »

Sa conversion est immédiate, fulgurante. Dans les jours et les semaines qui suivent, Pendville rencontre les premiers volontaires d'ATD-Quart Monde actifs dans la capitale belge, en particulier l'abbé André Modave qui, en tant que premier délégué d'ATD-Quart Monde en Belgique, l'aide « à comprendre »

44 *Conshist.Com*, « Histoire interne de la Commission européenne 1958–1973 », entretien accordé par Jacques-René Rabier à Yves Conrad et Julie Cailleau, Bruxelles, 8 janvier 2004.

45 *Ibid.*

46 *Ibid.*

47 Robert Pendville, « Une difficile entrée », dans la revue *Quart Monde*, dossier « Artisan de la Communauté », n° 124, été 1987.

en lui passant les rapports que lui et ses amis écrivent jour après jour ce qu'ils ont vu et entendu dans leurs milieux de grande pauvreté. « Pendant des semaines et des mois, j'ai lu tous les comptes-rendus d'André », se souvient-il avant d'expliquer que, bien sûr, il s'était très vite senti obligé de parler de ce nouvel engagement à son « patron ». Jacques-René s'y intéresse aussitôt, au point de le couvrir « pour tout ce que je faisais parce que, pendant tout un temps, mon secrétariat s'occupait autant d'ATD que des autres affaires ». Bien plus tard, l'intéressé ne le dément pas, confirmant s'être fort intéressé à l'action « vraiment culturelle, juridico-économico-politique de Modave qui, à l'instar du Père Joseph en France, avait développé différentes actions autour de Molenbeek », y ayant créé notamment « une Maison de Savoir pour que ceux qui ne savaient pas apprennent à lire, ainsi qu'une Maison du Bien-être où ceux qui avaient des problèmes – des femmes obèses et des hommes très maigres assez souvent, dans les milieux du Quart Monde – puissent trouver le moyen de soigner leur corps et de s'occuper d'eux-mêmes, de se prendre en charge comme personnes », tant il est vrai que « quand on est mal nourri, on a tendance à être mal portant… »

Un jour, la rencontre décisive pour Robert Pendville – mais pas pour lui seul… – a lieu :

> Lors d'une réunion à la rue de l'Abattoir – j'y allais dans des taudis dont je rentrais transi de froid, glacé, pénétré de misère –, je découvre un homme autour de la table : Joseph Wrésinski. À un moment donné, il m'interpelle : « Qu'est-ce que vous faites pour la pauvreté, dans votre Europe que vous construisez ? Vous croyez qu'ils ne font pas partie des citoyens européens ? »

Pendville reste cloué sur place, mais pas très longtemps…

Une fois encore, il active le réseau « Vie nouvelle » à la Commission. Il y a bien sûr d'abord Jacques-René Rabier qui jouera bientôt « le rôle de sésame » dans l'institution. Il y a aussi un jeune fonctionnaire actif au sein du cabinet du commissaire belge Albert Coppé, l'économiste Pierre Defraigne qui, par ailleurs, « s'occupait de problèmes d'enfants pauvres dans une école ». Ensemble, se souvient Robert Pendville, ils commencent « à réfléchir à la manière d'aborder le problème de la grande pauvreté dans une institution comme la nôtre ». C'est Jacques-René Rabier qui trouve la solution, lui dont le « souci a toujours été, lorsque je voyais une personnalité comme Wrésinski, non seulement de m'intéresser à ce qu'elle faisait si cela correspondait à mes convictions, à mon système de valeurs, mais aussi d'essayer de lui faire comprendre que l'Europe existait ». Celui qui se veut déjà « le trait d'union entre des gens qui comptent à l'extérieur des institutions et des gens pour qui la Communauté européenne devrait compter » propose, dès lors, que le père Joseph Wrésinski accompagné d'une « délégation de familles du Quart monde »[48] soit invité à

48 Entretien avec Jacques-René Rabier pour la revue électronique du Centre d'histoire de Sciences Po, 16 décembre 2008.

la Commission. L'idée séduit aussitôt, et contact est pris avec le commissaire Coppé qui gérait en ce temps-là, outre l'Information, les Affaires sociales. À Coppé, Rabier rappelle que le père Joseph Wrésinski a dit un jour à ses protégés : « on vous fera franchir les marches de l'Élysée, des Nations unies, du Vatican… »[49]. Et de lui lancer dans la foulée : « On peut leur faire franchir les marches du Berlaymont ! »[50]. Ce commissaire qu'il cotoye depuis le début de l'aventure européenne dans la capitale grand-ducale, cet « homme qui avait du caractère, parfois mauvais caractère, mais qui avait du cœur » et « savait écouter », accepte d'emblée sur le principe ; toutefois, les procédures lui interdisent de lancer une invitation formelle au siège de la Commission au président d'une association nationale. Or, ATD est alors une association française, avec une antenne belge. Qu'à cela ne tienne, les fonctionnaires militants passent une fois encore à l'action et, se souvient Robert Pendville, vont, en quelques semaines, « inventer, sur papier, la Fédération européenne d'aide à toute détresse » et lui donner ensuite une forme juridique. Le tour est joué !

Accompagné d'une « petite dizaine de gens très pauvres », le père Joseph Wrésinski sera ainsi reçu non seulement par Albert Coppé, mais par l'ensemble du Collège. Le monde de la pauvreté faisait donc enfin, de la sorte, sa grande entrée dans l'univers des institutions européennes, sa réception débouchant aussitôt, grâce à Albert Coppé et à Léo Crijns, de la Direction générale des Affaires sociales, sur le lancement d'une « première étude sur les problèmes de la pauvreté en Europe »[51]. Le père Joseph était ainsi parvenu à glisser son pied dans l'entrebâillement de la porte donnant accès à l'Europe communautaire, et cet homme qui « comme Monnet (…) n'aimait pas les protocoles »[52] entendait bien ne plus le retirer :

> Il s'est très intéressé à l'Europe, comme il l'était aux Nations unies : dès qu'il sentait que des évolutions changeaient l'histoire du monde, il voulait que son mouvement soit présent. Il avait quelque chose qui ressemblait à l'esprit d'aventure de Jean Monnet dans son domaine, ainsi que cette même façon de faire confiance, de ne pas se prendre au sérieux tout en agissant sérieusement[53].

Avec un tel homme, Jacques-René Rabier ne pouvait que s'entendre. Pourtant, sa seule action d'éclat en ce domaine sera, dans un premier temps, cette invitation adressée au père Joseph. C'est que, en sa qualité de directeur général de l'Information, il n'avait « pas le temps ni la déontologie suffisamment ouverte pour militer dans un mouvement, quelle que soit sa proximité de valeurs avec » ses « propres pensées ». Ce qu'il autorise à Robert Pendville – qui

---

49 *Ibid.*

50 *Ibid.*

51 Robert Pendville, « Une difficile en*trée* », dans la revue *Quart Monde*, dossier « Artisan de la Communauté », n° 124, été 1987.

52 Entretien avec Jacques-René Rabier pour la revue électronique du Centre d'histoire de Sciences Po, 16 décembre 2008.

53 *Ibid.*

avoue que « le point de chute du père Joseph, c'était dans mon bureau » –, il se l'interdit ou, du moins, préfère rester en retrait, très discret « allié » d'une cause qui le tient pourtant énormément à cœur : « C'est seulement à partir de 1973, quand j'ai quitté la Commission – et je ne sais pas si c'est moi qui ai quitté la Commission ou si la Commission m'a quitté – que j'ai essayé de conseiller le mouvement ATD-Quart Monde dans son entrée dans les différentes instances de la Communauté ».

Non, dans cette affaire-là, c'est Anne-Marie, sa femme, qui montera la première aux créneaux ! Un jour, Robert Pendville, qui est également membre fondateur du Mouvement contre le Racisme, l'Antisémitisme et la Xénophobie, l'entend lui dire : « J'ai du temps libre maintenant, je voudrais m'engager. Que me conseilleriez-vous entre le Mrax et ATD-Quart Monde ? » Son état d'esprit à l'époque, « c'était que, après avoir vécu les horreurs de la guerre, il fallait rester vigilant, maintenir la flamme et la force sur le plan du racisme, mais que c'était sur le front de la pauvreté que le danger grandissait ». Il lui répond donc : « C'est ATD que je choisirais ». Et elle suit son conseil.

Avec sa formation d'assistante sociale – « elle ne l'a pas pratiquée », précise Jacques-René –, Anne-Marie Rabier devient une infatigable « alliée » du Mouvement ATD-Quart Monde « fondé en 1957, dans le "camp des sans-logis" de Noisy-le-Grand, près de Paris, par le Père Joseph Wresinski, qui lui-même avait connu, dans son enfance, à Angers, l'humiliation de la misère et de l'exclusion »[54]. Aux côtés de quelque « 350 volontaires-permanents, engagés à plein temps auprès des populations les plus démunies »[55], elle compte parmi les « plusieurs milliers d'alliés qui, tout en conservant leurs activités professionnelles et leur insertion sociale, engagent leurs compétences et leurs relations dans la lutte contre la pauvreté et l'exclusion »[56]. Jacques-René est l'un d'eux aussi, mais œuvrant dans la discrétion par égard à la Commission. Sa femme n'est pas tenue par le même devoir de réserve et, d'ailleurs, elle n'a pas d'occupation professionnelle. Fine mouche, le père Joseph n'est pas le dernier à s'en apercevoir, lui qui, au détour d'une conversation, l'interpelle en ces termes – Jacques-René Rabier conservant un « beau souvenir » de cet échange :

– Anne-Marie, tes enfants sont grands, ton mari a ses occupations. Tu devrais faire une recherche pour montrer, à partir d'interviews de membres de familles très pauvres, pourquoi et comment, de génération en génération, la pauvreté se transmet si l'on n'y prend garde, s'il n'y a pas des actions spécifiques – scolarité, acculturation, etc. – pour essayer de briser l'enchaînement sociologique…

---

54 Jacques-René Rabier, « Analyses critiques », revue *Futuribles* n° 244 de juillet-août 1999, présentation de l'ouvrage « Le croisement des savoirs. Quand le Quart Monde et l'Université pensent ensemble », Groupe de recherche Quart Monde-Université, Paris, Éditions de l'Atelier et Éditions Quart Monde, 1999.

55 Jacques-René Rabier, « Analyses critiques », revue *Futuribles* n° 239–240, février-mars 1999, présentation de l'ouvrage « Artisans de démocratie », de Jona Rosenfeld et Bruno Tardieu, Paris, Éditions de l'Atelier et Éditions Quart Monde, 1998.

56 *Ibid.*

– Mais, père Joseph, je ne suis pas historienne !

– Oh, cela ne fait rien, tu le deviendras !

Elle l'est devenue, multipliant les entretiens « autour de deux groupes de familles belgo-françaises qui ont été publiés par le mouvement sous forme de monographies ». Il y est question, par exemple, d'un « homme colporteur et taupier », qui « l'était comme sa mère l'avait été ». À ce jour, Jacques-René connaît « encore des enfants et petits-enfants de cette famille qui vivent dans le quart monde bruxellois ». Il sait que « la fille du colporteur et taupier avait elle-même une fille qui a été tuée dans un accident de travail, écrasée par une charge dans une entreprise de stockage d'échafaudages » ; c'était « du travail non déclaré, donc aucun recours, aucune indemnité »... Ces monographies d'Anne-Marie restent « encore un document de travail pour beaucoup de volontaires du mouvement parce que, dans tous nos pays, la probabilité est très forte – même si ce sont des autochtones, pas des gitans – qu'on retrouve dans les mêmes endroits, dans les mêmes quartiers, dans les mêmes métiers ou absences de métier (ramasseurs de ceci ou cela...), des gens qui n'ont pas été scolarisés correctement puisque leurs parents étaient dans des métiers ambulants ».

Parce que Jacques-René et sa femme étaient « très engagés » et que, pour eux, « l'engagement ne peut pas rester seulement du "lobbying" »[57], ils ont aussi noué, au fil du temps, des contacts étroits, voire même carrément des liens d'amitié avec des familles. Pour rien au monde Jacques-René et Anne-Marie hier, le père et une de ses filles ensuite, auraient pu imaginer de ne pas faire, à la fin de leurs vacances, le (long) crochet vers une région de France où les attend une famille du quart monde qui, depuis le départ, a tenu – « c'était une marque d'amitié » – à les loger chez eux. C'est une famille dont la mère, « placée à sa naissance comme ses douze ou treize frères et sœurs », est parvenue à remonter « grâce aux lois sociales ». Mais sa fille redescend, « petits bricolages, petits vols dans les voitures pour avoir un peu d'argent, un peu de drogue... » Jacques-René Rabier n'en est plus étonné :

– Le quart monde, c'est l'extrême pauvreté. Et cette extrême pauvreté, elle grandit suivant les périodes ; il reste un fond de grande pauvreté qui a tendance à s'accroître en certaines périodes, par retombées de gens qui étaient pauvres et qui deviennent très pauvres. C'est d'autant plus difficile à remonter, pour ces personnes, qu'elles sont tombées plus bas. Dans une large mesure, la pauvreté est héréditaire. Il y a des gens qui sortent de la pauvreté, mais la probabilité, quand on est né dans une famille très pauvre, quand on a manqué de culture, de scolarité, est que la grande pauvreté se reproduise de génération en génération. En termes sociologiques un peu pédants, je dirais que la circulation sociale, de bas en haut et de haut en bas, est aussi faible dans les milieux très riches que dans les milieux très pauvres. Quelqu'un qui est dans une famille riche, sauf accident bien entendu, il

---

57 Entretien avec Jacques-René Rabier pour la revue électronique du Centre d'histoire de Sciences Po, 16 décembre 2008.

y a une probabilité statistique qu'il ne sera pas dans la rue. Quelqu'un qui est très pauvre, il y a une haute probabilité, un gros risque que, même s'il y a un peu de remontée, cela retombe à la génération suivante.

Pour un peu, Jacques-René n'aurait sans doute pas grand mal, s'il était tenté par le bouddhisme, à valider l'hypothèse du karma. Mais il ne l'est pas, bouddhiste, lui qui reste d'une fidélité absolue au personnalisme – donc aussi, en tant que chrétien, au souci de l'Autre, surtout lorsqu'il est dans le besoin – et à son idéal européen. De cette conjugaison d'engagements découle l'oreille plus qu'attentive, d'emblée conquise, qu'il a prêtée au père Joseph, en particulier lorsque le fondateur d'ATD-Quart Monde apostrophait l'Europe en chantier en ces termes :

> (…) la question essentielle n'est pas de savoir si nous avons bien fait de commencer à nous unir dans la vie économique. Elle n'est pas de savoir si, demain, l'Europe sera unifiée par sa défense ou même par son organisation politique. La question essentielle est celle que posent les familles dans la grande pauvreté, depuis 1957 : qu'elle soit économique, sociale, culturelle ou politique, œuvrons-nous pour une Europe de tous les Européens également ? Quels que soient les domaines dans lesquels elle s'unifie, tous les Européens auront-ils des possibilités égales d'y exercer leurs droits et leurs responsabilités ?[58]

C'est parce qu'il voulait, tout comme Anne-Marie, une Europe naissant du refus de la misère, ne laissant personne sur le bord de la route, que Jacques-René a d'emblée œuvré afin d'introduire le mouvement ATD-Quart Monde, « comme porte-parole des familles les plus pauvres, dans les institutions européennes ». Après 1973, il a agi à visière découverte afin que ces deux univers puissent se rencontrer, apportant ses conseils lorsque s'est créée en 1976, à l'initiative de sa femme, l'association « Solidarité européenne Quart Monde » regroupant des fonctionnaires européens désireux de « servir de relais à ce Mouvement »[59] au sein des institutions. Il a contribué à la création de la Délégation d'ATD-Quart Monde auprès de l'Union qui n'était encore que Communauté, là encore Anne-Marie Rabier ayant joué un rôle important dans cette mise en place aux côtés de Jean Tonglet. Jacques-René n'était toutefois pas loin car, se souvient Robert Pendville, cette délégation a été lancée au « Cercle des stagiaires » suite notamment au travail de « gens d'ATD-Quart Monde » recrutés comme stagiaires à la Commission et qui « faisaient leur stage entre mon bureau et le siège bruxellois d'ATD ». Jacques-René parti, il restait donc quand même quelques fonctionnaires militants à la Commission… Enfin, Rabier s'est aussi investi pour que voie le jour, au sein du Parlement européen, un « Comité Quart Monde où siègent des parlementaires de

---

58 Père Joseph Wrésinski, « L'Europe qui naîtra du refus de la misère », dans la revue *Quart Monde*, dossier « Artisan de la Communauté », n° 124, été 1987.

59 Françoise Fierens et Anne-Marie Rabier, « L'association Solidarité européenne Quart Monde », dans la revue *Quart Monde*, dossier « Artisan de la Communauté », n° 124, été 1987.

différentes tendances », le but étant toujours de sensibiliser le plus de monde possible aux réalités affreuses de la grande pauvreté, cette « injustice insoutenable »[60] qui voit « des hommes défigurés par leur trop grande misère » être « tenus pour moins que des hommes »[61]. À partir de 1973, « diverses formes de consultation et même de coopération » seront ainsi « mises en œuvre entre ces institutions et le monde de la pauvreté ». Dans le même esprit, « des conférences réunirent, au Comité économique et social, en "Université populaire Quart Monde", des représentants des divers milieux socio-économiques et des militants venus des milieux de la pauvreté »[62]. Enfin, « des programmes de lutte contre la pauvreté et l'exclusion furent conçus et mis en œuvre, associant les États membres et la Commission européenne, d'abord sous la forme de "projets-pilotes", puis d'un "processus d'intégration sociale", lancé lors du Conseil européen de Barcelone, en mars 2000 »[63]. Rabier n'est pas étranger à ces avancées, que du contraire, mais à l'époque…

C'est sa femme Anne-Marie qui participait aux réunions habituelles d'ATD. « C'est à son décès en 1994 que Jacques a repris le flambeau », se souvient son complice Robert Pendville : « Avant, Jacques ne venait jamais, il avait son travail. Deux réunions après le décès, il est venu et a dit : "Voilà, je vais prendre la place d'Anne-Marie". Cela continue toujours. Encore maintenant, il joue un rôle très important de conseil et d'action ».

Jacques-René Rabier est un homme fidèle, à ses engagements et à ses amitiés. Pour lui, à ces titres-là, le combat continue. Parce qu'il ne peut que continuer. Pourquoi ? À cette question, il avait déjà répondu une fois : « Parce que Monnet ! » Eh bien, même s'il ne l'a pas fait, il aurait pu dire aussi, quelques années plus tard : « Parce que le Père Joseph ! » Celui-ci est la cinquième personne – après François Perroux, Emmanuel Mounier, Jean Stœtzel et Jean Monnet – qu'il ait jugée digne de faire partie de son « Panthéon portatif ». Aux membres de sa famille et à ses amis réunis lors de la fête organisée pour ses quatre-vingts ans, il avait alors expliqué ceci :

> Si je peux esquisser une comparaison entre deux hommes aussi différents que Jean Monnet et Joseph Wrésinski, je dirais que Monnet m'a fait passer d'une conception déclamatoire de l'Europe à un engagement politique (ce qui ne signifie pas nécessairement partisan). Et le P. Joseph m'a fait passer d'une sorte de compassion plus ou moins charitable envers les pauvres à un engagement politique (là non plus pas nécessairement partisan), pour leur libération – et en même temps pour la nôtre…

En réalité, il y avait sans doute aussi, dans le Père Joseph, des traits qui rappelaient à Jacques-René son oncle Marius, cet « abbé démocrate » des années

---

60 Père Joseph Wrésinski, « L'Europe qui naîtra du refus de la misère », dans la revue *Quart Monde*, dossier « Artisan de la Communauté », n° 124, été 1987.

61 *Ibid.*

62 *Ibid.*

63 *Ibid.*

1890 et du début du XXe siècle dont l'action sociale était, chez lui aussi, au cœur de son sacerdoce. Après tout, cet abbé Rabier aurait très bien pu être le premier, avant le Père Joseph Wrésinski, à trouver « chez un antiquaire un petit opuscule de 1789, lors de la Révolution française, qui était un mémoire, un "cahier de doléances du quatrième ordre, l'ordre secret des infortunés" ». Mais son époque n'était guère propice à pouvoir en faire un si bon usage que le Père Joseph, lui grâce à qui « beaucoup de gens utilisent aujourd'hui cette expression dans les milieux de grande pauvreté : "nous sommes du quart monde" ».

Sans doute Marius aurait-il aussi pu lancer, s'il était né quelques années plus tard : « Là où des hommes sont condamnés à vivre dans la misère, les droits de l'homme sont violés. S'unir pour les faire respecter est un droit sacré ». Ce propos du Père Joseph Wrésinski est gravé dans le marbre du Parvis du Trocadéro, à Paris. « Fait symbolique », une Dalle le reprenant mot pour mot est scellée devant le Parlement européen depuis 2002, pour que les « élus du peuple » ne puissent l'oublier. Mais il est avant tout gravé dans l'esprit et le cœur de Jacques-René, ayant au moins la même valeur pour lui que la Déclaration Schuman.

En avançant que l'Europe devrait immanquablement naître « du refus de la misère »[64], le Père Joseph avait observé que « les plus pauvres, les moins instruits, les illettrés, les plus mal logés »[65] faisaient les frais des économies que les États européens cherchaient à réaliser dans les systèmes d'assurances sociales, expliquant :

> Celles-ci pèsent plus lourd sur les foyers aux revenus les plus faibles. Pire, elles ont conduit la plupart des États à exclure de ces systèmes qui protègent la dignité des travailleurs, ceux qui figurent depuis trop longtemps parmi les demandeurs d'emploi. Ceux-ci ont été relégués, un peu partout dans la Communauté, vers cette Europe de l'assistance d'où l'on ne revient pas facilement dans l'Europe de la participation.

C'était en 1987. Que dirait aujourd'hui le Père Joseph des conséquences humaines des politiques drastiques imposées par la Troïka, du culte que rendent les dirigeants européens au nouveau veau d'or de l'austérité, de la pauvreté et de la précarité qui vont grandissant dans tous les États membres ? Et si l'Europe communautaire venait un jour à éclater, entre autres, « du refus de la misère » ? Cette question, Jacques-René Rabier ne la pose pas ouvertement, mais il se la pose à l'évidence, lui qui voit bien, hélas, que l'Union européenne tourne insensiblement le dos, mais de plus en plus, comme inexorablement, aux idéaux de Jean Monnet, Robert Schuman, Joseph Wrésinski, en clair à son rêve et ses passions d'Européen…

---

64 Père Joseph Wrésinski, « L'Europe qui naîtra du refus de la misère », dans la revue *Quart Monde*, dossier « Artisan de la Communauté », n° 124, été 1987.

65 *Ibid.*

* *
*

Il y a enfin, chez Jacques-René Rabier, un côté « gardien du temple » de la pensée de Jean Monnet et de l'action initiale de Robert Schuman. Il a la posture intellectuelle, quelles que puissent être les vicissitudes du grand âge physique, de la vigie aux aguets, en permanence vigilante, toujours prête à crier haut et fort quand le cap menace d'être perdu, à sonner le tocsin lorsque des traîtres européens avancent sous le masque de la légitimité démocratique nationale ou de l'honorabilité médiatique pour déposer les petites charges qui, au fil du temps, dénaturent « son » projet européen, cherchant à condamner l'idéal de Monnet et Schuman aux oubliettes de l'histoire pour ne conserver, au mieux, que la vision gaullienne de l'Europe ou, au pire, l'aspiration mercantile qui prévaut du côté de Londres.

Toute sa vie, Jacques-René a utilisé deux armes. D'abord, les petites notes manuscrites qu'il adresse, comme Monnet le faisait déjà avant lui, à ses proches, aux membres de sa garde rapprochée, pour partager une idée, une réflexion, l'amorce d'une action peut-être. Il considère depuis longtemps que la photocopieuse est un agent essentiel de l'amitié, et que l'ordinateur et Internet en sont désormais des relais fort utiles. Sa deuxième arme, c'est sa plume. Il la dégaine volontiers pour écrire des billets acidulés, parfois même caustiques, qu'il adresse à des journaux ou à des responsables divers lorsque des libertés ont été prises, à ses yeux, avec les faits historiques.

Ainsi, il réagit le 7 mai 1999, dans un courrier des lecteurs publié par *La Croix*, à une lettre des évêques de France intitulée « Réhabiliter la politique » à laquelle le journal a fait longuement écho. Il y formule une observation, explique-t-il, « sur un point d'histoire auquel je suis particulièrement sensible »[66], à savoir que dans un paragraphe qui est consacré à « L'Europe, une aventure à poursuivre », la naissance de l'Europe communautaire est fixée au… traité de Rome de 1957. « Le rédacteur, le réviseur et les signataires semblent ignorer »[67] l'histoire puisqu'ils oublient la première Communauté, celle du charbon et de l'acier née en 1951. Et de tous les inviter à ne pas se laisser « égarer par le contenu technico-économico-social » de ce traité fondateur qui découlait d'une Déclaration Schuman ayant explicitement indiqué le but à atteindre, à savoir « réaliser "les premières assises concrètes d'une fédération européenne indispensable à la préservation de la paix" »[68]. Et le bretteur d'adresser une dernière pique assassine à ce journal qu'il apprécie pourtant, lui lançant alors qu'approchait le 50e anniversaire de cette Déclaration le 9 mai 2000 : « Si les citoyens se demandent parfois "où va l'union de l'Europe", ils ont le droit de savoir d'où elle vient ».

66 « La Croix », vendredi 7 mai 1999.

67 *Ibid.*

68 *Ibid.*

Le Monde, qu'il lit « depuis… son premier numéro »[69], n'est pas plus à l'abri de ses remontrances. En cause, cette fois, un éditorial de Jean-Marie Colombani qui, sous le titre « Panthéon européen ? »[70], reconnaît en Jean Monnet « l'Inspirateur de l'Europe du charbon et de l'acier »[71], mais qui lui attribue aussi « d'une plume assurée, et en première ligne »[72], le propos suivant : « J'aurais dû commencer par la culture »[73]. D'où cette mise au point délicieusement réfrigérante : « Le malheur, pour l'éditorialiste, est que Monnet n'a jamais tenu ce propos, oralement ou par écrit », ce dont attestent – même si, précise-t-il, « cela court les salons, et même les rédactions »[74] – « ses anciens collègues, collaborateurs de Monnet », qu'il a tenu à interroger, « ainsi que les archives de la Fondation "Jean Monnet pour l'Europe" de Lausanne, où sont conservées les archives de Monnet, y compris ses notes personnelles et même ses agendas »[75]. Et cet homme ayant été tout au long de sa carrière au contact de journalistes de se permettre une petite leçon de déontologie : « Je n'aurai pas la cruauté d'ajouter, surtout en ce moment, qu'une information ou une citation, cela se vérifie, ou tout au moins se met au conditionnel »[76].

Il n'y a pas que des journaux ayant pignon sur rue qui puissent faire l'objet de ses foudres. Toujours en 2003, les Presses de la Renaissance publient un « livre sur "La sainteté au défi de l'Histoire", reprenant les conférences de carême du cardinal Poupard »[77]. Rabier l'a « lu avec intérêt »[78], mais un point l'intrigue. Il explique ainsi à Alain Noël avoir écrit au cardinal le 15 janvier, suite à une interview que le prélat avait accordée au « Figaro » pour annoncer ces conférences, dont celle, « la première, sur Robert Schuman, "grande figure de l'Europe et de la politique" »[79]. Il lui dit pouvoir témoigner, « en tant qu'ancien proche collaborateur de Jean Monnet (…) de la communauté de pensée qui unissait ces deux personnalités, si différentes et si complémentaires : "l'inspirateur", porteur d'idées novatrices, et l'homme politique, capable de saisir ces idées pour en assumer la responsabilité politique »[80]. Le cardinal lui répond « très cordialement »[81] pour le « remercier de sa contribution »[82], et il en tient compte : le 9 mars, la conférence sur Schuman est diffusée sur « France Culture » et Rabier entend le Cardinal « citer Jean Monnet

69 Lettre de Jacques-René Rabier à Robert Solé, Médiateur, *Le Monde*, du 11 mars 2003.
70 *Le Monde* du 6 mars 2003.
71 *Ibid.*
72 Lettre de Jacques-René Rabier à Robert Solé, Médiateur, *Le Monde*, du 11 mars 2003.
73 *Le Monde* du 6 mars 2003.
74 Lettre de Jacques-René Rabier à Robert Solé, Médiateur, *Le Monde*, du 11 mars 2003.
75 *Ibid.*
76 *Ibid.*
77 Lettre de Jacques-René Rabier à Alain Noël, *Presse de la Renaissance*, du 5 mai 2003.
78 *Ibid.*
79 *Ibid.*
80 *Ibid.*
81 *Ibid.*
82 *Ibid.*

à propos de la Déclaration Schuman »[83]. Or, le livre qui reprend l'ensemble de ces conférences ne fait « aucune référence au rôle de Jean Monnet, historiquement reconnu par tous les historiens, ainsi que par le Cardinal Poupard dans la version authentique de sa conférence »[84]. Du coup, le couperet tombe pour l'éditeur, la lame s'avérant de plus en plus tranchante : « Je suppose qu'il s'agit d'un oubli de votre part, ou que, pour des raisons techniques, vous avez travaillé sur un texte antérieur à la conférence du 9 mars, ou encore que le cardinal n'a pas relu les épreuves du livre. Je ne veux, par courtoisie, évoquer ici ni censure, ni double langage… »[85]

Rabier peut donc se montrer féroce. Perfide aussi. Parce que la vérité a ses droits, toujours, même lorsqu'un faux pas implique indirectement des autorités nationales. Automne 2004, les Pays-Bas font ériger au rond-point Schuman, « avec l'accord de la Commission européenne et des autorités bruxelloises »[86], une tente-exposition sur « The Image of Europe » à l'occasion de la Présidence néerlandaise du Conseil des ministres de l'Union au cours de ce semestre. Un journaliste britannique lève le lièvre, à savoir une citation attribuée à Monnet : « Les nations d'Europe devraient être guidées vers le super-État sans que les gens ne comprennent ce qu'il se passe »[87]. Et ce David Price qui, Britannique atypique, s'emploie à faire vivre la mémoire de Robert Schuman de s'étrangler littéralement en lisant la phrase suivante : « Ceci peut être réalisé par étapes successives, chacune déguisée comme ayant un objectif économique, mais qui conduira finalement et irréversiblement à la fédération »[88]. Il s'en émeut dans un courrier des lecteurs adressé au *Financial Times*, expliquant n'avoir, pour sa part, trouvé aucune trace de ce propos censé avoir été tenu par Monnet en 1950. Du coup, il demande à la Commission et à la Présidence néerlandaise de prouver la véracité de cette citation. La Commission botte en touche, tandis que le gouvernement néerlandais fait le gros dos. Finalement, c'est par un autre courrier de lecteurs au FT que la réponse des organisateurs tombe. Embarrassée. Mark Leonard, directeur du Foreign Policy Centre, et l'architecte mondialement renommé Rem Koolhaas, directeur de The Office of Metropolitan Architecture de Rotterdam, sont contraints de reconnaître « avoir été trompés »[89] : cette citation est fallacieuse ! Mais, tout en admettant qu'ils auraient dû savoir que Jean Monnet « ne pouvait avoir été aussi grossier »[90], ils précisent quand même que « cette citation est bien

83 *Ibid.*

84 *Ibid.*

85 *Ibid.*

86 Courriel adressé par Jacques-René Rabier à Yvonne Ruijters, 28 novembre 2004.

87 Europe's nations should be guided to the super-state without the people understanding what is happening.

88 This can be accomplished by successive steps, each disguised as having an economic purpose, but which will eventually an irreversibly lead to federation.

89 « Having been fooled (…) ».

90 Mark Leonard et Rem Koolhaas, « Monnet would not have been so crass », Leaders & Letters, *Financial Times*, 23 novembre 2004.

connue, apparaissant sur plus de 100 sites Internet »[91], et qu'ils l'ont, par conséquent, « inclue de bonne foi »[92].

Voilà qui, cette fois, amène Jacques-René Rabier à remonter au front. À l'occasion d'une cérémonie organisée en l'honneur de son ancien collègue Max Kohnstamm, premier secrétaire général de la Haute Autorité de la Communauté européenne du charbon et de l'acier, il a fait la connaissance d'une certaine Yvonne Ruijters, active au sein du Service de prospective du ministère néerlandais des Affaires étrangères. Il lui adresse un courriel pour exprimer son « inquiétude au sujet d'une petite "affaire" qui risque de s'envenimer »[93], tant il est vrai, souligne-t-il, que « la moindre des précautions, quand on joue avec l'image, l'histoire de l'Europe et l'information des citoyens, c'est de contrôler ses sources et, si l'on a été trompé, d'en donner les références »[94]. Il assure son interlocutrice qu'il n'aurait « évidemment pas l'impertinence de dire à vos gouvernants ce qu'ils devraient faire sur le plan juridique (s'il y a lieu) ou dans leur responsabilité politique du fait de la Présidence de l'Union »[95], mais suggère aussitôt, assassin :

> La moindre des choses serait, me semble-t-il, que votre Gouvernement exige qu'au-delà des regrets et des excuses, ceux qui ont reconnu avoir été trompés communiquent, d'une façon ou de l'autre, les sources précises de leurs informations erronées – et peut-être malveillantes. Ce serait, dans un domaine précis et limité, contribuer à l'histoire de l'Europe et à l'information des citoyens[96].

Yvonne Ruijters a-t-elle fait remonter l'information ? Sans doute. En tout cas, ce n'est pas elle qui a pu annoncer que des excuses officielles avaient été présentées à David Price par le ministre néerlandais des Affaires européennes, Atzo Nicolaï s'exprimant au nom du Premier ministre Balkenende. C'est un autre « ancien », Edmond Wellenstein, qui lui adressé copie de cette lettre d'excuses, l'accompagnant de ce petit mot dactylographié :

> – Cher Jacques-René,
>
> Tu vois dans la copie ci-jointe que ton insistance et mes démarches ont porté un certain fruit : Monsieur Price a enfin reçu une réponse.
>
> Cette réponse toutefois ne répond pas, et ne peut répondre, à la question de savoir où l'architecte Koolhaas, ou plutôt le Foreign Policy Center à Londres, ont trouvé la fausse citation de Monnet. Les services du Premier ministre n'en savent rien, seules ces deux instances pourraient y répondre. Ils ont d'ailleurs fait multiples

---

[91] *Ibid.* « This citation is well known, appearing on more than 100 websites ».
[92] *Ibid.*
[93] Courriel adressé par Jacques-René Rabier à Yvonne Ruijters, 28 novembre 2004.
[94] *Ibid.*
[95] *Ibid.*
[96] *Ibid.*

autres erreurs (drapeaux, noms, etc.), faisant confiance à l'internet sans vérifier les sources. La société d'information est souvent une société de désinformation…[97]

En somme, la Garde peut bien sûr en venir à mourir, mais elle ne se rend pas – et n'entend nullement s'y résoudre en dépit des avanies que les années qui passent lui réservent. Et les coups bas, la vérité écornée, les approximations d'autant plus coupables qu'elles pourraient bien être le fruit d'une machination politique visant à dénaturer progressivement le projet européen de Monnet et Schuman en arrivent même à polluer les prises de position de la gardienne des traités qu'est la Commission. Le 13 décembre 2007, Jacques-René Rabier prend sa plus belle plume pour interpeller Yves Gazzo, le « patron » de la Représentation de la Commission à Paris. En cause, un graphique publié dans le mensuel que celle-ci publie, « L'Europe en France ». Selon ce graphique, l'histoire des traités européens a commencé… « en 1957 par le Traité de Rome »[98]. En somme, on n'est jamais aussi bien trahi que par ses amis, doit se dire Jacques-René Rabier – qui a pu se dire aussi que, hélas, un Gazzo pouvait en cacher un autre, pas fait exactement du même bois. « Ce raccourci historique est erroné »[99], confirme-t-il une fois encore, jugeant nécessaire de rappeler à ce fonctionnaire européen ce qu'il ne devrait évidemment pas manquer de savoir : « Après l'échec de la Communauté européenne de Défense (1952–1954), les Traités de Rome ont, pour ainsi dire, repris le mouvement à l'origine duquel on trouve l'audacieuse entreprise historique de Schuman et Monnet (Déclaration du 9 mai 1950). Ne l'oublions pas, et ne contribuons pas à le laisser oublier… »[100]

À l'évidence, certains s'échinent à cacher « l'étincelle qui a changé le cours de l'Histoire »[101], à savoir « la conjonction de l'inspiration de Monnet et de la disponibilité de Schuman »[102]. Peut-être veulent-ils aussi éviter, en agissant ainsi, que soit montré « comment l'on est passé du rêve à la réalité, dans un dédale de réussites et d'échecs, qui nous a conduits… de Monnet-Schuman à Barroso. (Cela dit sans ironie…) »[103]. Le « Titi » restera toujours le « Titi » ! Mais face à cette insidieuse et désormais permanente manœuvre visant à vouer Monnet et Schuman aux oubliettes de l'histoire, Jacques-René Rabier n'a-t-il pas parfois eu envie d'adopter la posture et le mot de Cambronne ? Peut-être, mais rappelez-vous, lui aussi est un homme non pas du secret, mais du discret…

---

97 Courrier d'Edmond Wellenstein à Jacques-René Rabier, 10 février 2005.

98 Courrier de Jacques-René Rabier adressé à Yves Gazzo, Représentation de la Commission de l'Union européenne, 13 décembre 2007.

99 *Ibid.*

100 *Ibid.*

101 Courrier de Jacques-René Rabier à Jean-Pierre Gouzy, 2 septembre 2004.

102 *Ibid.*

103 *Ibid.*

Europe des cultures
Histoires vivantes

« Europe des cultures » est une collection d'études, de monographies, d'essais, de récits, de recherches et de compte-rendu de conférences et de débats consacrés à la complexité et l'évolution des réalités dans les sociétés européennes. Elle relie passé et futur au carrefour des défis et opportunités de la transformation des sociétés européennes. L'étude des changements dans les sociétés se réfère à l'interconnexion des différentes dimensions et niveaux de l'élaboration des politiques, incluant les traditions et comportements économiques, sociaux, politiques, démocratiques, communication, philosophiques, artistiques, religieuses ainsi qu'éthiques. Comme projet éditorial, la collection est structurée en deux sous-séries complémentaires: la série « (l'Europe des) Dialogues » et la série « (l'Europe des) Histoires Vivantes ».

– La série « (L'Europe des) Dialogues » se concentre principalement sur les diversités (culturelles), l'identité et la citoyenneté en Europe ainsi que sur les structures de gouvernance et de communication multi-niveaux pertinentes dans la transformation des sociétés européennes. L'Europe est un laboratoire pour comprendre cette réalité multiculturelle et interculturelle. Le but est de contribuer à une meilleure compréhension et communication des changements qui ont lieu en observant les sociétés européennes en général, et les spécificités des différentes cultures et communautés nationales, régionales et locales dans un cadre de dialogues. La collection présente des vues interdisciplinaires et critiques axées sur des réflexions des valeurs et politiques. En outre, elle offre de nouvelles perspectives dans la compréhension de la façon de gérer, valoriser et communiquer la diversité culturelle, l'identité et la citoyenneté. Elle veut aussi contribuer au développement de nouvelles façons de « vivre ensemble », dans lequel les cultures et les communautés sont perçues comme des forces de liaison à l'égard de la société créative.

– La série « (l'Europe des) Histoires Vivantes » (anciennement « Mémoires de l'Europe en devenir », directeur Gabriel Fragnière) est consacrée à des récits destinés à un large public en vue de contribuer à une meilleure compréhension, communication et contextualisation de la nouvelle Europe émergente. Elle se concentre principalement sur des histoires, des souvenirs et des témoignages de personnes, d'événements, des institutions et des questions qui ont transformé les mentalités, la conscience européenne et enfin façonné l'avenir de l'Europe. Ces histoires servent de références et d'outils de communication pour des développements futurs de l'Europe dans le monde. Cette collection se veut ouverte et diversifiée, originale et dynamique dans son contenu, méthode et pédagogie fidèle au rôle et référence de l'Europe dans un monde globalisé.

Collection dirigée par : Léonce Bekemans,
Professeur Jean Monnet *ad personam*, Université de Padoue

Titres parus

Vol. 1. Mark Dubrulle et Gabriel Fragnière (dir.), *Identités culturelles et citoyenneté européenne. Diversité et unité dans la construction démocratique de l'Europe*, 2009.

Vol. 2. Gily Coene et Chia Longman (dir.), *Féminisme et multiculturalisme. Les paradoxes du débat*, 2010.

Vol. 3. Muriel Rouyer, Catherine de Wrangel, Emmanuelle Bousquet et Stefania Cubeddu (dir.), *Regards sur le cosmopolitisme européen. Frontières et identités*, 2011.

Vol. 4. Lénia Marques, Maria Sofia Pimentel Biscaia and Glória Bastos (eds.), *Intercultural Crossings. Conflict, Memory and Identity*, 2012.

Vol. 5. Léonce Bekemans (ed.), *A Value-Driven European Future*, 2012.

Vol. 6. Albert Doja, *Invitation au terrain. Mémoire personnel de la construction du projet socio-anthropologique*, 2013.

Vol. 7. Alain Michel, *Dompter le dragon nucléaire. Réalités, fantasmes et émotions dans la culture populaire*, 2013.

Vol. 8. Jacques Migozzi, Stéphanie Delneste et Olivier Odaert, *Les racines populaires de la culture européenne*, 2013.

Vol. 9. Laure Clément-Wilz et Sylvaine Poillot-Peruzzetto (dir.), *Construire la citoyenneté européenne*, 2014.

Vol. 10. Pascaline Gaborit (ed.), *The Strength of Culture for Development. Why Culture Matters in International Cooperation*, 2014.

Vol. 11. Albin Wagener, *L'Échec culturel. Vie et mort d'un concept en sciences sociales*, 2015.

Vol. 12. Céline Romainville, *European Law and Cultural Policies / Droit européen et politiques culturelles*, 2015.

Vol. 13. Bertrand Vayssière, *Penser les frontières européennes au XXIe siècle*, 2015.

Vol. 14. Monica Simeoni (ed.), *Europe or Not ! Multiple Conversations and Voices. With Alberto Martinelli, Vittorio Cotesta, Nadia Urbinati and Alain Touraine*, 2016.

www.peterlang.com